Arno Gahrmann, Ernst Mönnich,
Malte Moewes, Silke Overman,
Benno Reinhardt, Thomas Wüst

Public Private Partnership

Studien zur
Öffentlichen Verwaltung

Band 2

LIT

Arno Gahrmann, Ernst Mönnich, Malte Moewes,
Silke Overman, Benno Reinhardt, Thomas Wüst

Public Private Partnership

Organisationsvarianten für eine nachhaltigkeitsgerechte Entsorgung

Band 2:

Dokumentation der Fallbeispiele

LIT

Gedruckt auf alterungsbeständigem Werkdruckpapier entsprechend
ANSI Z3948 DIN ISO 9706

Bibliografische Information der Deutschen Nationalbibliothek
Die Deutsche Nationalbibliothek verzeichnet diese Publikation in der Deutschen Nationalbibliografie; detaillierte bibliografische Daten sind im Internet über http://dnb.d-nb.de abrufbar.

ISBN 978-3-643-11714-4

Verlagskontakt:
Fresnostr. 2 D-48159 Münster
Tel. +49 (0) 2 51-620 320 Fax +49 (0) 2 51-23 19 72
e-Mail: lit@lit-verlag.de http://www.lit-verlag.de

Auslieferung:
Deutschland: LIT Verlag Fresnostr. 2, D-48159 Münster
Tel. +49 (0) 2 51-620 32 22, Fax +49 (0) 2 51-922 60 99, e-Mail: vertrieb@lit-verlag.de
Österreich: Medienlogistik Pichler-ÖBZ, e-Mail: mlo@medien-logistik.at
Schweiz: B + M Buch- und Medienvertrieb, e-Mail: order@buch-medien.ch

INHALT

Abkürzungsverzeichnis

BDE	Bundesverband der Deutschen Entsorgungs-, Wasser- und Rohstoffwirtschaft
BGB	Bürgerliches Gesetzbuch
BMWA	Bundesministerium für Wirtschaft und Arbeit
GkG	Gerichtskostengesetz
KGSt	Kommunale Gemeinschaftsstelle für Verwaltungsmanagement
KrW-/AbfG	Kreislaufwirtschafts- und Abfallgesetz
LHO	Landeshaushaltsordnung
LSP	Leitsätze für die Preisermittlung auf Grund von Selbstkosten
MVA	Müllverbrennungsanlage
TVöD	Tarifvertrag des öffentlichen Dienstes
WHG	Wasserhaushaltsgesetz des Bundes

VORBEMERKUNG

Die Organisation öffentlicher Aufgaben folgt nicht immer objektiven Kriterien. In der Entscheidungsfindung für die eine oder andere Organisationsvariante spielen oftmals andere Faktoren eine Rolle, die z.B. fiskal- oder kommunalpolitisch begründet sein können. Wie für andere Aufgaben gilt dies auch für die öffentliche Entsorgung von Abfällen, Abwasser und die Reinigung von Städten und Gemeinden.

Mit dem dynamischen Städtewachstum im Zuge der Industrialisierung wurde die Entsorgung als kommunale Aufgabe etabliert und dann zunehmend gesetzlich geregelt. Bundesgesetzliche Regelungen finden sich im Kreislaufwirtschafts- und Abfallgesetz (KrW-/AbfG) sowie im Wasserhaushaltsgesetz des Bundes (WHG). Beide Gesetze schreiben die Entsorgung als kommunale Pflichtaufgabe fest. Sie ermöglichen aber auch zunehmend die private Aufgabenerfüllung und eröffnen partiell die Option der Aufgabenübertragung. Die Privatisierung der Entsorgung wurde seit der Diskussion um den Wettbewerb auf europäischen Märkten auch für öffentliche Dienstleistungen in den 1990er Jahren zu einer Handlungsalternative. Über die tradierte Arbeitsteilung zwischen dem kommunalen Aufgabenträger und dem privaten beauftragten Dritten im Abfallbereich vieler kleiner Städte hinaus wurden vielfältige neue Organisationslösungen diskutiert und realisiert. Privatisierungen der öffentlichen Aufgabenerfüllung durch öffentliche Unternehmen, die Bildung gemischtwirtschaftlicher Gesellschaften durch die Beauftragung privater Unternehmen mit der Investitionsfinanzierung oder als Betreiber öffentlicher Anlagen bilden nur einen kleinen Ausschnitt aus der Vielfalt derzeitiger Organisationslösungen für die Entsorgung. Mit der Erfahrung wuchs die Einsicht in die Chancen und Risiken dieser Modelle. So wurde in den letzten zehn Jahren verstärkt über einen Trend zur Rekommunalisierung diskutiert. In der Versorgungs- sowie Entsorgungswirtschaft ist ein Trend erkennbar, Stadtwerke neu zu gründen, zu revitalisieren oder Aufgaben wieder durch wirtschaftlich optimierte Eigenbetriebe oder öffentlich-rechtliche Anstalten zu erfüllen.

Im Rahmen unseres Projektes zur nachhaltigkeitsgerechten Bewertung und Weiterentwicklung von PPP-Modellen im Entsorgungsbereich hatten wir als Projektteam an der Hochschule Bremen die Chance, kommunale Erfahrungen mit realisierten Modellen von Public Private Partnership (PPP) systematisch zu erheben. In einem ersten Ergebnisband wurden Erfahrungen mit PPP im Quervergleich der Fälle zu Ratschlägen für eine differenzierte Entscheidungsvorbereitung aufbereitet.[1]

Mit dieser Veröffentlichung wollen wir nun die im Forschungsprojekt erstellten Fallstudien für die Fachpraxis und wissenschaftliche Diskussion zugänglich machen. Für diese Möglichkeit haben die Autoren nicht nur der Deutschen Bundesstiftung Umwelt als fördernde Institution zu danken. Die Erstellung der Fallstudien war nur möglich, weil viele Kooperationspartner in den untersuchten Kommunen und in den zuständigen Verbänden zur Bereitstellung von Informationen und zur Beteiligung an intensiven Experteninterviews bereit waren.

Das Ziel unseres Projektes war primär der Erfahrungstransfer. Die Darstellungen in den Fallstudien münden neben der Aufbereitung der Untersuchungsergebnisse und einer Skizze zur Entwicklung der jeweiligen Modelle in einer summarischen Bewertung nach dem im Projekt entwickelten Kriterienraster. Diese Bewertung vermeidet die gewichtende Zusammenfassung nach dem Muster Erfolg/Misserfolg. Ferner haben wir uns nicht auf die Suche nach Schuldigen oder für erfolgreiche Umorganisation Auszuzeichnenden begeben. Projektabläufe, die z.T. eine bis zu 20jährige Entwicklung der Umorganisation in der kommunalen Entsorgung nachzeichnen, sind vielmehr durch Veränderung von Zielen und Rahmenbedingungen, unerwartete Nebenwirkungen, Verhaltensänderungen der Bürger und Beteiligten in Kommunen sowie privaten Unternehmen und weitere, vorab kaum zu berücksichtigende Umstände gekennzeichnet. Erfolgreiche Projekte zeichnen sich dadurch aus, diesen Wandel zielorientiert, aber kooperativ zu gestalten. Auch aus Fällen, die z.T. problematische Ergebnisse nach sich zogen

---

[1] Gahrmann, Arno; Mönnich, Ernst; Moewes, Malte; Overman, Silke; Reinhardt, Benno; Wüst, Thomas 2011: Public Private Partnership. Organisationsvarianten für eine nachhaltigkeitsgerechte Entsorgung (Band 1) Evaluierung von Fallbeispielen für die Praxis. Münster: LIT

oder noch zur Folge haben können, lässt sich jedoch für andere Städte oder andere PPP-Vorhaben erfolgreich lernen.

Daher steht im Folgenden die Präsentation der untersuchten Fälle im Mittelpunkt. Der Aufbau dieser Fallanalysen orientiert sich an unserer Projektzielsetzung, Erfahrungen für eine nachhaltigkeitsgerechte Organisation der Entsorgung zu erheben. Daher werden ökologische, ökonomische und soziale Auswirkungen des Organisationswandels differenziert und gleichrangig ausgewertet. Vorab befindet sich ein kurzes Kapitel zum methodischen Vorgehen. Dann folgt ein zusammenfassender Abschnitt zu den Rahmenbedingungen der Entsorgungsorganisation. Differenziertere Aussagen hierzu können in der bereits zitierten ersten Projektveröffentlichung nachgelesen werden. Ein kurzes Fazit soll zum einen verdeutlichen, welche Erfahrungen zur Entsorgungsorganisation sich auch ohne den Anspruch einer repräsentativen Untersuchung verallgemeinern lassen. Zum anderen bietet das Fazit einen Ausblick auf die künftigen Perspektiven von Public Private Partnership in der Entsorgung.

Kapitel 1

Methodik

Das Ziel der Untersuchung bestand darin, ein pragmatisches Instrument zur Ex-ante-Evaluation von Organisationsentscheidungen im kommunalen Entsorgungsbereich zu entwickeln und empirisch fundierte Handlungsempfehlungen für eine nachhaltigkeitsgerechte Weiterentwicklung der Entsorgungswirtschaft zu geben, bei der nicht allein finanzwirtschaftliche Aspekte dominieren, sondern auch ökologische Erfordernisse und soziale Belange gleichermaßen Berücksichtigung finden. Um dies zu erreichen, sollten mit unterschiedlichen Konzepten jeweils gemachte Erfahrungen gesammelt, aufbereitet und systematisiert werden.

Dass Entscheidungen über die Organisation der Entsorgung von Abfall und Abwasser das Ergebnis komplexer Verfahren und komplizierter Abläufe sind, war aus eigenen Vorarbeiten bekannt und wird in der Literatur thematisiert. Insofern war klar, dass das ansonsten vielfach übliche Verfahren standardisierter schriftlicher Befragung in diesem Zusammenhang von vornherein zum Scheitern verurteilt gewesen wäre. Eine solche Erhebungsmethode kam aber nicht nur wegen zu erwartender niedriger Rücklaufquoten nicht in Betracht. Die Vorstellung, aus interkommunalen Vergleichen anhand statistischer Kriterien als ‚typisch' qualifizierte Fälle ableiten zu können, ist aus prinzipiellen Überlegungen eine Fiktion. Denn dass es sich bei ‚Stadt' um „ein zutiefst komparatistisches Konstrukt" handelt, das um so eher schwindet, je mehr Vergleiche von Äußerlichkeiten hin zu Eigenheiten angestellt werden, ist schließlich ein aus der historischen Stadtforschung längst bekannter Umstand.[1] Um dennoch eine erfahrungsgesättigte Basis zu schaffen, wurde hier auf das methodische Mittel der Fallstudie zurückgegriffen.

---

[1] Vgl. Schmieder, Felicitas 2005: Die mittelalterliche Stadt. Darmstadt: Wissenschaftliche Buchgesellschaft

Die Qualität einer Fallstudie besteht insbesondere darin, dass offene Fragen und kontroverse Positionen als solche identifiziert und mit der Einsicht verbunden werden, dass es keine richtigen oder falschen Antworten gibt, sondern gut oder schlecht begründete Positionen und folglich Modelle, die eher überzeugen oder eher enttäuschen. Durch einen quasi ethnographischen Zugang liegt der Fallstudie seitens der Forschenden ein ausgeprägtes Maß an Unbefangenheit und Neugier zugrunde, sodass auch unerwartete Aspekte in den Blick geraten und sich ein facettenreiches Gesamtbild ergibt. Forschungsparadigmatisch betrachtet, geht es weniger um Quantitäten als um Qualitäten, also anstelle eines mehr oder weniger groben Überblicks möglichst um differenzierte Einblicke. Somit kann und soll es auch nicht darum gehen, ob oder inwiefern ein im Rahmen einer Fallstudie untersuchtes Modell als solches andernorts übertragbar oder gar generell zu empfehlen ist. Vielmehr soll eruiert und die Wahrnehmung dafür geschärft werden, was unter welchen Bedingungen funktioniert oder nicht funktioniert. Deshalb dient auch die Zusammenstellung mehrerer Fallstudien nicht dem Zweck, daraus generalisierende Aussagen abzuleiten, sondern jeder Einzelfall ist als Erfahrungsschatz von je eigenem Wert zu betrachten. Dabei ist oft nicht das Erreichen primär verfolgter Ziele bedeutsam, sondern die Identifikation unerwarteter Nebenwirkungen. So ergibt sich aus mehreren Fallstudien nicht ein eindeutiges Muster, sondern eine facettenreiche, durchaus auch widersprüchliche Elemente enthaltende und verschiedene Perspektiven eröffnende Bandbreite, aus der sich lernen lässt und vor deren Hintergrund sich Prioritäten und Maßstäbe für ein eigenes, dann authentisches Urteil setzen lassen.

Der Anspruch, mit je einer Fallstudie eine Vielfalt von Varianten zu erfassen, war durch die zur Verfügung stehenden finanziellen und zeitlichen Ressourcen limitiert, beides musste forschungspraktisch in Einklang gebracht werden.

Vor diesem Hintergrund wurde die Auswahl der zu untersuchenden Fallbeispiele getroffen. Ausschlaggebend waren dabei verschiedene Kategorien:

- Im Spektrum zwischen Privatisierung und Rekommunalisierung sollten unterschiedliche Organisationsformen in den Blick genommen werden.

- Sowohl der Bereich Abwasser als auch der Bereich Abfall sollte Berücksichtigung finden.
- Es sollten größere und kleinere Kommunen sowie selbständige Gemeinden und Gemeindeverbände untersucht werden.
- Die Fallbeispiele sollten geographisch breit über das Bundesgebiet verteilt sein.
- Es sollten Experten unterschiedlicher Provenienz konsultiert werden, etwa aus Unternehmensleitungen, Genehmigungs- und Aufsichtsbehörden, Kommunalparlamenten, Initiativen und Verbänden, die an Organisationsentscheidungen im untersuchten Bereich beteiligt sind beziehungsweise waren.
- Außerdem sollte auf Seiten der Experten eine prinzipielle Aufgeschlossenheit gegenüber der Studie vorhanden sein, um über mündliche Auskünfte hinaus auch Zugang zu schriftlichen Unterlagen zu erhalten.

Der Umstand, dass PPP- ebenso wie Rekommunalisierungsvorhaben mitunter von erheblicher kommunalpolitischer Brisanz sind, schlägt sich nicht selten in einer ausgeprägten Zurückhaltung nieder, mit der Prozessbeteiligte dem Interesse Außenstehender gegenüber stehen. Dies ist ein Grund dafür, dass nicht in allen ursprünglich anvisierten Kommunen eine Untersuchung möglich war. In folgenden neun Orten wurde schließlich eine Fallstudie erstellt:

- Bergkamen
- Bodenniederung
- Braunschweig
- Bremen
- Dortmund
- Düsseldorf
- Freiburg
- Rostock
- Schönebeck

Grundlage der Fallstudie waren jeweils eine Analyse der umfangreich zur Verfügung gestellten Dokumente und Unterlagen, wie Geschäfts-, Benchmarking- und Beteiligungsberichte, Wirtschaftspläne, Gebührenbedarfsberechnungen, Betreiber-, Leistungs-, Kooperations- und Überleitungstarifverträge, Beschlussvorlagen und Gutachten, sowie teilnarrative

Gespräche mit ausgewählten Experten vor Ort. Zur Rückkopplung wurden darüber hinaus verschiedene Gespräche mit Vertretern von Gewerkschaften sowie öffentlicher beziehungsweise privater Arbeitgeber geführt, die an den untersuchten Fallbeispielen nicht beteiligt waren, jedoch in den laufenden Fachdiskurs eingebunden sind und über entsprechende Expertise verfügen. Bis auf Freiburg, wo im Gegensatz zu allen anderen Fallstudien eine Nutzung von Interviewzitaten nicht möglich war, werden im Folgenden alle untersuchten Fälle dokumentiert.

KAPITEL 2

RAHMENBEDINGUNGEN UND ENTSCHEIDUNGSKRITERIEN

Um öffentliches Handeln den jeweiligen Erfordernissen entsprechend zu organisieren, stehen verschiedene Organisationsalternativen zur Wahl: rein privatrechtliche, öffentlich-private und öffentliche Konstrukte. Öffentliche Organisationsformen unterteilen sich in solche ohne eigene Rechtspersönlichkeit und Organisationen mit eigener Rechtspersönlichkeit. Letztere bieten sich insbesondere dann an, wenn die Außenbeziehungen der Verwaltungseinheit von besonderer Bedeutung für das spezifische Verwaltungshandeln sind (öffentlich-rechtliche Körperschaften oder Anstalten). Ohne eigene Rechtspersönlichkeit werden Verwaltungseinheiten organisiert, um ein in sich selbständiges Verwaltungshandeln zu ermöglichen, die aber Teil der öffentlichen Verwaltung bleiben sollen (z.B. Regie- und Eigenbetrieb).

Hinsichtlich möglicher Privatisierungsformen wird häufig nicht mehr von dem klassischen Privatisierungsbegriff mit Varianten wie der Vermögens- und Leistungsprivatisierung gesprochen, sondern daneben oder anstelle dessen von PPP. Der Begriff suggeriert, dass ein System, bei dem die öffentliche Verwaltung und private Dritte sich für die Erfüllung öffentlicher Aufgaben in eine Kooperation begeben, insgesamt effektiver und wirtschaftlicher funktioniert. Jeder Partner bringt seine jeweiligen Kernkompetenzen ein, es entsteht eine so genannte win-win-Situation.

PPP-Modelle sind nach dem Abfall- und Wasserrecht zulässig. § 16 Absatz 1 KrW-/AbfG eröffnet die Möglichkeit, zur Erledigung der Entsorgungsarbeiten Dritte zu beauftragen, wobei die Erfüllungsverantwortung bei den öffentlichen Körperschaften bleibt. Dem entsprechend sieht § 57 WHG vor, dass die Abwasserbeseitigung durch Dritte besorgt werden kann. Zur Übertragung dieser Aufgabe an Dritte kommen verschiedene Rechtsformen beziehungsweise Vertragsmodelle in Betracht. Die nachfolgende, in Anlehnung an den vom BMWA 2005 herausgegebenen Wasserleitfaden erstellte Skizze nennt die verschiedenen Modelle:

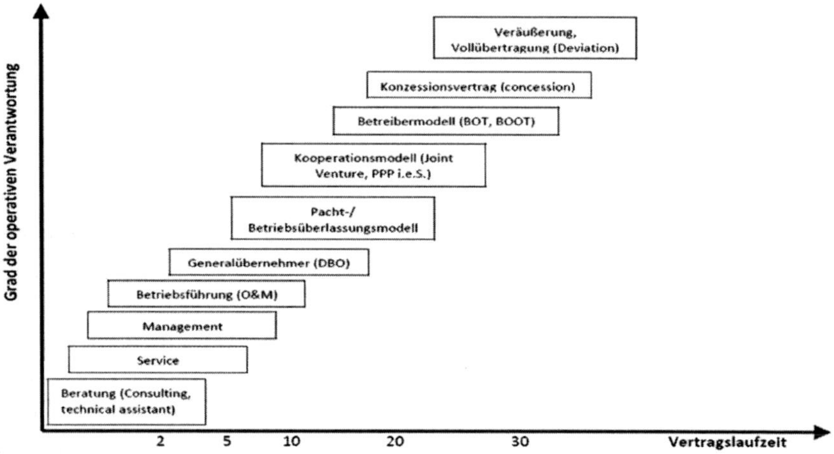

Abb. 1: PPP-Modelle
Quelle: Eigene Darstellung nach BMWA 2005, S. 71

Dieses Schema wird in den folgenden Fallstudien genutzt, um die konkrete Organisationsvariante einzuordnen.

Beispielhaft seien die drei in der Praxis insbesondere relevanten PPP-Varianten kurz beschrieben:

Das Betreibermodell wurde ursprünglich für die Abwasserentsorgung entwickelt. Es sieht die Übertragung von Bau, Finanzierung und Betrieb einer bislang öffentlichen Einrichtung auf einen Privaten vor. Vorteil für die öffentliche Hand ist unter anderem, dass durch die Übertragung einer Investitionsmaßnahme auf einen Privaten der staatliche Haushalt entlastet wird und durch das wirtschaftliche Verhalten eines Privaten Kosten- beziehungsweise Gebührensenkungen erreicht werden können. Nachteilig kann unter anderem sein, dass bei einem möglichen Ausfall des Privaten die Kommune für die an den privaten Betreiber übertragene kommunale Pflichtaufgabe einstehen muss.[1]

Beim Kooperationsmodell gründet der Entsorgungsträger mit einem Privaten eine Kapitalgesellschaft, meist eine GmbH. Diese Gesellschaft hat den Zweck, das Entsorgungsgeschäft, das bisher bei der Kommune lag, zu übernehmen. Der private Partner erhält in der Regel eine Minderheitsbeteiligung, die Kommune überlässt ihm allerdings meist die operative Führung der Gesellschaft. Oft wird die Gründung der Kooperationsgesellschaft verknüpft mit einem weiteren Vertrag, mit dem der private Partner die Betriebsführung sämtlicher Anlagen vollständig übernimmt. Ein solches Kooperationsmodell wird in der Literatur meist als PPP-Modell im engeren Sinne bezeichnet.[2]

Beim Betriebsführungsmodell bleibt die Kommune im Gegensatz zum Betreibermodell Eigentümerin der Anlage und vergibt nur das Management und die Organisation an einen Privaten. Der wesentliche Vorteil des Betreibermodells, dass die Kommune das Investitionsrisiko auf den Privaten überträgt, kommt hier nicht zum Tragen. Dafür sind aber die Steuerungsmöglichkeiten der Kommune deutlich höher als beim Betreibermodell.[3]

In den nachfolgenden Fallstudien sollen die in der Praxis umgesetzten Modelle beschrieben und bewertet werden. Nicht für alle Fälle waren die Gutachten oder verwaltungsinternen Papiere zur Bewertung der Entscheidungsalternativen zugänglich. Wesentliche Fundgrube der Darstellung und Bewertung sind daher Interviews. Die Unterlagen und Interviews wurden ausgewertet und anhand eines standardisierten Kriterienkatalogs strukturiert. Eine solche Methode muss für den Entsorgungsbereich zwei wichtigen Anforderungen genügen:

- Fachinstanzen der Verwaltung, insbesondere Umweltverwaltung und Finanzverwaltung, sowie beauftragte externe Berater müssen angehalten werden, die Folgen alternativer Organisationslösungen möglichst voll-

[1] Vgl. Hoppe, Werner, Uechtritz, Michael (Hrsg.) Handbuch Kommunale Unternehmen, 2. Auflage, Köln 2007, § 7 Rdnr. 190

[2] Vgl. Hoppe, Werner, Uechtritz, Michael (Hrsg.) Handbuch Kommunale Unternehmen, 2. Auflage, Köln 2007, § 13 Rdnr. 227-262

[3] Vgl. Hoppe, Werner, Uechtritz, Michael (Hrsg.) Handbuch Kommunale Unternehmen, 2. Auflage, Köln 2007, § 7 Rdnr. 192

ständig und objektiv abzuschätzen. Für das Nachhaltigkeitskriterium wichtige Bewertungskriterien dürfen nicht bereits in der Entscheidungsvorbereitung ausgeblendet werden.
- Die Aufbereitung des Entscheidungsvorschlages muss so erfolgen, dass für politische Entscheidungsträger eine Reduktion der problemimmanenten Komplexität ohne Verlust wesentlicher Informationen für wertende Entscheidungen erfolgt.

Diese beiden Anforderungen sind naturgemäß nicht ohne Kompromisse umzusetzen. Der hier ausgearbeitete Kompromiss besteht in einem in 18 Einzelkriterien untergliederten Bewertungsraster. Um die Anwendbarkeit für sämtliche PPP-Modelle zu ermöglichen, wurden Musterbewertungen nach dem einfachen Schema gut–mittel–schlecht formuliert. Das vorgeschlagene Raster ermöglicht es, Informationen aus sehr umfangreichen Vertragswerken sowie fachlich häufig sehr anspruchsvollen Gutachten zu ökologischen, sozialen und wirtschaftlichen Entscheidungsfolgen auf eine optisch mit Signalfarben unterlegte kurze Zusammenfassung zu reduzieren (sogenannte Ampel).

Die als relevant identifizierten Entscheidungskriterien sind:

1. Einfluss auf die Erfüllung kommunaler Umweltziele
2. Know-How-Transfer
3. Wirksamkeit von Steuerung und Kontrolle der Aufgabenerfüllung und Einhaltung sonstiger vertraglicher Regelungen
4. Möglichkeiten der technisch-organisatorischen Kooperation mit Kommunen oder der weiteren Beteiligung Dritter
5. Wirkungen auf die Entsorgungssicherheit
6. Steigerung der ökonomischen Effizienz der Leistungserbringung daraus resultierende Vorteile für Kommune, Leistungsempfänger und Beschäftigte
7. Regionalökonomische Folgen des PPP-Modells
8. Steuerrechtliche Bedeutung der Organisationsform
9. Finanzwirtschaftliche Nachhaltigkeit
10. Auswirkungen auf die Gebührenentwicklung
11. Auswirkungen auf den Haushalt des öffentlichen Aufgabenträgers
12. Sozialpolitische Folgen wie Mitbestimmung, Bezahlung, Betriebsklima

13. Anpassungsfähigkeit der Organisationsform hinsichtlich ökologischer, gesellschaftlicher und politisch-finanzieller Kriterien
14. Vereinbarung von Berichtspflichten zu nachhaltigem Wirtschaften
15. Regelungen für die Haftung der Betreiber, für öffentliche Garantien und Nebenlasten
16. Transparenz der Regelungen von Entscheidungen und Einhaltung von Informationspflichten
17. Möglichkeiten staatlicher Überprüfung des PPP-Modells und deren Anwendung
18. Möglichkeiten der Rekommunalisierung

Ein solches Verfahren der Bewertung und Entscheidungsvorbereitung kann und soll die politische Entscheidungsfindung nicht ersetzen. Soll es aber Entscheidungen fördern, die dem Nachhaltigkeitsprinzip Rechnung tragen, so müssen Zielkompromisse analog dem oben skizzierten Drei-Säulen-Modell ausgewogen sein. Diesem Anliegen dient es, wenn das Augenmerk von Entscheidungsträgern auf nachteilige Teilaspekte einer Entscheidungsalternative gerichtet wird, die in politischen Entscheidungsprozessen sonst gerne ausgeblendet oder im Wege generalisierender Bewertungen vernachlässigt werden.

Kapitel 3

Fallstudienergebnisse

3.1 Fallstudie Bergkamen Bewertung der Kommunalisierung des Abfallbereichs in Bergkamen

3.1.1 Entwicklung des Bergkamener PPP-Modells

Ausgangssituation

Die Stadt Bergkamen ist ein so genanntes Mittelzentrum und gehört zum Kreis Unna. Sie hat ca. 52.000 Einwohner und umfasst eine Fläche von 44,8qkm.

Das Bilanzvolumen der Stadt beträgt 332,0 Mio. € (Stand 2008). In der Verwaltung der Stadt arbeiten 382 Vollzeitbeschäftigte, zusätzlich gibt es 22 Vollzeitstellen in Eigenbetrieben der Stadt.

In NRW sind die kreisangehörigen Kommunen zuständig für das Einsammeln und den Transport von Siedlungsabfällen. Der Kreis selbst ist für die Verbrennung, Deponierung und Kompostierung verantwortlich.

Die Ausgangssituation in Bergkamen ist zunächst im Gesamtzusammenhang der Ver- und Entsorgungsaktivitäten der Stadt zu betrachten. Mit Ausnahme der Abwasserentsorgung, die öffentlich-rechtlich organisiert war, waren die übrigen Teilbereiche der Ver- und Entsorgung bis 1994 privatisiert (Strom, Gas durch VEW/RWE; Abfallentsorgung durch Rethmann/Remondis; Straßenreinigung durch Rethmann; Wasserversorgung durch Gelsenwasser u. a.).[1] Ab 1995 wurde die Versorgung mit Strom, Gas und Fernwärme schrittweise kommunalisiert. Bis zu diesem Zeitpunkt gab es in Bergkamen wie auch in Nachbargemeinden noch keine eigenen

---

1 Vgl. Schäfer, R. (Bürgermeister Bergkamen), Kommunalisierung von Aufgaben der Daseinsvorsorge, Vortragsdokument vom 24. April 2008, S. 5f

Stadtwerke. Anfang der 90er Jahre wurden externe Gutachten in Auftrag gegeben, um u.a. eine Wirtschaftlichkeitsprognose für den Fall einer Kommunalisierung zu erhalten. 1994 kam es durch Ratsbeschluss zu Kaufpreisverhandlungen mit VEW. Im Ergebnis wurde die Stromversorgung in eine interkommunale GmbH (zusammen mit Kamen und Bönen) überführt. Die Entscheidung über die Kommunalisierung wurde also schon bei der Stromversorgung durch externe Berater bzw. Gutachter begleitet.

1997 wurde der Abwasserbereich in eine eigenbetriebsähnliche Einrichtung umgewandelt (Stadtbetrieb Entwässerung Bergkamen – SEB). Im Jahr 2002 erfolgte die Kommunalisierung der Stadtreinigung, die eine Gebührensenkung von 25% zur Folge hatte. Die Kommunalisierung der Müllabfuhr erfolgte dann im Jahr 2006. Überlegungen bestehen für eine Kommunalisierung der Wasserversorgung.

ENTSCHEIDUNGSPROZESS

Seit der Stadtgründung wurde die Müllabfuhr in Bergkamen durch private Unternehmen vollzogen. Im Jahr 1994 wurde die letzte Ausschreibung zur Vergabe der Müllabfuhr durchgeführt, mit dem Ergebnis, dass die Firma Rethmann den Zuschlag bis Ende 2005 erhielt.[2] Ab Ende 2003 wurde in der Stadt über die möglichen Alternativen (Ausschreibung oder kommunale Aufgabenerfüllung) zur Abfallentsorgung für die Jahre ab 2006 diskutiert. Hintergrund für die letztgenannte Alternative war insbesondere das Selbstverständnis der Stadt:

> „Wir verstehen uns als modernes, kundenorientiertes Dienstleistungsunternehmen. Es steht bei uns an erster Stelle die Optimierung des Bürgerservice, das heißt in diesem konkreten Themenbereich auf der einen Seite die Herstellung von Entsorgungssicherheit und auf der anderen Seite das Bestreben, dem Bürger eine möglichst gute Leistung für geringes Entgelt anzubieten.“

Als Vorteile der Variante Ausschreibung wurden identifiziert:[3]

- Ermittlung des preisgünstigsten externen Bieters
- Vermeidung von Investitionsstaus durch Einbindung eines solventen privaten Unternehmens

---

2 Vgl. ebenda, S. 18f

3 Vgl. Schäfer, Roland, Kommunalisierung und Daseinsvorsorge, in DEMO, Monatszeitschrift für Kommunalpolitik, 10/2008, S. 3

- Hohe Effizienz des privaten Betreibers
- Kostensicherheit für die Kommune während der Vertragslaufzeit
- Risikoabwälzung auf einen privaten Betreiber

Als vorteilhaft bei einer kommunalen Aufgabenerfüllung galten u.a.:

- Schaffung von Arbeitsplätzen zur Stärkung der lokalen Kaufkraft
- Auftragsvergabe an lokal ansässige Unternehmen als Teil der Wirtschaftsförderung
- Flexibilität bei der Berücksichtigung von Bürgerinteressen
- Berücksichtigung von Umweltschutz- und anderen nichtmonetären Zielen

Ende 2003 wurde eine verwaltungsinterne Arbeitsgruppe gebildet, die eine Entscheidungsvorbereitung zu den möglichen Handlungsalternativen leisten sollte. Diese Alternativen waren eine europaweite Ausschreibung, eine eigene oder eine gemeinschaftliche Abfallentsorgung mit Nachbarkommunen, die Integration der Müllabfuhr in die interkommunalen Gemeinschaftsstadtwerke und eine alleinige Eigenerbringung in Bergkamen mit einer eigenen GmbH. Eine Kostenkalkulation durch die städtische Kämmerei ergab, dass eine Eigenerbringung preiswerter sei als die bisherige Fremdvergabe. Ergänzt wurde die Arbeit der AG durch ein externes Gutachten. Dieses Gutachten kam zu dem Ergebnis, dass ein städtischer Eigenbetrieb im Vergleich zu dem derzeit laufenden Vertrag 30% kostengünstiger arbeiten könne.

Auf der Grundlage dieser Arbeitsergebnisse beschloss die Stadt 2005 die Kommunalisierung der Abfallentsorgung durch Gründung eines Eigenbetriebes, wobei der Entscheidungsprozess wie auch in anderen Fällen eine politische Komponente beinhaltete. Die Entscheidung für einen Eigenbetrieb erfolgte letztlich aufgrund des gegebenen Parteienproporzes:

„Es gab zwei Konflikte, die man einräumen muss. Das eine war das, was Sie ansprechen. In der Parteienlandschaft, sprich bei den Ratsfraktionen, gab es durchaus Unterschiede. Es gab eine große Ratsfraktion im konservativen Lager, die also von vornherein sehr stark doch gesagt hat, wir setzen ganz auf Privat vor Staat. Wir haben insofern, was die Einleitungsbeschlüsse anging, nur eine Mehrheitsentscheidung erzielen können.“

BESCHREIBUNG DES MODELLS

Die Struktur des Bergkamener Modells für die Abfallentsorgung ergab sich aus folgenden Schritten.

Der Entsorgungsbetrieb Bergkamen (EBB) wurde zum 01.01.2006 als eigenbetriebsähnliche Einrichtung der Stadt gegründet. Mit dem privaten Betreiber konnte eine Einigung zur Übernahme der vorhandenen Müllgefäße erzielt werden. Die Anschaffung der Müllfahrzeuge erfolgte über eine Ausschreibung. Mit dem privaten Betreiber wurde eine Vertragsverlängerung bis Mitte 2006 vereinbart, um den Übergang von der privaten zur kommunalen Entsorgung problemlos zu gestalten.

Insgesamt wurden 1,6 Mio. Euro für die Gründung der EBB in Fahrzeuge, Müllgefäße, Arbeitskleidung usw. investiert.[4] Um die Kosten des EBB niedrig zu halten, wurden wesentliche Verwaltungsaufgaben (Betriebsleitung u.a.) als nebenamtliche Tätigkeiten vergeben, um die zusätzliche Einstellung kostenintensiver Führungskräfte zu vermeiden. Weitere verwaltende Tätigkeiten wurden durch die Stadtverwaltung übernommen und werden dem EBB in Rechnung gestellt.

Für die Durchführung der Arbeit wurden mehrere neue Arbeitskräfte auf der Basis des TVöD eingestellt. Den Fahrern des privaten Entsorgers wurden Arbeitsplätze beim EBB auf Basis des TVöD angeboten, das Gehalt im öffentlichen Dienst war diesen aber zu gering.

Das Aufsichtsgremium besteht aus 17 Ratsmitgliedern, 2 Mitarbeitervertretern und dem Bürgermeister als Vorsitzendem. Grundsatzfragen werden vom Rat der Stadt beschlossen.

Die Entwicklung des EBB seit Übernahme der Müllabfuhr wird auf der Homepage des Eigenbetriebes (100 Tage EBB) verkürzt wie folgt beschrieben:

- durch eine neue Tourenplanung wird der Abfuhrbetrieb optimiert und der Abfuhrkalender dadurch vereinfacht

---

4 Schäfer, Roland, Vortragsdokument aus 2008, a. a. O., S. 25

- neue Angebote im Rahmen der Sperrmüllabfuhr werden etabliert
- ein schnellerer Behältertausch wird gewährleistet
- kürzere Reaktionszeiten bei Bürgerbeschwerden
- insgesamt geringere Kosten und Gebührensenkung

TYPISIERENDE EINORDNUNG

Eine Typisierung des Bergkamener Modells ist insofern schwierig, als es sich um eine – zumindest bis heute – eher untypische Entwicklung handelt. Seit jeher war die Abfallentsorgung in Bergkamen privat vergeben, bis aufgrund von Wirtschaftlichkeitsuntersuchungen festgestellt wurde, dass eine Eigenbetriebslösung in der Stadt günstiger sei als eine Fremdvergabe. Diese Entwicklung und die Rahmenbedingungen, die hierzu führten, müssen in Bezug auf das städtische bzw. kommunale Umfeld bewertet werden. Nicht immer ist eine Kommunalisierung ökonomisch sinnvoll und/oder politisch durchsetzbar. Die Tatsache, dass die kommunale Entsorgung in Bergkamen günstiger ist, kann z.B. an der Größe der Stadt und der Verwaltungs-/Kostenstruktur liegen. Für eine Kommunalisierung sprach sicher auch die bereits vorhandene Erfahrung mit Kommunalisierungsprozessen.

ENTWICKLUNG DES MODELLS UND KONFLIKTE

Als grundsätzlich positiv kann herausgestellt werden, dass im Ergebnis der Kommunalisierung die Abfallgebühren tatsächlich deutlich gesenkt werden konnten bei gleichzeitiger Verbesserung des Serviceangebotes. Außerdem wurden neue Arbeitsplätze geschaffen. Ein weiterer Vorteil ist, dass die Einflussnahme und Kontrollmöglichkeit der Stadt auf die Abfallentsorgung unmittelbar gegeben ist. Im Falle einer möglichen Erwirtschaftung von Überschüssen können diese vom EBB zweckgebunden in die Verbesserung der Abfallentsorgung investiert werden. Wenn sich die Stadt zu einer anderen Rechtsform für den EBB entscheiden sollte, könnten die Überschüsse auch in die allgemeine städtische Verwaltung fließen.

3.1.2 ERFAHRUNGEN

1) UMWELTZIELE

Die umweltpolitischen Ziele der kommunalen Abfallentsorgung betreffen grundsätzlich die Bereiche der Abfallvermeidung, -verwertung und der Abfallentsorgung. Für die Stadt Bergkamen ist hierbei im Wesentlichen die

Abfallvermeidung und -entsorgung zu bewerten, da die Verwertung interkommunal erfolgt. Einen Abfallplan, in dem auch umweltpolitische Ziele verankert sind, gibt es überörtlich. Die zuständige Körperschaft ist der Kreis Unna. Nach dem Abfallwirtschaftsplan haben die Kommunen nur die Teilaufgaben Einsammeln und Transportieren. Der Kreis Unna hält die Verträge mit der MVA Hamm. Die Erreichung von Umweltzielen wird auch deshalb nicht der zentrale Gesichtspunkt bei der Rekommunalisierung gewesen sein.

„Wobei man fair sein muss, zu sagen, dass die Umweltgesichtpunkte sicher nicht der Hauptgrund für die Rekommunalisierung gewesen sind. Einfach deshalb, weil uns ja auch nur ganz geringer Handlungsspielraum blieb. Ich muss einmal mehr auf diese Rahmenbedingungen, die uns der Kreis Unna nun mal vorgibt, zurückgreifen und verweisen. Wir haben einmal die Abfallberatungsstelle des Kreises Unna. Die haben von uns einen Dienstleistungsvertrag als Abfallberater."

Trotzdem finden Umweltgesichtspunkte beim EBB Berücksichtigung. So werden umweltpolitische Fragen der Abfallentsorgung und Stadtreinigung im Umweltausschuss der Stadt diskutiert und Beschlüsse hierzu im EBB umgesetzt (Anschaffung von Fahrzeugen mit Russpartikelfiltern, umweltfreundliches Granulat für die Winterstreuung etc.).

„Z. B. würden wir hier eine Betonbrücke abbrechen. Da haben wir reichlich von geerbt. Dann sagen wir: Dort betreibt der Kreis eine Wertstoffdeponie, als Baustoffrecyclingmaßnahme. Und genauso, wenn Sie im Tiefbauamt einen neuen Radweg bauen lassen, dann sehen wir, ob wir die Stoffe, die wir als umweltgerecht bezeichnen, auch wieder verwerten. Ich möchte sagen, das Abfallkonzept des Kreises ist an sich schlüssig. Wir haben es dann umzusetzen."

2) Produktiver Know-how-Transfer

Bergkamen ist für das Einsammeln und Transportieren von Abfall zuständig, die technische Aufbereitung/Verwertung wird vom Kreis Unna geleistet. Darum war das Thema Know-how -Transfer nicht Gegenstand des Gesprächs.

3) Steuerung und Kontrolle

Die Steuerung des EBB erfolgt nebenamtlich durch die Betriebsleiter, die gleichzeitig in der Verwaltung hauptamtlich tätig sind.

Bestimmte Leistungen wie Personalverwaltung, Lohnabrechnung, Controlling werden von der Stadtverwaltung eingekauft. Diese Leistungen werden vom EBB entsprechend den KGSt-Werten oder nach vereinbarten Verrechnungssätzen vergütet und fließen in die Gesamtkalkulation mit ein. Typisch für eine eigenbetriebsähnliche Einrichtung ist die Steuerungsmöglichkeit durch Ratsbeschlüsse und die unmittelbare Kontrollmöglichkeit der Stadtverwaltung.

Ein Vertragscontrolling im Sinne der Untersuchung gibt es angesichts des kommunalen Charakters nicht, dafür erfolgt das Controlling quasi intern. Es blieb offen, inwieweit das interne Controlling tatsächlich kontrolliert wird durch „externe" Mitglieder der Verwaltung.

4) KOOPERATIONEN MIT KOMMUNEN UND PRIVATEN

Die mögliche Flexibilität des Eigenbetriebes wird von der Behörde deutlich höher eingeschätzt als die eines privaten Unternehmens. Gerade weil Remondis als Anlaufstelle für Bürgerfragen und –anliegen nicht in der Stadt präsent war, weist der Eigenbetrieb deutliche Vorteile in Fragen der Flexibilität auf. So kann auf Bürgeranliegen umgehend reagiert werden, da es eine permanente Anlaufstelle für die Bürger in der Verwaltung gibt.

Kooperationen mit privaten Dritten sind für einen Eigenbetrieb grundsätzlich anders zu beurteilen als für einen privaten Betreiber, so z.B. aus steuerrechtlichen Gründen. Kooperationen sind für eine Stadt vor allem interkommunal möglich. Im Fall Bergkamen erfolgen Kooperationen hauptsächlich in Form von Amtshilfe ohne feste Kooperationsvereinbarungen.

„Wir haben z.B. ein paar Bereiche in der Nachbarschaft, da fahren wir mit der Kehrmaschine, um Amtshilfe zu leisten. Das machen wir dann aber auch für einen ganz klar definierten Stundensatz.... Da wollen wir nicht dran verdienen. Aber wir müssen zumindest unsere Kosten refinanzieren können. Für uns liegt der Reiz tatsächlich darin, ... dass wir dadurch zu einem anderen Auslastungsgrad unserer Maschinen kommen und die Fixkosten besser auffangen können."

Es ist also festzustellen, dass die Flexibilität im Rahmen kommunaler Kooperationen gegeben ist. Dies nicht nur wegen der Vorgaben des Abfallwirtschaftsgesetzes zur Kooperation der Kommune mit dem Kreis, sondern auch in Bezug auf die Auslastung von Gerätschaften und Personal. Auf dieser Basis ist die Flexibilität des Modells voll erfüllt.

5) ENTSORGUNGSSICHERHEIT

Entsorgungssicherheit ist aus Sicht der städtischen Verwaltung gegeben. Hierzu wurde nach der Kommunalisierung der Abfuhrrhythmus vereinheitlicht und es wurden neue Zusatzangebote geschaffen. Nicht durchgeführte Leerungen können bei entsprechender Beanstandung noch am gleichen Tag nachgeholt werden, da die Müllabfuhr am Ort stationiert ist und es keine längeren Anfahrtswege wie beim alten privaten Entsorger gibt.

Entsorgungssicherheit in Bezug auf die kommunale Aufgabe, nämlich den Abtransport des Abfalls, ist also voll gegeben. Die weitere Be-/Verarbeitung des Abfalls liegt nicht im Aufgabenbereich von Bergkamen und kann deshalb nicht in die Bewertung einfließen.

6) ÖKONOMISCHE EFFIZIENZ/WIRTSCHAFTLICHKEIT

Wirtschaftlichkeit bzw. wirtschaftliche Effizienz stand bei den Überlegungen zur Rekommunalisierung im Vordergrund der Betrachtung, weniger die rein sozialen Aspekte.

> „Ich glaube, sowohl im politischen Umfeld, aber auch speziell bei unseren Kunden, sprich der Bürgerschaft, steht zunächst das Geld im Vordergrund."

Im Ergebnis der Kommunalisierung konnte gegenüber dem ehemaligen privaten Betreiber ein deutlicher Kostenvorteil erzielt werden. Gründe hierfür sind insbesondere:[5]

- Der Kostenvergleich erfolgte auf der Grundlage der Ausschreibung von 1994 und des letzten Vertrages von 1995. Eine neue Ausschreibung hätte ein niedrigeres oder aber auch höheres Ergebnis bringen können.
- Der EBB braucht nur kostendeckend zu arbeiten, da eine Gewinnerzielung nicht erforderlich ist. Er arbeitet gebührenfinanziert und nicht gewinnorientiert:

> „Wir sind kein gewinnorientiertes Unternehmen. Ganz wichtig. So gibt es hier ein Rechnungsergebnis im letzten Jahr, gegengeprüft von externen Wirtschaftsprüfern, wie es die Gemeindeprüfungsanstalt jetzt verlangt, und von allen dokumentiert. Wir haben wirklich unser Versprechen gehalten, hundertprozentige Kostendeckung, nicht mehr."

---

5 http://www.demo-online.de/kommunalisierung-der-daseinsvorsorge, S. 2

- Durch eine kostengünstige Gestaltung des Overheads konnten unnötige Gemeinkosten gespart werden (nebenamtliche Betriebsleitung, keine Sitzungsgelder u.a.)
- Gute personelle und technische Rahmenbedingungen wie eine straffe Verwaltung, moderne Fahrzeugtechnik und Logistiksoftware
- Keine MwSt-Pflicht nach §4 KStG als Hoheitsbetrieb nicht gewerblicher Art

Die städtische Leistung wurde nach der Kommunalisierung wie prognostiziert 30% günstiger. Mit Gesamtblick auf alle Gebühren des Abfallbereichs betrifft dies aber nur 1/3 der Gesamtleistung, da 2/3 der Kosten durch Verbrennung usw. verursacht werden, was Aufgabe des Kreises und nicht der Stadt ist. Die 30 prozentige Kostensenkung betrifft mithin nur die Müllabfuhr, also das Einsammeln und Transportieren.

7) REGIONALPOLITISCHE BEDEUTUNG/SOZIOÖKONOMISCHE FOLGEN

Es wurden mehrere sozialversicherungspflichtige Arbeitsplätze vor Ort geschaffen, die nach dem TVöD bezahlt werden. Es entstanden als „Nebeneffekt“ der Kommunalisierung neue Vollzeitarbeitsplätze, neun im gewerblichen Bereich, eine Disponentenstelle sowie zwei Teilzeit-Verwaltungsstellen.[6]

> „Indem wir selber Arbeitgeber sind, haben wir das selbst in der Hand. Und wir versuchen dann natürlich auch, uns personell so aufzustellen, dass wir auch soziale Aspekte beachten. So habe ich mich z. B. in der Gründungsphase dafür eingesetzt, dass wir auch nicht mit den Mindesttarifstrukturen operieren, die im Müllentsorgungsbereich auch denkbar wären. Da gibt es z.B. das Speditionsgewerbe mit den entsprechenden Rahmenverträgen. Das war für mich von Anfang an kein Thema. Ich meine, dass mein Team eine vernünftige, qualitativ gute und ansprechende Arbeit verrichten soll. Daher war ich dafür, dass das, was im öffentlichen Dienst machbar ist, auch gemacht wird.“

Die Auftragsvergabe für z.B. handwerkliche Arbeiten erfolgt gezielt an heimische Unternehmen, was insoweit eine wirtschaftsfördernde Wirkung hat.

---

6 http:/sachsen-anhalt.dev.steuerzahler.de/webcom/show-article.php?wc

8) BESTEUERUNG

Da private Unternehmen umsatzsteuerpflichtig sind, bestehen zwischen dem eigenbetriebsähnlichen EBB und Remondis deutliche steuerliche Unterschiede. Der EBB braucht keine MwSt auf die Gebühren zu erheben, muss jedoch selbst Vorsteuer bezahlen, da der EBB diese nicht gegen die MwSt aufrechnen kann. Insofern zahlt der EBB z.B. für die Anschaffung von Müllfahrzeugen 19% MwSt und muss diese bei einer Vollkostenrechnung auf die Gebühren umlegen. Insofern ist es eine Rechnung im Detail, ob die Gebühren bei unterstelltem ansonsten gleichem Status quo bei einem Privaten höher sind als bei einem kommunalen Entsorger. Dies wird im Besonderen davon abhängig sein, wie hoch die MwSt-pflichtigen Anschaffungen tatsächlich sind.

Wegen des kommunalen Charakters dieser Fallstudie passt die Besteuerung nicht in das Bewertungsraster der Untersuchung.

9) FINANZIELLE STRUKTUR DES MODELLS

Finanzierungsfragen stellen sich bei Privatisierungen insofern, als es um die Frage geht, wie der öffentliche Haushalt durch Einnahmen aus Privatisierungen kofinanziert werden kann. Im Fall Bergkamen bezieht sich die Finanzierungsfrage auf die Kreditaufnahme für die materielle Ausstattung des EBB.

> „Wir haben, was die EBB angeht, die Finanzierungskosten komplett eingestellt. Als Betriebsaufwendungen sind diese auch entsprechend relevant. Wir bemühen uns trotzdem, die bestmöglichen kommunalen Kreditkonditionen zu bekommen. Die sind in der Regel etwas günstiger als bei privaten Haushaltungen im Konsumgeschäft. Insofern haben wir von Anfang an diese Finanzierungskosten auch in unsere Wirtschaftlichkeitsanalyse mit eingestellt."

Die Finanzierungserfordernisse wurden dabei möglichst gering gehalten. So wurden z.B. auf die Einrichtung einer eigenen LKW-Werkstatt verzichtet und stattdessen Wartungsverträge abgeschlossen. Damit wurde auch eine 100 prozentige Kostensicherheit erreicht.

10) AUSWIRKUNGEN DES PPP-MODELLS AUF DIE GEBÜHRENENTWICKLUNG

Gebührenvergleiche im Entsorgungsbereich sind in ihrer Methodik und ihren Aussagen umstritten. Im Hausmüllbereich macht insbesondere der stark heterogene Leistungsumfang Gebührenvergleiche problematisch. Die konkrete Entwicklung der Gebühren in Bergkamen hat gezeigt, dass die kommunale Entsorgung in Bergkamen in Relation zum privaten Betreiber kostengünstig durchgeführt werden kann, so dass die Kommunalisierung aus Sicht der Gebührenentwicklung positiv zu beurteilen ist.

11) HAUSHALTSAUSWIRKUNGEN

Wurden nicht näher erörtert

12) MITBESTIMMUNG/PERSONALVERTRETUNG/TARIFRECHT

Die Mitbestimmung und Bezahlung richtet sich nach dem TVöD. Ansonsten wurde das Thema nicht näher erörtert.

13) FLEXIBILITÄT/ANPASSUNGSFÄHIGKEIT DES MODELLS

Bei diesem Fall der Rekommunalisierung spielen Fragen zu den Leistungsverträgen mit dem Privaten keine Rolle.

14) BERICHTSPFLICHTEN

Wurden nicht näher erörtert.

15) HAFTUNGSFRAGEN/STAATLICHE GARANTIEN UND NEBENLASTEN

Wurden nicht näher erörtert, da es sich um einen Eigenbetrieb handelt.

16) ENTSCHEIDUNGSPROZEDUR/INFORMATIONSPFLICHTEN/ TRANSPARENZ

Die Gutachten zur Kommunalisierung liegen beim Kämmerer und werden nicht herausgegeben, da sie als vertraulich eingestuft sind. Insofern ergibt sich keine mögliche externe Überprüfbarkeit des Verfahrens. Nur eine verwaltungsinterne Transparenz des Entscheidungsprozesses war gegeben.

„Es war für uns ganz wichtig, sehr frühzeitig Transparenz zu schaffen. Es fängt an mit dieser internen Arbeitsgruppe, die interdisziplinär besetzt wird. Klar, einer muss das moderieren. Dafür haben wir den Verwaltungsvorstand ausgeguckt.

Aber da war ganz wichtig, dass auch diese ganzen Detailfragen dann bis hin zur Sachbearbeiterebene rüber kamen.“

Die Eigenbetriebsverordnung gibt hierfür den gesetzlichen Rahmen vor. Unterlagen zu wichtigen Entscheidungen müssen der Gemeindeprüfungsanstalt vorgelegt werden.

17) Staatliche Überprüfung

Die hier gemeinte staatliche Überprüfbarkeit ist in diesem Fall der Rekommunalisierung nicht relevant und somit nicht zu bewerten.

18) Möglichkeiten der Rekommunalisierung

Entfällt wegen Rekommunalisierung.

Es standen für diese Fallstudie verschiedene Materialien aus dem Internet sowie Vortragsunterlagen von Behördenvertretern zur Verfügung. Die Unterlagen im Internet befassen sich im Wesentlichen mit den Kernaussagen zur Kommunalisierung, wie sie in den Vortragsmaterialien zu finden sind. Insoweit konnten zwar diverse Quellen für die Fallstudie genutzt werden, sie unterscheiden sich inhaltlich aber kaum. Das mit zwei Vertretern der Stadtverwaltung geführte Interview lieferte keine wesentlich neuen Erkenntnisse, so dass mündlich keine wichtigen Detailinformationen gewonnen werden konnten, die über die Erkenntnisse aus den schriftlichen Unterlagen hinaus gingen. Weitere gewünschte Unterlagen, insbesondere die interne Kostenkalkulation, das externe Gutachten sowie Jahresabschlüsse, wurden nicht zur Verfügung gestellt.

Als Ergebnis auf der Basis der vorhandenen Materialien und des Interviews kann die Kommunalisierung aus heutiger Sicht als Erfolg bewertet werden. Für eine weitergehende Bewertung fehlen u.a. Jahresabschlüsse für mehrere Geschäftsjahre und praktische, nachvollziehbare Erfahrungen aus mehrjähriger Tätigkeit des EBB. Offen scheint auch zu sein, inwieweit der EBB als Eigenbetrieb dauerhaft fortgeführt oder in eine andere Rechtsform überführt wird.

Offensichtlich ist, dass die kommunale Abfallentsorgung durch die Schaffung von Arbeitsplätzen und die auftragsmäßige Einbindung von städtischen Betrieben einen gesamtwirtschaftlichen Effekt für die Stadt hat. Auch bleibt festzustellen, dass Service und Kontrolle der Abfallentsorgung in einer mittelgroßen Stadt wie Bergkamen durch die städtische Verwaltung sicher besser funktionieren als bei einem externen Betreiber, der seine Fahrzeuge nur zu festgesetzten Terminen in die Stadt schickt und eine überregional angesiedelte Verwaltung unterhält.

Die Einbindung von externen Beratern hat sich aus Sicht der Bergkamener Stadtverwaltung in Bezug auf die fachliche Unterlegung der eigenen Konzepte gelohnt. Mit diesem Verfahren hatte die Stadt bereits in den 1990er Jahren Kommunalisierungen erfolgreich umgesetzt.

3.1.3 ANWENDUNG DES KRITERIENKATALOGES

Bewertung der Rekommunalisierung in Bergkamen im Bereich Abfall	⊗	⊗	⊗	⊗
Bewertungskriterium	voll erfüllt	teilweise erfüllt	deutliche Mängel	nicht zu bewerten
Erfüllung kommunaler Umweltziele	⊗			
Know-how-Transfer				⊗
Steuerung/Kontrolle der Aufgabenerfüllung	⊗			
Technisch-organisatorische Flexibilität	⊗			
Wirkung auf Entsorgungssicherheit	⊗			
Ökonomische Effizienz	⊗			
Regionale und soziale Folgen	⊗			
Bedeutung der Besteuerung für Organisation				⊗
Finanzwirtschaftliche Nachhaltigkeit		⊗		
Auswirkungen auf die Gebühren	⊗			
Auswirkungen auf den kommunalen Haushalt				⊗
Mitbestimmung, Bezahlung, Betriebsklima				⊗
Flexibilität des Modells				⊗
Berichtspflichten zu nachhaltigem Wirtschaften				⊗
Haftung, öffentliche Garantien und Nebenlasten				⊗
Transparenz von Entscheidungen und vertraglichen Regelungen			⊗	
Überprüfung/Überprüfbarkeit durch unabhängige Instanzen				⊗
Vorsorge für wieder eigenständige Aufgabenwahrnehmung				⊗

3.2 FALLSTUDIE BODENIEDERUNG BEWERTUNG DES PPP–MODELLS ABWASSERZWECKVERBAND BODENIEDERUNG

3.2.1 ENTWICKLUNG DES BODENIEDERUNGER PPP-MODELLS

AUSGANGSSITUATION

Der Abwasserzweckverband Bodeniederung ist ein Zusammenschluss von 15 Gemeinden nach dem Gesetz über Kommunale Gemeinschaftsarbeit des Landes Sachsen–Anhalt (GkG). Der Verband wurde nach der Wende im Jahr 1991 von den Gemeinden Hecklingen, Winningen, Groß–Börnecke, Löderburg und Neundorf gegründet. Diesem Gründungsverband schlossen sich ein Jahr später die Gemeinden Egeln, Wilsleben, Hakeborn, Tarthun, Etgersleben, Borne, Unseburg, Wolmirsleben und Schneidlingen an.

Nach dem GkG übertrugen die bis dahin zuständigen Gemeinden die Aufgabe der Abwasserentsorgung auf den Verband. Zu diesem Zeitpunkt gab es in den genannten Gemeinden keine zentrale Abwasserentsorgung. Die Abwässer wurden entweder in Klärgruben auf dem Grundstück oder in sog. Bürgermeisterkanäle entsorgt. Unter einem Bürgermeisterkanal versteht man eine straßenweise Entwässerung, die entweder in einem Graben endet oder aber in einer provisorischen Kleinstkläranlage.

Aus Sicht der Bürger funktionierte diese Art der Entsorgung bis in die Wendejahre hinein ohne Weiteres. Verantwortlich und zuständig waren staatliche Organe, die die operative Entsorgung auf den Wasser- und Abwasserbetrieb Magdeburg übertragen hatten. Dieser sog. WAB kümmerte sich um die Wasserversorgung und Abwasserentsorgung auch im ländlichen Raum sowie bis 1990 ebenfalls in den Gemeinden des gegründeten Zweckverbandes. Es handelte sich um ein zentral gesteuertes Unternehmen, das sich zentral um Investitionen bemühte und die Preise zentral festlegte.

Diese staatliche Aufgabe fiel nach der Wende infolge des Einigungsvertrages an die Kommunen zurück. Die Kommunen mussten die Abwasserentsorgung selbst organisieren, unabhängig von ihrer Größe und Leistungsfähigkeit. Das Land Sachsen-Anhalt wusste, dass gerade kleinere Gebietskörperschaften mit dieser komplexen und kostenintensiven Aufgabe überfordert sind und organisierte deshalb auf Ebene der Landkreise sog. Kreiskonzepte für die Wasserversorgung und Abwasserentsorgung. Der für die genannten Gemeinden zuständige Landkreis Staßfurt sah in diesem Zusammenhang vor, dass sich alle Gemeinden des Landkreises möglichst zu einem Zweckverband zusammenschließen, um dann möglichst ein zentrales Klärwerk zu errichten. Nur so sei ein kontinuierliches Investitionsgeschehen bei moderaten Gebühren möglich.

Dies gelang nicht. Die kreisangehörigen Gemeinden, die zu DDR–Zeiten gewohnt waren nach staatlichen Vorgaben zu arbeiten, waren jeder Bevormundung gegenüber misstrauisch. Die Betonung der kommunalen Eigenständigkeit als Reaktion auf jahrelange staatliche Bevormundung führte dazu, dass die bis zur Wende großflächig strukturierte Abwasserentsorgung kleinteilig zersplitterte.

Nicht nur im Verhältnis zum Land entwickelte sich eine Eigenständigkeit der Gemeinden. Auch zwischen den Gemeinden herrschte Konkurrenz. Jede Gemeinde plante, nach der Schließung vieler Betriebe in der Region und dem Verlust tausender Arbeitsplätze, Investoren beste Bedingungen zu bieten. Der Aufbau der Infrastruktur zählte daher zu den ersten Aufgaben der neu gegründeten Gemeinden. Man war der Auffassung, dass nur die schnelle Entwicklung zu Betriebsansiedlungen führe.

Vor diesem Hintergrund brach die Rivalität zwischen der größten kreisangehörigen Gemeinde Staßfurt und der zweitgrößten Gemeinde Hecklingen in den Jahren 1990/1991 aus. Eine gemeinsame kreisweite Lösung der Ver- und Entsorgung des Wassers konnte gegen den staatlichen Rat nicht gefunden werden. Die kleinere Gemeinde Hecklingen sah sich im Zugzwang und gründete mit den umliegenden Gemeinden den Abwasserzweckverband Bodeniederung.

Die Struktur der Abwasserbeseitigung ab ca. 1991 kann für die Region Staßfurt/Hecklingen wie folgt skizziert werden:

Es bildeten sich zwei Zweckverbände, der Abwasserzweckverband Bodeniederung mit Sitz in Groß Börnecke und einer zentralen Kläranlage in Hecklingen sowie der Abwasserzweckverband Bode–Wipper mit Sitz in Staßfurt und einer eigenen zentralen Kläranlage erst in Staßfurt, dann in Hohenerxleben.

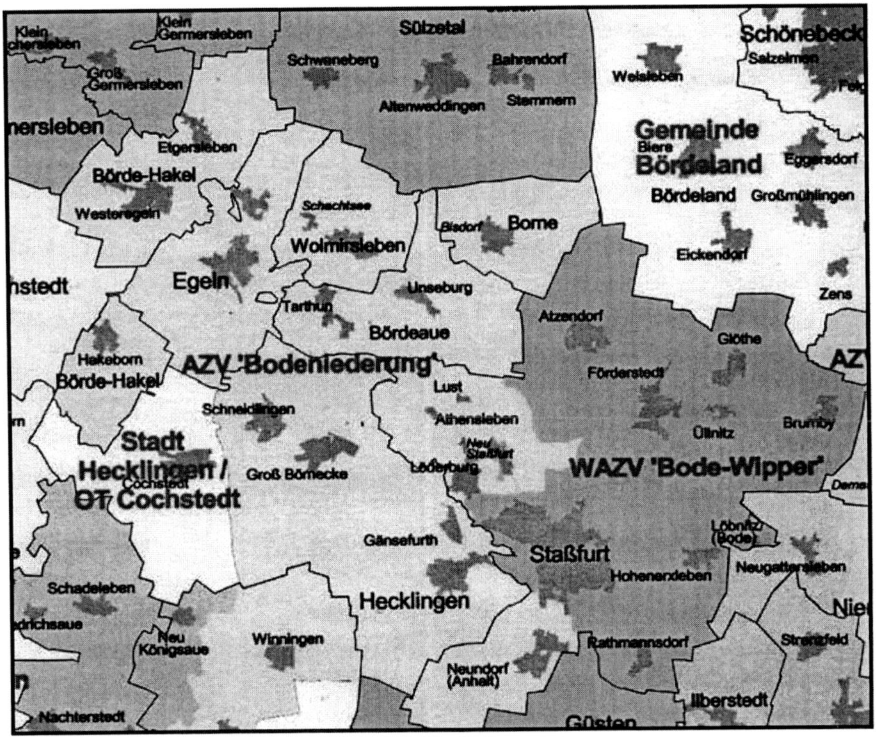

Abb. 2: Skizze für die Struktur der Abwasserbeseitigung für die Region Staßfurt/Hecklingen

ENTSCHEIDUNGSPROZESS

Schon vor Gründung des Verbandes Bodeniederung gab es in den Gemeinden, die nicht mit der Stadt Staßfurt zusammenarbeiten wollten, intensive Überlegungen, die Abwasserentsorgung mit Hilfe eines privaten Partners zu organisieren. Jahre später wurde der unmittelbare Anlass für die Privatisierung wie folgt kommentiert:

„Es gibt noch zwei weitere Aspekte, die hier dazu geführt haben, dass man vor Ort das alles so wollte und dass es dann auch in diese Richtung gegangen ist. Zum einen war das ja ein Modellprojekt, Privatisierungsmodellprojekt, gefördert durch den Staatssekretär von Angela Merkel (Anmerkung: damals Umweltministerin des Bundes) und durch Herrn Böhmer als Finanzminister vor Ort. Und es gab die diversen Besuche hier auch von anderen, das heißt hier wurde Gott und die

Welt eingeladen. Die Kläranlage war ja schnell fertig und es sollte ein Vorzeigeprojekt sein oder werden. Das stand auch wohl alle Nase lang in der Zeitung. Das ist sicherlich auch ein ganz wesentlicher Aspekt. Und der zweite, es gab auch eine vertrauenswürdige Person vor Ort, die da letztendlich das Ganze überhaupt nur ermöglicht bzw. angeschoben hat. Das ist der Bürgermeister Herr .... Er war ja zunächst einmal in den ersten ein bis zwei Nachwendejahren Stadtdirektor von Hecklingen. Es gab eine große Konkurrenz zwischen Hecklingen und Staßfurt. Deshalb dieser unmögliche Vier-Anlagen-Standort am Oberlauf einer größeren Stadt. Das ganze Projekt, nur auf ihn ist es zurückzuführen. Und er ist dann Geschäftsführer des Abwasserverbandes geworden. Er war wohl zwei Jahre, von 1990 bis 1992, da Stadtdirektor, dann war er zwei Jahre Geschäftsführer und es gab nicht nur Landtagswahlen im Sommer 1994, sondern auch Gemeinde- und Bürgermeisterwahlen. Er hat sich dann zum Bürgermeister wählen lassen, 1994. Er war dann Bürgermeister vor Ort und zugleich Geschäftsführer der Krüger-Hölter Betriebsführungsgesellschaft vor Ort. Was er heute noch ist. Der naive, der Normalbürger, dem kann man das doch nicht vorwerfen, dass er, wenn von außen entsprechend das Projekt gefördert wird, Probleme erkennt. Da ist eine lokal akzeptierte Person, die das Projekt propagiert, dem glaubt man dann."

„Und das ist, glaube ich, überall ein Phänomen. Dass also immer auf lokaler Ebene eine Person da sein muss, die das puscht. Und wenn die Person fehlt, dann kann kein Privater mit noch so guten Argumenten eine Umstrukturierung vorantreiben."

Federführend für die Suche des privaten Kooperationspartners war dann die Stadtverwaltung Hecklingen. Dies hat der Landesrechnungshof bei der Beurteilung der Probleme des Verbandes aus dem Jahr 2007 festgestellt:

„Die sieben Gemeinden des Einzugsbereiches Bodeniederung beauftragten 1990 die Stadtverwaltung Hecklingen, Angebote für ein Betreibermodell nach niedersächsischem Vorbild einzuholen. Diese schrieb Ende 1990 vierzehn Unternehmen an. Die Auswertung der vorliegenden Angebote konnte der Landesrechnungshof entnehmen, dass lediglich die Firma Krüger–Hölter ein wertbares Angebot abgegeben hat. Wertbar in dem Sinne, dass der Abwasserpreis für 30 Jahre fixiert wird. Ebenso ist nur die Fa. Krüger–Hölter darauf eingegangen, den Abwasserpreis bis 1996 auf 1,58 DM festzulegen. Der höchste Preis im Jahr 2001 liegt bei 6,95 DM".

„Die beteiligten Gemeinden entschieden sich für die Zusammenarbeit mit dem „Bestbieter", der Firma Krüger-Hölter Wassertechnik GmbH und erteilten dieser einen Planungsauftrag. Bis Ende März 1991 wurden mit Unterstützung des .... Beraters und Begleitung durch das Umweltministerium Sachsen-Anhalt die Vertragsverhandlungen durchgeführt. Am 08.04.1991 wurde der Betreibervertrag zwischen der Stadt Hecklingen, den Gemeinden Neundorf, Groß Börnecke, Winningen und Löderburg sowie dem Betreiber abgeschlossen. Der Betreiber hat im September 1991 auf Grundlage dieses Vertrages mit dem Bau der Kläranlage begonnen.“

Der Betreibervertrag aus dem Jahr 1991 wurde nie genehmigt und auch nicht auf den kurze Zeit später gegründeten Abwasserzweckverband übertragen. Damit der Bau der Anlagen gleichwohl sofort beginnen konnte, haben die Gemeinden für die vom Betreiber aufgenommen Kredite gebürgt. Der zuständige Landkreis hat diese Bürgschaften genehmigt. Das Ministerium für Umwelt förderte den Bau der Anlagen mit pauschalen Beträgen.

Die Genehmigung dieses 1991 abgeschlossenen PPP-Vertrages ist nie ernsthaft in Erwägung gezogen worden, obwohl er mehrere Jahre faktisch umgesetzt wurde. 1997 stellte die obere Kommunalaufsicht, das Regierungspräsidium Magdeburg, beispielhaft klar, dass der Verband und der Betreiber

„anstatt die aktuellen, letztgültigen Unterlagen ordentlich zusammenzustellen, seit 1991 bis heute verstreut aus verschiedenen Anlässen bei verschiedenen Behörden, unvollständige und unbrauchbare Unterlagen eingereicht haben.“

Eine Prüfung oder Genehmigung dieses 1991 abgeschlossenen Vertrages kam daher nicht in Betracht. Dies war der oberen Kommunalaufsicht spätestens 1993 klar, wie sich aus einem internen Vermerk ergibt (August 1993):

„Der kaufmännischen Betrachtung kann nicht zugestimmt werden. Es ist schwer möglich, die Einnahmen zu erwirtschaften. Das vorgelegt Konzept kann so nicht bestätigt werden. Es ist eine neue Berechnung der Finanzierung vorzunehmen.“

Zu diesem Zeitpunkt hatten die Gemeinden und der Betreiber wesentliche Teile der Anlagen, insbesondere die zentrale Kläranlage und das überörtliche Leistungsnetz fast vollständig errichtet. Die Aufsichtbehörden standen vor der Entscheidung, das Projekt insgesamt abzulehnen und damit in Kauf zu nehmen, dass die bisher getätigten Baumaßnahmen für lange Zeit ungenutzt bleiben und verfallen oder aber in Nachverhandlungen mit dem Betreiber einzusteigen.

Über die weitere Vorgehensweise wurde heftig gestritten. Der Verband und der Betreiber übten Druck auf die Genehmigungsbehörde und die Politik aus. In einem Brief des Verbandes an alle Fraktionen des Landtages heißt es:

„Der Verlust, der dem Verband durch die schleppende und zögerliche Durchführung des Genehmigungsverfahrens entsteht, ist erheblich. Wer bezahlt die dadurch entstehenden Kosten?“

Die Presse wurde in die Diskussion einbezogen. Die Tageszeitung Volkstimme titelte:

„Der Ministerpräsident muss wissen, dass hier eine Zeitbombe tickt.“

und

„1.200.000 DM durch das Regierungspräsidium eingebüßt.“

Es standen sich zwei Lager gegenüber. Die Behörden, die ihre Zweifel am Privatisierungsprojekt verdeutlichten, und auf der anderen Seite der Betreiber und der Verband, die trotz der Bedenken am Projekt unverändert festhielten. Die Auseinandersetzung über dieses Projekt dauerte fast ein Jahr. Es wurde im Juni 1994 entschieden. Nachdem mit Datum vom 06.06.1994 die Bürgschaft für einen weiteren Kredit des privaten Betreibers von den Behörden abgelehnt wurde und damit der Baustillstand drohte, trafen sich am 09.06.1994 im Regierungspräsidium Magdeburg der Betreiber, Behördenmitarbeiter und Politiker, um sich über einen Minimalkonsens zu verständigen.

Das Projekt konnte fortgeführt werden. Ausweislich eines Gesprächsprotokolls wurde die Genehmigung des PPP-Modells von Bedingungen abhängig gemacht. Unter den Ziffern 5 und 6 wurde festgehalten:

„In dem Betreibervertrag sind die Leistungsentgelte nach Kostenarten zu gliedern und der Höhe nach anzusetzen, wie es der Sachverständige empfiehlt und nach Anhörung von Krüger-Hölter durch das Regierungspräsidium Anerkennung findet. Die nach Ausschöpfung der Einsparmöglichkeiten verbleibenden Investitionen sind kostendeckend zu refinanzieren.“

Dieses, für das gesamte weitere Privatisierungsverfahren maßgebliche Ergebnis, wurde von den Beteiligten sehr unterschiedlich bewertet. Es finden sich Äußerungen, wie

„Trotzdem ist es dann hinterher genehmigt worden. Wie es eben zu diesem Zeitpunkt nicht mehr vermittelbar gewesen wäre, das sterben zu lassen. Ja gut, man hätte den privaten Investor damit in die Insolvenz getrieben, das ist völlig klar. Aber letztlich hätte das eigentlich nur Folgen gehabt für diese Firma, letztendlich nicht einmal für die Baufirmen vor Ort, weil dann der Verband hätte selbst investieren müssen. Man kann es offen sagen: Politische Durchstecherei von vorne bis hinten, ganz einfach.“

Nachdem die Grundentscheidung für die Fortführung des PPP–Vorhabens gefallen war, wurden an der Ausarbeitung der Details ca. ein Jahr gearbeitet. Im Sommer 2005 lag das überarbeitete Privatisierungskonzept vor.

BESCHREIBUNG DES MODELLS

Bei dem am 05.10.1995 abgeschlossenen Vertrag handelt es sich um einen dreiseitigen Vertrag zwischen
- dem Abwasserzweckverband Bodeniederung
- der Betriebsführungsgesellschaft Krüger Hölter in Hecklingen und
- der Krüger-Hölter-Wassertechnik in Essen.

Der Verband bestellt für einen Zeitraum von 30 Jahren den Bau und den Betrieb von Abwasserreinigungsanlagen. Die Krüger–Hölter Wassertechnik baut die Leistungen und die Kläranlage, die Betriebsführungsgesellschaft betreibt diese Anlagen.

Bei dem Modell handelt es sich um ein Betreibermodell im klassischen Sinn. Die Grundstrukturen des Vertrages wurden zwei Jahre später, im Jahr 1997, zur Grundlage eines Musterbetreibervertrages des Bundesministeriums für Umwelt, Naturschutz und Reaktorsicherheit gemacht. Der Vertrag ist veröffentlicht in der Reihe Umweltpolitik „Rechtliche und wirtschaftliche Aspekte bei der Einbeziehung privater Dritter in dem Bereich der Abwasserbeseitigung“.

In einem Grußwort plädiert die damals zuständige Ministerin für PPP–Modelle und nimmt zu dem Mustervertrag wie folgt Stellung:

„Das Ergebnis ist ein aus den Praxiserfahrungen resultierendes Vertragswerk, das den Kommunen einen fundierten Einstieg in das Thema erleichtern wird. Gerade weil sich die Kommune über einen langen Zeitraum bindet, kommt den abzuschließenden Verträgen eine große Bedeutung zu. Diese Broschüre, einschließlich ihrer Musterverträge, soll hierzu eine Hilfestellung geben. Sie kann und darf aber keinesfalls den juristischen, kaufmännischen und technischen Sachverstand bei der Beurteilung des Einzelfalles ersetzen."

In der Grundform des realisierten Betreibermodells übernimmt ein privater Betreiber langfristig den Bau, die Finanzierung und den Betrieb von Abwasserbeseitigungsanlagen nach den Maßgaben eines einheitlichen Betreibervertrages. Der Charme eines solchen Konstruktes liegt auch darin, so die Autoren der genannten Broschüre weiter,

„dass dem Betreiber Teile der Anlageplanung überantwortet werden, in der besondere Einsparmöglichkeiten liegen, um so sein Know-how zu nutzen. Der Betreiber kann sich zur Durchführung seiner Leistungen Dritter Nachunternehmer bedienen, die nur mit ihm, nicht aber mit der Kommune in direktem Vertragsverhältnis stehen. Die Abwasseranlagen stehen zwar im Eigentum des Betreibers, werden aber bzw. bleiben durch Widmung öffentliche Einrichtungen."

„Der Betreibervertrag bildet das Kernstück des Betreibermodells. Daneben bedarf es eines Erbbaurechtsvertrages zwischen Betreiber und Eigentümer des Grundstücks, auf dem die Kläranlage errichtet wird, soweit – wie im Regelfall – dem Betreiber das Grundstück nicht gehört. Schließlich kann zur Abkürzung etwaiger Rechtsstreitigkeiten eine Schiedsvereinbarung geschlossen werden."

Der Vertrag wurde geschlossen. Das Investitionsvolumen betrug ca. 250 Mio. DM, das jährlich vom Verband an die Betriebsführungsgesellschaft zu zahlende Entgelt 15 bis 20 Mio. DM. Die einzelnen Vertragselemente können an dieser Stelle nicht im Detail nachgezeichnet werden. Sie sind aber wie beschrieben offen gelegt worden.

Skizzenhaft lassen sich die wesentlichen Vertragsinhalte und Vertragsbeziehungen wie folgt zusammenfassen (siehe Abb. 3).

TYPISIERENDE EINORDNUNG

Legt man als Raster für PPP–Typen die Klassifikation des BMWA zugrunde, so wurde im Modell Bodeniederung das klassische Betreibermodell realisiert:

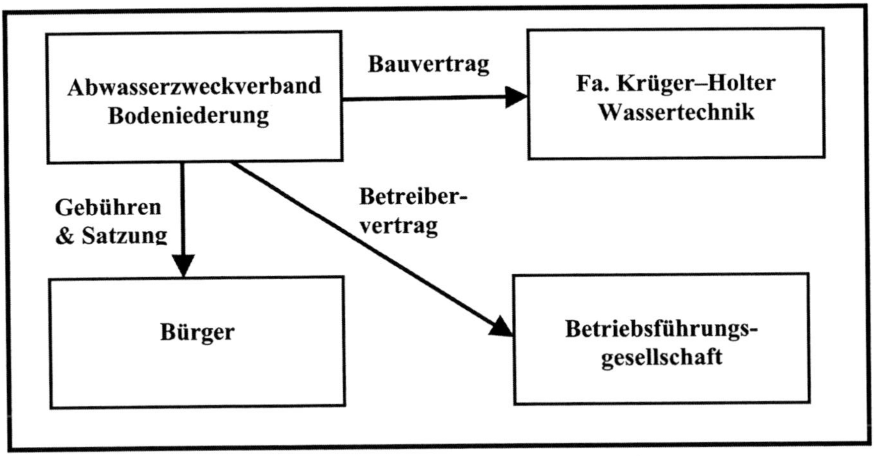

Abb. 3: Skizze der wesentlichen Vertragsinhalte und Vertragsbeziehungen
Quelle: Eigene Darstellung

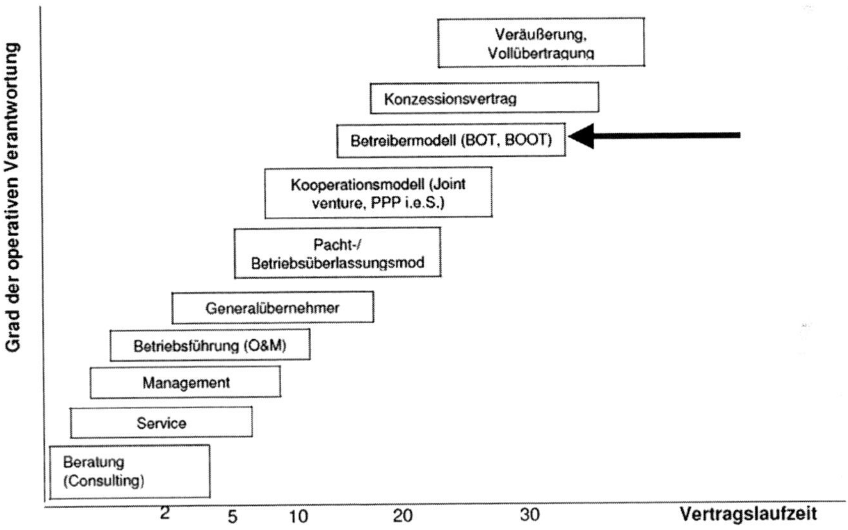

Abb. 4: PPP-Modell Bodeniederung
Quelle: Eigene Darstellung

Die Vertragslaufzeit beträgt 30 Jahre, der Grad der operativen Verantwortung wurde in hohem Maße auf den privaten Betreiber übertragen.

ENTWICKLUNG DES MODELLS UND KONFLIKTE

Der vom Abwasserzweckverband Bodeniederung geschlossene Betreibervertrag wurde in der Verbandsversammlung im Oktober 1995 ausgiebig diskutiert. Es gab die von allen Kommunen getragene Auffassung, dass es nun Zeit sei, diesen abzuschließen, damit die Entwicklung vor Ort vorangetrieben werden könne. In der maßgeblichen Verbandsversammlung wurden von den Gutachtern und den Aufsichtsbehörden noch einmal die Risiken benannt. Auch nach Reduzierung des Investitionsumfanges sei es – so Teilnehmer der fragliche Sitzung

„allen Gemeinden klar gewesen, dass die monatliche Belastung der Bürger bei 480,00 DM liege. Kosten kommen auf alle Nutzer der privatisierten Anlage zu, unabhängig davon, ob man die Kosten nun über Beiträge oder Gebühren umlege. Es habe aber eine merkwürdige Teilnahmslosigkeit hinsichtlich dieser Aussicht gegeben, gerade so, als ob die jahrelange Auseinandersetzung ermüdend gewirkt habe. Man hatte auch den Eindruck als ob sich die Vertreter der Gemeinden in der Sitzung hinter den immer noch optimistischen Prognosen des privaten Betreibers verstecken und auf seiner Versprechungen von moderaten Gebühren vertrauen. Etwaige Zweifel wurden auch deshalb zurückgestellt, weil die Verantwortlichen vor Ort auch zu diesem Zeitpunkt noch davon ausgingen, dass für den Fall des Scheiterns immer noch die Regierung in Magdeburg in Haftung genommen werden könne.“

Weil es zu diesem Zeitpunkt eine fast vollständige „Symbiose“ zwischen dem Verband, dem Betreiber und den Kommunen gegeben hat, ist Kritik an dem Vorhaben nicht durchgedrungen. Auch die mit der Genehmigung des Betreibervertrages vom 24.11.1995 verbundenen Hinweise und Auflagen, die die kostendeckende Refinanzierung der an den Betreiber zu zahlenden Entgelte über Abgaben zum Ziel hatten, verhallten ungehört, nach und nach zeigten sich Probleme.

Es bleibt bis heute für den Verband Bodeniederung das größte Problem, die Entgelte, die der Betreiber monatlich fordert, aufzubringen. Die Gebühren erhöhten sich kontinuierlich bis hin zu einem Preis von 6,16 € zzgl. einer Grundgebühr. Ein Interviewpartner:

„Mit der Erhöhung der Preise schwand die Akzeptanz bei der Bevölkerung. Da gibt es diesen Zusammenhang. Es hat sich eine Bürgerinitiative gebildet, als die

Gebühr auf 4,91 € zzgl. Grundgebühr stieg. Da wurde auch interveniert über die Politik und den Landtag, über die ansässigen Abgeordneten usw., hat nichts genutzt. Das Gericht sagte, die Gebühr ist in Ordnung. Dann ging es um die 6,16 €. Da hat sich eine riesengroße Bürgerinitiative gebildet mit 5.000 Mitgliedern. Im Tausenderpack gab es Widersprüche. Diese Bürgerinitiative hat richtig Druck gemacht, über den Ministerpräsidenten und den Landesrechnungshof. Dieser meinte, die Gebühren sind zu hoch. Und am 18.03.2009 hat das Verwaltungsgericht Magdeburg gegen den Verband entschieden. Die Kalkulation ist kaputt."

Nicht nur zwischen dem Verband und den Bürgern gibt es einen Keil. Die fehlenden Gebühreneinnahmen trägt nicht der Betreiber, weil dieses Risiko nach dem Betreibervertrag alleine der Verband trägt. Die fehlenden Gebühreneinnahmen sind von den Mitgliedsgemeinden auszugleichen. Diese streiten hierüber wiederum mit dem Abwasserzweckverband. Die Gemeinden wollen nicht zahlen, weil sie entweder selbst zahlungsunfähig sind, oder aber, weil sie formale Fehler im Betreibungsverfahren des Verbandes gefunden haben. Sie üben Druck auf das Land aus und sind der Auffassung, dass die fehlenden Gebühreneinnahmen von dort auszugleichen seien. Schließlich habe das Land den Betreibervertrag genehmigt und die Baumaßnahmen gefördert. Es ist über zehn Jahre nicht gelungen, die Gemeinden zur Zahlung der Einnahmeausfälle zu verpflichten. Aus einem Protokoll einer Beratung im Jahre 2004:

„Problem Liquiditätssicherung: Es wurde kontrovers darüber diskutiert, wie die Liquidität des Verbandes gesichert werden kann. Ein Weg ist der, die Gemeinden schnellstmöglich zur Zahlung der offenen Forderungen zu bringen und dies nicht von den beantragten (unsicheren) Liquiditätszahlungen des Landes abhängig zu machen. Notfalls müssen die Gemeinden die Umlage – wie es jetzt auch für den Verband angedacht ist – über Kassenkredite bezahlen. Der andere Weg ist der, dass der Verband die offenen Forderungen über einen Kredit zwischenfinanziert und versucht, diesen – was in den letzten 10 Jahren nicht gelungen ist! – mit den Zahlungen der Gemeinden zu tilgen. Die Diskussion hierüber sollte fortgesetzt werden."

Im Ergebnis ist es den Gemeinden weitgehend gelungen, sich Zahlungsverpflichtungen gegenüber des Verbandes zu entziehen und auf das Land abzuwälzen. Das Land unterstützte den Verband mit mehr als 36 Mio. € zur Reduzierung der jährlichen laufenden Belastung, so wie es nach

1994 viele Abwasserzweckverbände unterstützt hat, die zahlungsunfähig wurden. Diese Zahlungen wurden geleistet, um die Entsorgungssicherheit nicht zu gefährden, eine kontinuierliche Entwicklung der Infrastruktur zu sichern und um Kreditausfälle bei Banken so gering wie möglich zu halten. Man befürchtete auf Seite des Landes Sachsen-Anhalt eine Veränderung des Ranking, wenn zu viele Gemeinden und Zweckverbände Zahlungen an die Banken nicht fristgerecht, sondern nur verzögert leisten könnten. Verbunden wurden die Zahlungen mit strengen Auflagen und Bedingungen zur Weiterentwicklung des Verbandes.

Trotz der Finanzspritzen des Landes ist es nicht gelungen, den Verband zu konsolidieren. Die Mitglieder des Verbandes konnten sich in der Verbandsversammlung lange Zeit nicht zur Erhebung kostendeckender Gebühren durchringen. Sie unternahmen zu wenig Anstrengung die Geschäftsstelle des Verbandes so auszustatten, dass sie die Geschäfte ordnungsgemäß führen konnten. Sie schafften es nicht, mit den Nachbarverbänden zu kooperieren, um so Kosten zu senken.

Als gäbe es für den Verband nicht bereits Schwierigkeiten genug, hat sich der Landesrechnungshof im Jahr 2007 gedrängt gesehen, zu den vielen Stellungnahmen, die der Verband seit Gründung zu verarbeiten hatte, noch eine weitere hinzuzufügen. 17 Jahre nach Abschluss des Betreibervertrages, zwölf Jahre nach seiner Genehmigung und viele Jahre nachdem die Probleme auf allen fachlichen und politischen Ebenen ohne Beteiligung und Hilfe des Rechnungshofes diskutiert worden war, meinte man, eine abschließende Bewertung abgeben zu müssen. Ein Beobachter äußerte sich zum Grund dieser späten/verspäteten Einflussnahme. Der Landesrechnungshof wolle exemplarisch darstellen, dass nur er in der Lage sei, solche Prüfungen vorzunehmen. Er brachte es wie folgt auf den Punkt:

„Der Landesrechnungshof hat da eine politische Schlacht auf Kosten des Verbandes geschlagen. Die suchen ganz einfach Arbeit. Sie sind personell überbesetzt, außerdem politisch sehr stark engagiert. Er agiert komplett politisch. Das geht einfach nicht."

Ein anderer Beobachter befand:

„Jahrelang hat der Landesrechnungshof zur Lösung der Probleme im Abwasserbereich nichts beigetragen. Als die allermeisten Verbände umstrukturiert und saniert waren, stürzt er (der Landesrechnungshof) sich auf den Verband, der am meisten Schwierigkeiten bereitet hat, und meint, am Beispiel dieses einen Verbandes die Arbeit anderer bewerten zu müssen. Fairerweise hätte er am Beispiel der anderen Abwasserzweckverbände erklären können, wie die Problemlösung funktioniert. So kommt die Kritik zu spät und bleibt Stückwerk."

Die Folgen sind bekannt. Inhaltlich und fachlich gab es durch die Prüfung keine neuen Erkenntnisse. Die kritische Bewertung gab aber denen Rückenwind, die den Verband weiter schwächen wollen. Hierzu später mehr.

3.2.2 ERFAHRUNGEN

Nachfolgend werden nach einzelnen Kriterien aufgegliederte Erfahrungen des PPP-Modells skizziert. Die Organisationslösung ist nachhaltig, so die Vorgabe, wenn sie geeignet ist ökologische Ziele, ökonomische Ziele und soziale Ziele bei konkreten Entscheidungen ausgewogen zu berücksichtigen.

Wenn man die Entstehungsgeschichte der Privatisierung im Verband Bodeniederung betrachtet, ergibt sich, dass das Modell vor allem deswegen gewählt wurde, um einen schnellen Aufbau der Infrastruktur zu gewährleisten. Es kam darauf an, die Abwasserentsorgung als Voraussetzung für die Ansiedelung von Unternehmen und den Zuzug von Einwohnern aufzubauen.

Ob das Modell nachhaltigkeitsgerecht ist, zeigt sich bei einer zusammenhängenden Betrachtung aller Gesichtspunkte.

1) UMWELTZIELE

Es ist dem privaten Betreiber gelungen, die Infrastruktur in den Gemeinden des Verbandsgebietes innerhalb eines Zeitraumes von 1990 bis 2000 fast vollständig zu erneuern. Es wurden ausweislich des Betreibervertrages vom 05.10.1995 in Verbindung mit der Ausführungsvereinbarung vom gleichen Tag

„in den Ortslagen über 90 Mio. DM in neue Kanäle, über 45 Mio. in neue Überleitungen zwischen den Orten, über 30 Mio. in eine Kläranlage nach den allg., anerkannten Regeln der Technik und weitere 13. Mio. DM in Pumpwerke und Kanalelektrik investiert."

Diese umfassende Modernisierung ist schon während der Baumaßnahmen auf Kritik gestoßen. Der Betreiber hat dem Verband ein Entwässerungskonzept vorgelegt, das nicht nur die Reinigung der Schmutzwassermengen, sondern auch die Entsorgung des Niederschlagswassers vorsah. Diese für den ländlichen Raum sehr komfortable Lösung ist deshalb auf Kritik gestoßen, weil sie auch sehr kostenintensiv ist. Für die Bewohner ist kaum vermittelbar, dass sie Niederschlagswasser über eine lange Strecke in die Kläranlage leiten, wo sie dieses ebenso gut und sehr viel preisgünstiger im Garten versickern lassen könnten. Aus heutiger Sicht wird dies wie folgt beurteilt:

„Möglicherweise kann man sagen, es war ein Planungsfehler des Betreibers, der an den Investitionen verdient. Auf der anderen Seite ist es so, dass der Besteller ein Mischsystem bestellt hat, dann wird es gebaut! Es gab da ein Gutachten von Prof. ... aus Witten / Herdecke, der – im Auftrag des Betreibers – phantastischerweise ausgerechnet hat, dass ein Mischsystem billiger wird, als wenn ich zwei Systeme baue, nämlich eins für Schmutzwasser und eins für Regenwasser."

Diese umfassende Ausprägung der Umweltziele wird relativiert durch einen hohen Verschleiß der Anlage während der Vertragslaufzeit. Die Anlagen wurden vom Betreiber zu einem vorher kalkulierten Preis errichtet. Der Betreiber muss die Technik während der Vertragslaufzeit von 30 Jahren laufend pflegen, instand halten und erneuern. An dieser Stelle gibt es erhebliche Konflikte zwischen dem Verband und dem Betreiber. Der Betreiber erneuert marode Anlagen nicht fristgerecht. Er versucht den Verband an diesen Kosten zu beteiligen, obwohl gerade dies nach der ursprünglichen Auslegung des Vertragswerkes Aufgabe des Betreibers sein sollte. Ein Verbandssprecher:

„Wir haben eine Zustandserfassung durchführen lassen. Es gibt dieses Problem mit den Betonschächten, da streiten wir uns gerade. Wer trägt die Kosten der Erneuerung? Fakt ist, dass die Schächte erneuert werden müssen. Dadurch, dass das so viele Schachtbauwerke betrifft, ist das ein enormer Kostenfaktor. Der Betreiber weigert sich, die Kosten dafür zu übernehmen, mit der Begründung, dass der geplante Abwasseranfall nicht mehr kommt. Geplant waren 3,85 Mio. m^3 pro Jahr, es kommen zur Zeit noch 2,00 Mio. m^3 pro Jahr. Die Schachtbauwerke korrodieren deshalb schneller. Wir sagen, es liegt daran, dass die Anlage fehlerhaft geplant wurde. Man kann die Anlage auch so planen, dass sie nicht so stark korrodiert, wenn die Abwassermenge zurückgeht."

Hierzu ein weiterer Kommentar:

„Aber der Private hat eben die Tendenz, Probleme, die im Nachhinein kommen, zunächst einmal von der öffentlichen Hand tragen zu lassen. Und alles, was gut oder besser läuft als geplant, der öffentlichen Hand nicht gutzuschreiben. Das ist wahrscheinlich eine falsche Risikoverteilung."

Im Ergebnis ist es so, dass die Anlagen vom privaten Betreiber zu Vertragsbeginn ordnungsgemäß errichtet wurden, nunmehr aber der Versuch unternommen wird, an der Instandhaltung zu sparen, wenn nicht der Verband bereit ist zusätzliches Entgelt zu zahlen. Dies führt tendenziell eher zu einem vorschnellen Verschleiß.

2) PRODUKTIVER KNOW-HOW-TRANSFER

Der Abwasserzweckverband Bodeniederung gründete sich Anfang der 1990er Jahre. Ziel der Verbandsgründung war es, mit dem privaten Betreiber einen Vertrag über den Aufbau der Abwasserentsorgung abzuschließen. Man meinte, dies sei auch deshalb notwendig, weil auf kommunaler Seite keine Erfahrungen mit dem Aufbau eines Entsorgungssystems vorhanden sind. Umso wichtiger ist aber die Übertragung des Wissens vom privaten Betreiber auf den Verband.

Nach über 15 Jahren Erfahrung und Zusammenarbeit lässt sich sicher festhalten, dass insbesondere technisches Know-how auf den Verband übertragen wurde. Dies folgt nicht formalen Abläufen. Die enge und auch gute Zusammenarbeit zwischen den Technikern des Verbandes und denen des privaten Betreibers hat einen kontinuierlichen Wissenstransfer ermöglicht.

Die enge Zusammenarbeit ist im Wesentlichen auf den technischen Bereich beschränkt. In kaufmännischen und rechtlichen Arbeitsfeldern war und ist der Verband auf sich gestellt. Dort findet ein Wissenstransfer nicht statt.

Ausgehend von den Erfahrungen aus den letzten 15 Jahren ist man im Verband heute der Auffassung, dass privates Know-how nicht mehr die Triebfeder einer Privatisierung sein kann:

„Was hat denn der Private noch für Vorteile, die wir in der öffentlichen Hand nicht auch haben? Wenn Sie die Auswahlverfahren für den öffentlichen Dienst ansehen, die sind mittlerweile so schwierig, da kriegen Sie gute Leute und die Sicherheit des öffentlichen Dienstes zählt ja auch noch etwas. Wir haben Personal eingestellt, die gesagt haben, wir akzeptieren ein bisschen weniger Geld, haben dafür aber die Sicherheit des öffentlichen Dienstes. Ja, wir haben das Know-how, um das jetzt selber zu machen."

3) Steuerung und Kontrolle

Die Steuerung und Kontrolle des Betreibers wurde lange Zeit vernachlässigt. Der Landesrechnungshof des Landes Sachsen-Anhalt hatte dies im Jahr 2007 untersucht. Er hat auf allen Ebenen Mängel aufgelistet.

Bereits vorher (1998) hatte eine Überprüfung des Landkreises Ascherleben–Staßfurt ergeben, dass „Geschäftsführung und Mitarbeiter mit den Tätigkeiten im Verband überfordert waren". Dies bestätigen alle Interviewpartner:

„Es war von Anfang an eine Katastrophe. Das fing schon mit der Bauerei an. Da gab es gar keine Bauüberwachung. Controlling der Betreiberrechnungen gab es erst ordnungsgemäß ab 2006. Und da taten sich dann Lücken auf. Man hat festgestellt, dass da richtig große Sauereien passiert sind. Tausend Sachen krumm und schief und richtig teuer. Da sind Zahlungen geleistet worden, weil man nicht in der Lage war, sachgerecht zu prüfen und zu kürzen."

In der Folge gab es an verschiedenen Stellen Unterstützung durch die Aufsichtsbehörden und einen Zuwachs an Personal in der Geschäftsstelle des Verbandes in Groß Börecke. Der Verband beschäftigt seit 2007 inklusive des Geschäftsführers 10 Mitarbeiter. Hiermit ist nunmehr 15 Jahre nach Abschluss des Betreibervertrages erstmalig eine angemessene Kontrolle des Betreibers möglich.

„Und sie brauchen Techniker, die draußen im Netz und auf der Kläranlage überprüfen, ob der Betreiber ordnungsgemäß seine Aufgaben erfüllt, die ihm durch die ATV und die Regelwerke vorgeschrieben sind. Ich meine, es sind für eine Anlage wie wir sie haben drei Mann erforderlich."

Auch bei guter personeller und fachlicher Ausstattung lassen sich Konflikte angesichts des schwierigen und umfangreichen Vertragswerkes nicht vermeiden. Konflikte entstehen allein schon deshalb, weil die Vertragspartner unterschiedliche Ziele verfolgen. Eine Erfahrung:

„Wenn Sie die private Betreiberfirma wären, dann müssten Sie gewinnmaximiert arbeiten. Und gerade wenn sie wie unser Betreiber in der Konzerngruppe sind. Da interessiert die Konzernmutter nicht, was sie vor Ort machen, die interessiert nur die Zahlen. Steht da ein großer Gewinn, steht da ein kleiner Gewinn oder sogar ein Verlust. Alles andere interessiert ihn nicht, kann ihn auch nicht interessieren, er muss gewinnmaximiert arbeiten, wir dagegen müssen langfristig denken."

Zur Klärung dieser Konflikte müssen Rechtsanwälte beschäftigt werden, die sich mit PPP– Modellen auskennen und die hierfür erhebliche Honorare fordern. Ausweislich des Jahresabschlusses für das Jahr 2004 sind nur für dieses Jahr Rechts- und Beratungskosten in Höhe von 269.941,19 € entstanden. Auch wenn in anderen Jahren geringerer Beratungsbedarf besteht, dürfen diese Kosten und die Kosten der Gerichtsverfahren und Schiedsverfahren nicht unterschätzt werden.

Auch die anderen Ebenen des Verbandes müssen an der Kontrolle des Privaten mitwirken. Es ist notwendig, dass die politischen Gremien diesen Prozess fördern und die Geschäftsführung insoweit unterstützen. Dies ist beim Abwasserzweckverband Bodeniederung unterblieben. Es wurde die zur Kontrolle notwendige personelle Ausstattung nicht gewährt. Die übergeordnete Verbandsversammlung, der Verbandsvorsitzende und die Mitgliedsgemeinden des Verbandes haben nichts getan, um die Geschäfte des Betreibers zu steuern. Der Landesrechnungshof stellt 2007 fest:

„Diese Kontrollpflichten haben die Verbandsvorsitzenden zum Schaden des Verbandes nicht ausgeübt. Der Verbandsvorsitzende und die Verbandsversammlung haben künftig ihre Kontrollpflichten umfassend auszuüben."

Eine wirksame Kontrolle und Steuerung hat es lange Zeit nicht gegeben, jetzt ist die Notwendigkeit erkannt, um weiteren Schaden abzuwenden.

4) KOOPERATIONEN MIT KOMMUNEN UND PRIVATEN

Die wirtschaftliche Not des Verbandes macht Zusammenarbeit mit den Nachbarn erforderlich. Der Abwasserzweckverband Bodeniederung hat in der Vergangenheit dabei unterschiedliche Erfahrungen gemacht. Einige werden dargestellt:

Die vom privaten Betreiber gebaute Kläranlage in Hecklingen war zu groß dimensioniert. Die ursprünglichen Erwartungen an den Wasser- und Abwasseranfall wurden nicht erfüllt, die Einwohnerzahl ging zurück und das Gewerbeabwasser fiel nicht an. In dieser Situation kam es gerade recht, dass in der Nachbarstadt Staßfurt eine neue Kläranlage gebaut werden sollte, nur wenige Kilometer entfernt. Es bot sich an, auch die Abwasser der Stadt Staßfurt in die Anlage nach Hecklingen zu leiten, so konnten Investitionen von mehreren Millionen Euro gespart werden. Die Auseinandersetzungen waren auch wegen des Betreibers außerordentlich heftig. Die größere Gemeinde Staßfurt wollte den unmittelbaren Zugriff auf die Kläranlage, der Verband Hecklingen konnte wegen des Betreibers keinen Eigentumsanteil verkaufen, nur die Reinigungsleistung durch den Betreiber. Dies reichte den Staßfurtern nicht. Trotz massiver Einflussnahme des Landes gelang es nicht, den Neubau der „überflüssigen“ Kläranlage zu verhindern. Aus der Magdeburger Volksstimme aus dem Jahr 1995:

> „Von dieser einzigen Entscheidung – nach wie vor steht die Frage, Anschluss an das Klärwerk in Hecklingen oder Neubau bei Hohenerxleben (Anmerkung: bei Staßfurt), hängen Millionen Mark von Investitionen ab. Der Verband aus Staßfurt fasst nun sogar Schadensersatzklagen gegen das Regierungspräsidium ins Auge, will allerdings abwarten, ob Ministerpräsident Dr. Höppner .... zu einer Entscheidung für eine eigene Kläranlage in Hohenerxleben verhelfen kann.“

Letztendlich ist es dem Land nicht gelungen, die Gemeinden aus dem Bereich Staßfurt dazu zu bewegen in die Kläranlage des Betreibers Krüger-Hölter nach Hecklingen einzuleiten, um so auch mittelbar die Kosten für den Nachbarverband Bodeniederung zu senken. Die Vorbehalte gegen das PPP–Modell ließen sich nicht ausräumen, eine gesamtwirtschaftlich sinnvolle Lösung nicht realisieren.

Weil man sah, dass der Verband Bodeniederung nicht in der Lage war seine eigenen Geschäfte zu organisieren und die Geschäfte des privaten Betreibers zu kontrollieren, versuchten die Beteiligten eine nachbarschaftliche Zusammenarbeit nicht nur im technischen, sondern auch im kaufmännischen Bereich zu organisieren. Dies wurde in einem Verwaltungsverfahren festgelegt:

> „Der Verband Bodeniederung hat mit dem Wasser- und Abwasserzweckverband

Huy – Fallstein bis zum 31.03.2004 eine Zweckvereinbarung abzuschließen, die eine gemeinsame kaufmännische Geschäftsführung der beiden Verbände beinhaltet. Für den Übergangszeitraum ist die Beratung und Gestellung einer zusätzlichen Leitungskraft (Betriebswirt / Jurist) zu vereinbaren."

Die Zusammenarbeit mit dem Nachbarverband Huy–Fallstein gestaltete sich schwierig, weil die Verbandsversammlung der Aufnahme der Verbindung zwar zustimmte, zu späteren Zeitpunkten aber die Mitwirkung an wesentlichen Beschlüssen zur Konsolidierung des Verbandes verweigerte. Bis heute ist es nicht gelungen, den Verband mit Nachbarverbänden zusammen zu führen. Dies liegt nicht nur an der mangelnden Bereitschaft der Kommunen zur Lösung der Probleme, sondern auch am PPP-Modell. Genau an dieser Stelle gibt es seitens der Nachbarn Vorbehalte:

„Also der Betreibervertrag ist eigentlich ein Klotz am Bein. Jetzt gab es im letzten Jahr Verhandlungen mit dem Bodeverband in Staßfurt. Und da war dieser Betreibervertrag eigentlich auch ein Riesenhindernis. Weil man die Risiken, die aus diesem Vertrag entstehen, nicht einschätzen kann. Wenn wir nur an das Jahr der Abwicklung denken, wird das unheimlich schwierig. Also ich meine schon, wenn wir alleine wären (Anmerkung: ohne Betreiber), hätten wir schon die Zusammenarbeit mit den Nachbarn organisiert."

Wegen des Betreibervertrages konnte weder das Problem der Überdimensionierung der Kläranlage, noch der Zusammenarbeit mit anderen Verbänden auf Ebene der Geschäftsstellen gelöst werden.

5) ENTSORGUNGSSICHERHEIT

Trotz der Schwierigkeiten der Finanzierung notwendiger Investitionen kann eine Gefährdung der Entsorgungssicherheit nicht konstatiert werden. Ob dies dauerhaft so ist, ist jedoch dann zweifelhaft, wenn es nicht gelingt, eine Lösung für die Kostentragung der notwendigen Reinvestitionen und Reparaturen zu finden. Hierunter leidet die Qualität der Entsorgung.

Für den Fall der Gefährdung der Entsorgungssicherheit gibt es vertragliche Regelungen.

„Der Verband kann den Betreibervertrag kündigen, wenn der Betreiber die notwendigen Investitionen nicht durchführt oder wenn er nachhaltig gegen behördliche Auflagen oder gegen Bestimmungen des Vertrages, insbesondere auch gegen die Bestimmung zur ordnungsgemäßen Reinigung der Abwässer verstößt."

Es ist im Ergebnis nicht schwierig, eine Situation zu klären, in der der Betreiber offensichtlich die Entsorgungssicherheit gefährdet. Dann wird die Zusammenarbeit beendet. Schwieriger sind die Zeiträume, in denen der Betreiber auf Kosten der Qualität der Anlagen sinnvolle oder vertraglich zugesicherte Maßnahmen unterlässt. Dies führt zu einer schleichenden Gefährdung der Anlagen und der Entsorgungssicherheit.

6) ÖKONOMISCHE EFFIZIENZ/WIRTSCHAFTLICHKEIT

Die Frage nach der ökonomischen Effizienz und der Wirtschaftlichkeit des PPP–Modells stand von Anbeginn an im Mittelpunkt der Diskussion. Diese Diskussion drehte sich mehrere Jahre im Wesentlichen um zwei Fragen: Sind die vom Betreiber verlangten Betriebskosten angemessen? Sind die Bau- und Kapitalkosten überhöht? Ohne diese Fragen zu klären, wurde der Vertrag 1990 von den Kommunen abgeschlossen. Erst nach Einschreiten der Aufsichtsbehörden konnte man sich darauf verständigen dies gutachterlich prüfen zu lassen.

Der 1994 bestellte Gutachter äußert sich heute wie folgt:

„Das war die Überprüfung der Werthaltigkeit der Investitionen, der Angemessenheit des vereinbarten Betriebsführungsentgeltes, der Werthaltigkeit der vorgeschlagenen Finanzierung und einzelner Aspekte des Betreibervertrages sowie die Mitarbeit beim Entwerfen des Betreibervertrages. Das ist 1994 überprüft worden. Und der unmittelbare Anlass war dann auch die Einflussnahme durch den Innenminister."

Aus den Unterlagen ergibt sich weiter, dass eine vollumfängliche unabhängige Überprüfung aller Investitionen in einem zumutbaren Zeitraum schwer möglich war. Um die Prüfung zu beschleunigen, mussten die Aufsichtsbehörden dann den Wert der Investitionen von einem anderen Ingenieurbüro durchführen lassen. Die Auswahl des Büros ist auf Kritik gestoßen:

„Das hat ein Ingenieurbüro aus Wiesbaden gemacht. Sie hatten Dependancen in Thüringen und die haben dann auf die Schnelle innerhalb von ein paar Wochen ein Sachzeitwertgutachten / Verkehrswertgutachten erstellt. Die Frage war, welches ist der ortsübliche Preis für die Investitionen. Alles für ein Appel und ein Ei. Es war schon billig. Vermittler war der Geschäftsführer des Betreibers."

Dieses Gutachten war dann Grundlage für eine Regiekostenberechnung des Gutachters. Diese wurde vom Betreiber akzeptiert. Die Regiekosten sind dann in den Betreibervertrag als Entgelte übernommen worden. Gleichwohl gab und gibt es erhebliche Ansätze zur Kritik, die verschiedene Gesprächspartner heute wie folgt zusammenfassen:

„Der Betreiber hat die Entgelte natürlich akzeptiert, weil er weiterbauen wollte. Weil die ihr Projekt zu Ende bringen wollten, auch wenn es um etliche Millionen abgespeckt wurde. Also die Vermutung ist, dass in der Bauphase überdurchschnittlich hohe Gewinne erzielt wurden, wohingegen dann beim Betrieb der Anlagen nicht allzu viel Spielraum verbleibt. Das Verkehrswertgutachten hatte nicht den gewünschten Erfolg. Es war falsch, Kanalbau zum Pauschalpreis zu vergeben. Nicht ganz zum Pauschalpreis, aber beinahe. Was man machen kann, man kann ein Stück Kläranlage ausschreiben, ein Stück Abfallverbrennungsanlage, ein Schulgebäude. Da muss man nur den Baugrund ordentlich ergründen. Aber Kanalbau, relativ gelegen in eingebauten Städten, das ist unmöglich zum Pauschalpreis. Wenn man mehr oder weniger zum Pauschalpreis anbietet, dann muss der Private soviel Risiko einrechnen, dass das im Endergebnis vermutlich für den Auftraggeber teurer wird."

Aus den vorgenannten Gründen gibt es Anhaltspunkte, dass der Abwasserzweckverband den Betreibervertrag hätte wirtschaftlicher gestalten können.

Nach Angaben des Verbandes werden die Entgelte in Kürze überprüft. Schon jetzt steht fest, dass der Verband im Regiebetrieb erheblich günstiger arbeiten kann. Wegen des laufenden Verfahrens können Einzelheiten hier nicht veröffentlicht werden.

Es liegt in diesem Zusammenhang weiter ein Prüfungsbericht zum Jahresabschluss 2005 vor. Hieraus ergibt sich, dass jährlich Fehlbeträge entstehen, die durch Einnahmen nicht gedeckt sind. Ursachen hierfür werden nur in Ansätzen genannt, wie z. B. fehlende Vollstreckungsmaßnahmen. Auf die eigentliche Ursache, die hohen Kosten aus dem Betreibervertrag, geht der Wirtschaftsprüfer nicht ein, es ist auch nicht seine Aufgabe. Der Prüfbericht vermittelt insoweit nur ein unvollständiges Bild.

7) REGIONALPOLITISCHE BEDEUTUNG/SOZIOÖKONOMISCHE FOLGEN

Der Vertragspartner des Abwasserzweckverbandes war ursprünglich die Fa. Krüger–Hölter. Diese Firma wurde seit 1990 mehrfach verkauft und jeweils umfirmiert. Heute handelt es sich bei dem Betreiber (Wassertechnik Essen – WTE) um einen Teil der österreichischen EVN Umweltholding. Die WTE Gruppe ist untergliedert in zwei Geschäftsbereiche, in den Bereich Technik und in den Bereich Betrieb. Der Betriebsbereich wird aus Hecklingen gesteuert und geleitet, der größten Gemeinde im Verbandsgebiet. Von hier aus werden mittlerweile die Betriebsführungen von vielen PPP–Modellen, vor allem in Osteuropa, organisiert. Neben Essen ist Hecklingen damit der wichtigste Standort der WTE Gruppe. Dies illustriert nachfolgende Skizze:

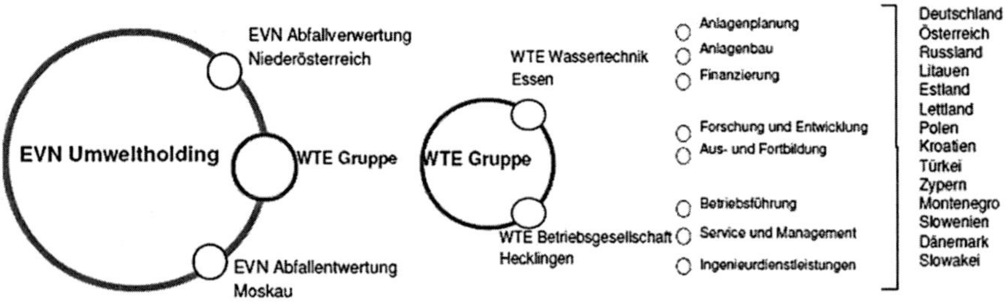

Abb. 5: Einordnung der WTE Gruppe in die EVN Umweltholding
Quelle: Eigene Darstellung nach http://www.wte.de/Test/WTE-Gruppe.aspx

Diese herausgehobene Stellung hat der Betreiber lange Zeit auch in der Auseinandersetzung mit den Aufsichtsbehörden und dem Verband im Zusammenhang mit der Genehmigung des Betreibervertrages nutzen können. Dieser Zusammenhang wurde von keiner Seite fordernd in den Raum gestellt, allen Beteiligten war aber klar, dass die Versagung der Genehmigung des Betreibervertrages und der damit verbundene Rückzug der Betreiberfirma aus dem operativen Geschäft vor Ort zugleich die Verlagerung der gesamten Betriebsführungseinheit wahrscheinlich gemacht hätte. Bis zu 100 Arbeitsplätze und ein erhebliches Wissen wären der Region verloren gegangen.

Dieser Zusammenhang wird heute bestätigt:

„In der Öffentlichkeit wurde immer vom Betreiber dargestellt, das hängt alles zusammen. Wenn Hecklingen weggeht, das Projekt nicht genehmigt wird, dann hat hier auch Krüger–Hölter nichts mehr zu suchen. Das hat mit Sicherheit eine Rolle gespielt. Das ist allgemein Strategie eines jeden Privatunternehmers – und legitim.“

8) BESTEUERUNG

Allen Beteiligten war zu Beginn der Verhandlungen klar, dass modellbedingt steuerliche Nachteile entstehen. Die Bürgermeister und der die erste Bürgschaft genehmigende Landkreis hofften, dass die Kosten gleichwohl die Gebühren für den Bürger nicht unangemessen erhöhen. Seriöse Prüfungen dieser Hoffnung lagen nicht vor. Tatsächlich realisierte sich die Erwartung nicht. Die systembedingten steuerlichen Nachteile des PPP–Modells konnten durch Effizienzgewinne nicht ausgeglichen werden.

Eine Diskussion über die Vor- und Nachteile der Besteuerung wird derzeit im Verband nicht mehr geführt.

9) FINANZIELLE STRUKTUR DES MODELLS

Zwischen Verband und Betreiber sind die Zahlungsmodalitäten im Detail geregelt. Vereinbart wurde eine vom Verband zu leistende Vergütung, die sich (vereinfacht) wie folgt zusammensetzt:
- Fixes Entgelt für die Kapitalkosten
- Fixes Entgelt für fixe Betriebskosten
- Variable Entgelte für variable Betriebskosten
- Rücklagen für Reinvestitionen

Dieses Gesamtentgelt finanziert der Betreiber in den ersten Jahren zum Teil vor. Die daraus resultierenden zusätzlichen Kosten für Zinsen und Tilgung werden in späteren Jahren den Kapitalkosten zugeschlagen.

So wurde im Jahr 1998 ein neuer Zins- und Tilgungsplan erstellt. Dieser sieht für einige ausgewählte Jahre folgende Zahlungsverpflichtungen des Verbandes vor:

Diese Übersicht zeigt, dass ca. 25 % der Kapitalkosten vom Verband nicht periodengerecht an den Betreiber überwiesen wurden. Die Beteiligten wollten die Belastung des Bürgers in den ersten Jahren gering halten. Heute ist auch den Bürgern klar, dass diese Politik gescheitert ist.

	2006	2007	2008	2009
Gesamter Kapitaldienst der Investkredite vor Tilgungsstreckung (180)	8.860	8.721	8.581	8.441
Gesamter Kapitaldienst der LQ – Kredite (Tilgungsstreckung, 181)	3.606	3.491	3.375	3.259
Gesamtsumme Kapitaldienst	12.467	12.212	11.956	11.701

(Beträge jeweils in T € und gerundet)

„Es gab eigentlich einen Stimmungsumschwung. Das muss man schon so sagen. Damals hatte man den Versprechungen geglaubt, dass der Private das viel effizienter machen kann als die öffentliche Hand. Die Errichtung einer Anlage, die Finanzierung, der Betrieb. Man hat damals Hochglanzbroschüren verteilen lassen an jeden Haushalt, also ein Kubikmeter Abwasser sollte 1,82 DM kosten. Das ist alles nicht so gekommen. Man hat Riesenkosten ohne ausreichende Deckung verursacht, die hat man zwischenfinanziert durch Liquiditätskredite. Sonst wäre der Verband viel, viel eher zahlungsunfähig gewesen."

10) Auswirkungen des PPP–Modells auf die Gebührenentwicklung

Die Auswirkungen der genannten Zwischenfinanzierung machen sich auch in der Gebührenentwicklung bemerkbar.

„Es ging los mit 1,82 DM (1992), dann auf 4,70 DM (1995) und dann hoch auf 6,16 € im Jahr 2007."

Mit der Erhöhung der Gebühr schwand die Akzeptanz bei der Bevölkerung. Für den Verband erhöhte sich damit der Rechtfertigungsdruck. Die Ermittlung der abgabenrechtlich richtigen und in der Bevölkerung nachvollziehbaren Gebühr war lange Zeit ein Hauptproblem des Verbandes.

Es gibt nach wie vor eine grundsätzliche Diskussion über die Frage, wie man an die Kalkulation herangehen solle. Der mit der Gebührenkalkulation beauftragte Gutachter stellte 2003 fest,

„dass man die in die Gebührenkalkulation einzustellenden Entgelte (des Betreibers) nicht ungeprüft übernehmen kann. Die Überprüfung erstreckt sich insbesondere hinsichtlich der sachlichen und periodengerechten Zuordnung der Kosten. Wir schlagen daher vor, eine Vergleichsberechnung durchzuführen...... Im Rahmen dieser Vergleichsberechnung ermitteln wir die kalkulatorischen Kosten (Abschreibungen und kalkulatorische Zinsen) für die jeweilige Kostenperiode unter Berücksichtigung der allgemeinen und besonderen Rechtsgrundsätze zur Ermittlung der Kapitalkosten nach § 5 Absatz 2a KAG-LSA). Diese Kapitalkosten wären gebührenfähiger Aufwand, wenn sich der Abwasserzweckverband nicht des Betreibers bedienen würde..... Grundlage für die Berechnung der Kapitalkosten ist ein fiktiver Anlagennachweis, den ... wir erstellt haben....... Im Bereich der Verwaltungs- und Betriebskosten ist der zeitliche und sachliche Zusammenhang der Aufwendungen(dagegen) unschwer zu erkennen."

Damit hat der Verband versucht, die Gebührenhöhe von den Kosten des Betreibers zumindest teilweise zu entkoppeln. Die Betriebskosten, die beim Betreiber entstehen, und Verwaltungskosten des Verbandes werden unmittelbar in die Kalkulation eingestellt, die Kosten für Abschreibungen und Zinsen werden in einem Regiekostenvergleich fiktiv ermittelt. Diese so ermittelten Kosten werden dann in die Kalkulation eingestellt.

Diese Kalkulationsmethode wurde grundsätzlich vom Verwaltungsgericht Magdeburg gebilligt (Urteil vom 18.03.2009).

„Insoweit begegnet es rechtlichen Bedenken nicht, wenn der Beklagte der Höhe des Gebührensatzes trotz des vom ihm gewählten Betreibermodells eine fiktive Vergleichsberechnung – als würde er die Aufgabe selbst erledigen – zugrunde legt."

Damit trägt nicht der Bürger das Risiko eines zu hohen Betreiberentgeltes, er zahlt immer nur die fiktiven Regiekosten, zumindest was die Investitionen angeht. Das Risiko tragen die Gemeinden. Diese müssen die Zahlungen an den Betreiber, die nicht aus Gebühren erwirtschaftet werden können, aus allgemeinen Haushaltsmitteln leisten. Es bleibt abzuwarten, ob diese

Kalkulationsmethode im Ergebnis zu einer Akzeptanz bei den Nutzern der Anlagen führt.

11) HAUSHALTSAUSWIRKUNGEN

Bei Gründung des PPP–Modells 1992 waren Abwasserentsorgungsanlagen kaum vorhanden. Es bestand auf Seiten des privaten Betreibers kaum Interesse, die vorhandenen Kanäle zu nutzen und auf Seiten des Abwasserzweckverbandes wenig Interesse an einem Verkauf der Altkanäle. Man war sich einig, dass möglichst alle Entsorgungsanlagen neu errichtet werden sollten.

Erst auf Drängen der Aufsichtsbehörden sind wenige Leitungen von den Gemeinden an den Betreiber zum weiteren Betrieb veräußert worden. Die Höhe des Kaufpreises orientierte sich am Verkehrswert der Anlagen. Der Erlös wurde dem Haushalt der jeweiligen Gemeinde zugeführt. Eine Verwendung des Erlöses zur Stützung der Abwassergebühren erfolgte nicht.

Während der Laufzeit des Betreibervertrages mussten die Gemeinden fast jährlich Umlagen an den Verband zahlen, damit dieser seinen Haushalt ausgleichen konnte. Es ist dem Abwasserzweckverband in keinem Jahr gelungen, die Zahlungen an den Betreiber aus Gebühreneinnahmen zu sichern.

Das PPP–Modell erweist sich insgesamt als Belastung für den Haushalt des Abwasserverbandes und auch für die Haushalte der Mitgliedsgemeinden.

12) MITBESTIMMUNG/PERSONALVERTRETUNG/TARIFRECHT

Fast zeitgleich mit der Initiierung des PPP-Modells gründete sich der Abwasserzweckverband. Es gab daher keinen Personalübergang und keinen Betriebsübergang nach § 613 a BGB.

Beim Verband neu eingestelltes Personal wird nach dem Tarifvertrag des öffentlichen Dienstes entlohnt. Die Entlohnungsformen beim Betreiber sind nicht bekannt.

Der Betreibervertrag enthält keine spezifischen Regelungen für den Fall des Auslaufens bzw. der Kündigung des Vertrages.

13) FLEXIBILITÄT/ANPASSUNGSFÄHIGKEIT DES MODELLS

An anderer Stelle wurde bereits beschrieben, dass der Betreibervertrag sinnvollen strukturellen Änderungen im Wege steht. Es ist versucht worden, das Abwasser der Nachbarstädte in die nicht ausgelastete Kläranlage des Betreibers zu leiten. Dies ist gescheitert, auch weil die Nachbarn Vorbehalte gegen PPP–Modelle äußerten. Es ist versucht worden, die Geschäftsführung des Verbandes mit den Nachbarverbänden zusammen zu legen. Auch dies ist gescheitert, ebenfalls an den Vorbehalten dem privaten Partner gegenüber. Es ist im Rahmen der Entschuldung des Verbandes durch das Land Sachsen-Anhalt ansatzweise auch versucht worden, mit dem Unternehmen Krüger–Hölter über eine teilweise Rückabwicklung des Vertrages zu sprechen. Dies ist abgelehnt worden.

Es gibt aber auch durchaus positive Beispiele für eine flexible und kooperative Zusammenarbeit. Diese findet sich immer dann, wenn direkt zwischen den Vertragspartnern Probleme zu lösen sind, die unmittelbar aus dem Vertrag resultieren. Für diesen Fall sind verschiedene Vereinbarungen getroffen worden, die in den letzten 15 Jahren auch umgesetzt wurden.

Aktuell verhandeln die Vertragspartner über Änderungen des Vertrages bei der Erneuerung von Technik. Nach dem ursprünglichen, 1995 abgeschlossenen, Vertrag gibt es genaue Zeitpläne für den Austausch von Anlagenteilen, z.B. der Kläranlage. Diese Zeitpläne orientieren sich an den durchschnittlichen Abschreibungszeiten. Die starre Festlegung berücksichtigt nicht, dass einige Anlagenteile zum vermuteten Verschleißzeitpunkt noch voll funktionstüchtig sind. Ein Austausch wäre wirtschaftlich unsinnig.

> „Und da sind wir gerade am verhandeln, wir wollen eine neue Reinvestitionsvereinbarung. Da sind wir fast abschließend durch mit dem Betreiber. Wir legen also fest, dass nur noch reinvestiert wird, wenn das wirtschaftlich und technisch sinnvoll ist. Wir stimmen uns mit dem Betreiber ab, legen das zusammen fest und die Techniker kommen auch miteinander klar. Ich habe den Eindruck, dass das beiderseitig so angenommen wird. Wir natürlich aus Kostengesichtspunkten, um die Gebühren nicht weiter hochzutreiben. Der Betreiber sieht das eigentlich genauso. Die sagen, warum sollen wir funktionsfähige Komponenten austauschen, das muss nicht sein.“

Vertraglich geregelt, aber streitträchtiger ist eine in größeren Abständen mögliche Preisanpassung der Entgelte. In § 13 Absatz 2 des Betreibervertrages wird festgehalten:

„Der Abwasserverband hat das Recht, nach 10,17, und 25 Betriebsjahren der Kläranlage durch einen eigenen Sachverständigen eine Vergleichsberechnung durchführen zu lassen. Ergibt sich hieraus, dass die Betriebskosten eines Regiebetriebes geringer wären, ... sind die Betreiberentgelte insoweit anzupassen."

Diese Regelung wurde bundesweit erstmalig 1995 bei dem Kooperationsmodell Stadt Schönebeck verwandt und dann wenige Wochen später auch beim PPP-Modell Bodeniederung als Schutzklausel für den Entsorgungsträger in den Vertrag eingefügt. Dadurch, dass der Vertrag Grundlage eines Musterbetreibervertrages des Bundesumweltministeriums geworden ist, wurde diese Klausel bundesweit publiziert und in dieser oder ähnlicher Form anderenorts verwandt.

Der Abwasserzweckverband hat die Regiekosten nun ermitteln lassen und stellt sich zur Durchsetzung von geringeren Betreiberentgelten auf längere Verhandlungen ein.

„Auf jeden Fall werden auf Betreiberseite sämtliche Mittel und Wege ausgeschöpft, um das zu kippen, Gegengutachten zum Beispiel. Also solche Klauseln sind offenbar sinnvoll. Gerade um bestimmte Sachen durchzusetzen. Also irgendwie ist das Ganze dann eine Verhandlungssache."

Im Ergebnis ist festzuhalten, dass Anpassungen des Vertrages im Detail noch eher möglich, strukturelle Änderungen aber kaum verhandelbar sind.

Weniger wirkungsvoll wird von den Verbandsvertretern in diesem Zusammenhang die Streitschlichtung über Schiedsgerichte gesehen, weil diese keine dauerhaften Regeln aufstellen, sondern immer nur im Einzelfall tätig sind und nur für den Einzelfall Entscheidungen treffen.

14) BERICHTSPFLICHTEN

Berichtspflichten sind nicht bekannt.

15) HAFTUNGSFRAGEN/STAATLICHE GARANTIEN UND NEBENLASTEN

Der Abwasserzweckverband ist auch nach Vertragsschluss öffentlich-rechtlich für die ordnungsgemäße Abwasserbeseitigung zuständig. Für den Fall, dass der private Betreiber seinen Pflichten nicht nachkommt, kann der Vertrag gekündigt werden. Die Kündigungsfolgen sind vertraglich eindeutig geklärt.

In gleicher Weise gibt es Vereinbarungen für den Fall der Schlechtleistung des Betreibers, insbesondere für den Fall des Verstoßes gegen Einleitbedingungen.

„Der Abwasserverband ist berechtigt, die Vergütung zu mindern, wenn die Leistungen des Betreibers nicht den vertraglichen Verpflichtungen entsprechen. Das Recht zur Minderung steht dem Abwasserverband insbesondere für den Fall zu, dass die Reinigungsleistung der Kläranlage nicht die Einleitbedingungen einhält."

Vor diesem Hintergrund ergeben sich im Verhältnis der Vertragsparteien keine Probleme bei der Abwicklung von Leistungsstörungen.

Probleme können allein deshalb auftreten, weil der private Partner zur Finanzierung der von ihm erstellten Anlagen als Sicherheit auf das Instrument der Forfaitierung zurückgegriffen hat. Es kommt immer dann zur Forfaitierung, wenn der Betreiber ihm aus dem Betreibervertrag zustehende Entgeltanteile an die Bank verkauft, die ihm zur Herstellung der Anlagen einen Kredit eingeräumt hat. Wenn der Betreiber insolvent geht, kann die Bank auf die Forderungen des Betreibers an den Abwasserzweckverband zugreifen. Diese Kreditabsicherung zugunsten der Bank funktioniert nur dann, wenn der Abwasserzweckverband der Bank gegenüber zusichert die Entgelte auch dann direkt an die Bank zu zahlen, wenn der Betreiber seine Leistungen nicht mehr ordnungsgemäß erbringt.

Eine solche Regelung ist auch beim hier realisierten PPP–Modell getroffen worden. Die Problematik ist den Beteiligten bewusst. Aufgrund der einzelnen Risiken und unterschiedlichen Auffassungen wird auf die „Fallstudie Braunschweig" verwiesen.

16) ENTSCHEIDUNGSPROZEDUR/INFORMATIONSPFLICHTEN/ TRANSPARENZ

Der Entscheidungsprozess wurde beschrieben. Alle Entscheidungsträger hatten die Gelegenheit, in die Verträge und Unterlagen Einsicht zu nehmen und sich umfassend zu informieren.

Auch heute sind die Vertragsunterlagen für jeden Nutzer der Anlage zugänglich. Die Verwaltung kümmert sich um größtmögliche Offenheit.

17) STAATLICHE ÜBERPRÜFUNG

Mit Datum vom 24.11.1995 hat der Landkreis Aschersleben–Staßfurt den Betreibervertrag genehmigt. Dieser Genehmigung ging eine ca. ein Jahr dauernde Überprüfung voraus, in der die Verträge unter wirtschaftlichen, rechtlichen und technischen Gesichtpunkten überprüft wurden. Hierfür haben die Aufsichtsbehörden externe Berater eingeschaltet, die, zum Teil auf Kosten des Verbandes, zum Teil auf Kosten der Aufsichtsbehörden, fachlich beraten haben. Diese fachliche Beratung war notwenig, weil auch für Aufsichtsbehörden Spezialkenntnisse erforderlich gewesen sind, die nicht vorgehalten werden. Eine aufsichtsrechtliche Prüfung, die über das Erkennen von formalen Fehlern hinausgehen will und insbesondere auch die wirtschaftlichen Folgen zum Gegenstand einer Genehmigung machen will, muss sich nach Auffassung der damals zuständigen Mitarbeiter in der Behörde externen Sachverstandes bedienen. Dies ist erfolgt. Für die Prüfungen wurden mehr als 300.000 DM für Berater ausgegeben.

Daneben gibt es die Überprüfung des PPP–Modells im Rahmen eines Gebührenstreitverfahrens. Jeder Bürger kann die Höhe der Gebühren mit dem Argument anfechten, dass die von ihm gezahlten Gebühren zu hoch sind, weil der Abwasserzweckverband an den Privaten ein zu hohes Entgelt bezahlt. Eine solche Überprüfungsmöglichkeit hat es zwischenzeitlich gegeben.

Das Verwaltungsgericht Magdeburg hat einen Schmutzwassergebührenbescheid überprüft. Gegenstand der mündlichen Verhandlung war die Kalkulation des Verbandes sowie der Betreibervertrag. Mit Datum vom 18.03.2009 wurde der Gebührenbescheid aufgehoben, weil die Kalkulation fehlerhaft gewesen ist.

Das Gericht hat folgende Positionen nicht als Kosten anerkannt:

- Personalkosten des Verbandes und Betriebskosten des Betreibers, die dem Schmutzwasserbereich statt dem Niederschlagswasserbereich zugeordnet wurden;
- Kosten von Gutachten, auch wenn sie im Zusammenhang mit dem Betreibervertrag stehen;
- Kosten des Kanalnetzes und der Kläranlage, soweit dort bei einer fiktiven Regiekostenberechnung Umsatzsteuer zugerechnet wird.

Es ist erkennbar, dass es dem Verband auch nach 15 Jahren immer noch Schwierigkeiten bereitet, eine rechtlich nicht anfechtbare Kalkulation zu erstellen.

Nach wie vor unklar ist, wie die vom Abwasserzweckverband an den Betreiber zu zahlenden Kapitalkosten/Abschreibungen/Zinsen kalkulatorisch zu erfassen sind. Das Gericht akzeptiert vom Ansatz her eine fiktive Regiekostenberechnung, moniert aber die zusätzliche Belastung durch die Umsatzsteuer beim PPP–Modell.

Das Gericht zeigt auch nicht auf, ob die Kosten des Betriebes, die beim Betreiber entstehen und dem Verband in Rechnung gestellt werden, unmittelbar in die Kalkulation einbezogen werden können:

> „Im Hinblick auf die nunmehr möglicherweise erfolgende Nachkalkulation weist das Gericht darauf hin, dass es die im Übrigen eingestellten Kosten in ihrer Höhe keiner Überprüfung unterzogen hat. Die fehlenden Beanstandungen bedeuten aber nicht, dass diese Zahlen einer Neukalkulation ohne Weiteres zu Grunde gelegt werden dürfen. Insbesondere die Höhe der Betriebskosten Kläranlage und der Betriebskosten Kanalnetz, die sich nach dem Vertrag eng an dem Betriebsführungsentgelt orientieren, sind im Hinblick auf ihre Notwendigkeit und Angemessenheit (bei eigener Aufgabenerledigung) nicht Gegenstand der gerichtlichen Prüfung gewesen.“

Das Gericht umgeht diese Prüfungen und gibt auch keine Hinweise darauf, wie es diese Kosten prüfen wird. Aus Sicht des Abwasserzweckverbandes gibt es daher erhebliche Probleme bei der Durchsetzung einer kostendeckenden Gebühr. Diese Probleme hängen mit der Unsicherheit gerichtlicher Entscheidungen zusammen. Welche Probleme sich aus Sicht des Bürgers bei der Überprüfung eines PPP–Modells ergeben, wird am Beispiel der Fallstudie Braunschweig besprochen. Insgesamt ist festzuhalten, dass es durchgängige nachvollziehbare Rechtssprechung in diesem Zusammenhang kaum gibt.

18) MÖGLICHKEITEN DER REKOMMUNALISIERUNG

Die Folgen der Beendigung des Betreibervertrages sind klar geregelt. Nach Ablauf des Vertrages kauft der Abwasserzweckverband die Anlagen zu einem vertraglich festgelegten Preis. Insoweit sind rechtliche Probleme nicht zu erkennen.

Vor diesem Hintergrund stellt sich die Frage, ob es hinreichend Rücklagen gibt, um die Anlagen nach Ablauf des Vertrages vom Betreiber zu erwerben. Ausweislich des Betreibervertrages hat der Abwasserzweckverband zu diesem Zeitpunkt einen Rückkaufpreis zu zahlen.

„Der Nettorückkaufpreis entspricht der Höhe der vom Betreiber zur Finanzierung aufgenommenen und bei Vertragsende noch nicht getilgten Kredite."

Es wird demnach nicht der Wert der Anlagen zur Grundlage des Rückzahlungspreises gemacht, sondern der Bestand noch nicht getilgter Kredite. Wegen der bereits erwähnten Zwischenfinanzierung kann davon ausgegangen werden, dass die Höhe des bei Vertragsschluss noch vorhandenen Kredites, den Wert der Anlagen übersteigt. Dies ist in zweierlei Hinsicht problematisch. Zum einen muss der Abwasserzweckverband Zahlungen zum Teil aus allgemeinen Haushaltsmitten leisten, weil der Gebührenzahler nur mit Kosten in Höhe des Wertes der Anlagen belastet werden darf. Zum anderen ist bislang nicht erkennbar, dass der Abwasserzweckverband oder die Gemeinden für diesen Fall ausreichend Rücklagen bilden.

Nach Aussagen des Abwasserzweckverbandes ist nun aber mit der Bildung von Rücklagen begonnen worden.

„Der Rückkaufpreis ist Bestandteil der Kalkulation. Aber am Ende ist es egal, wo die Kosten herkommen. Ja, das ist geplant. Das ist alles nachvollziehbar. Da kenne ich ein Konzept, das kann man ganz gut verstehen."

Wegen der erheblichen finanziellen Probleme des Abwasserzweckverbandes kann es sich hierbei aber nur um eine optimistische Prognose und Momentaufnahme handeln.

3.2.3 ANWENDUNG DES KRITERIENKATALOGES

Bewertung Bodeniederung im Bereich Abwasser	⊗	⊗	⊗	⊗
Bewertungskriterium	voll erfüllt	teilweise erfüllt	deutliche Mängel	nicht zu bewerten
Erfüllung kommunaler Umweltziele		⊗		
Know-how-Transfer		⊗		⊗
Steuerung/Kontrolle der Aufgabenerfüllung	⊗		⊗	
Technisch-organisatorische Flexibilität	⊗		⊗	
Wirkung auf Entsorgungssicherheit		⊗		
Ökonomische Effizienz			⊗	
Regionale und soziale Folgen	⊗			
Bedeutung der Besteuerung für Organisation				⊗
Finanzwirtschaftliche Nachhaltigkeit			⊗	
Auswirkungen auf die Gebühren		⊗		
Auswirkungen auf den kommunalen Haushalt			⊗	
Mitbestimmung, Bezahlung, Betriebsklima				⊗
Flexibilität des Modells			⊗	
Berichtspflichten zu nachhaltigem Wirtschaften				⊗
Haftung, öffentliche Garantien und Nebenlasten			⊗	
Transparenz von Entscheidungen und vertraglichen Regelungen	⊗			
Überprüfung/Überprüfbarkeit durch unabhängige Instanzen		⊗		
Vorsorge für wieder eigenständige Aufgabenwahrnehmung		⊗		

3.3 FALLSTUDIE BRAUNSCHWEIG BEWERTUNG DES PPP-MODELLS STADT BRAUNSCHWEIG

3.3.1 ENTWICKLUNG DES BRAUNSCHWEIGER PPP-MODELLS

AUSGANGSSITUATION

Die Stadt Braunschweig ist eine Stadt von etwa 280.000 Einwohnern im Osten des Landes Niedersachsen. Die Abwasserentsorgung wurde im Jahr 2005 privatisiert. Der Betrieb wurde auf die privatisierte Stadtentwässerungsgesellschaft mbH übertragen. Für die Verpachtung der Kanäle an den Abwasserverband Braunschweig wurde ein dreistelliger Millionenbetrag eingenommen. Über die Verwendung dieses Erlöses gab und gibt es eine lange Auseinandersetzung, die tief in die Geschichte der Stadtentwässerung zurückgeht.

An dieser Stelle soll im Jahr 1997 begonnen werden. Die bis dahin im Regiebetrieb organisierte Abwasserbeseitigung sollte nach den Vorstellungen der Stadt aus dem allgemeinen Haushalt ausgegliedert werden. Es wurde kein Eigenbetrieb gegründet, sondern eine sog. Sonderrechnung eingeführt. Diese Sonderrechnung erlaubte für die Zukunft eine kaufmännische Buchführung und zugleich die Entnahme eines größeren Geldbetrages aus dem Gebührenhaushalt in den allgemeinen Haushalt. Die Stadt ging 1997 davon aus, dass sie die Abwasseranlagen aus dem städtischen Vermögen heraus in die Sonderrechnung einbringt und hierfür eine Gegenleistung erwarten darf. Die Sonderrechnung musste der Stadt die Anlagen bezahlen und nahm hierfür bei der Stadt selbst ein Darlehen auf, das sie in gleich hohen Jahresraten zurückzahlte, das sogenannte Trägerdarlehen.

Über den Wert der Anlagen und die Höhe des Trägerdarlehens wurde 1997 in der Stadt heftig gestritten. Die bestellten Gutachter empfahlen der Stadt die Entnahme eines Betrages in Höhe von 171,7 Mio. DM. Dies entspräche dem Wert der in die Sonderrechnung eingebrachten Anlagen, ermittelt nach den wirklichen Anschaffungs- oder Herstellungskosten. Die Gutachter hielten diesen Betrag für angemessen, weil jede andere Bewertung der Anlagen in der Sache einer Aufdeckung stiller Reserven gleichkäme. Diese stillen Reserven ständen dem allgemeinen Haushalt nicht zu, sondern den Gebührenzahlern.

Die Stadt hat gegen diese Empfehlung und unter Berufung auf den Wert der Kanäle auf Grundlage des Wiederbeschaffungszeitwertes von 553 Mio. DM ein Trägerdarlehen in Höhe von 198 Mio. DM festgelegt. Dieses Trägerdarlehen wird von der Sonderrechnung in elf Raten von jeweils 18 Mio. DM getilgt. Dieser Betrag fließt dem allgemeinen Haushalt zu.

Am 14.11.1997 hat der Rat der Stadt über diesen Vorschlag abgestimmt. Um negative Auswirkungen auf die Gebührenentwicklung zu vermeiden, findet sich in der Beschlussvorlage zur Ratssitzung eine von den Gutachtern erstellte „Gebrauchsanleitung“, wie die Stadt mit dem Abwasservermögen zukünftig umzugehen hat.

Es wird vorgeschlagen,

„ – die bisher der Kalkulation von Abschreibungen zugrunde gelegten Wiederbeschaffungszeitwerte einzufrieren, das heißt sie als steuerliche Teilwerte künftig wie Anschaffungswerte zu behandeln, also keine weitere Indexierung bei steigenden Preisen vorzunehmen. Dies ist gebührenrechtlich zulässig und auch im Hinblick auf eine eventuelle spätere Steuerpflicht unbedenklich. Neuinvestitionen sollen dann nach den entsprechenden Anschaffungs- und Herstellungskosten abgeschrieben werden. Die Verwaltung beabsichtigt, dem Rat im Rahmen künftiger neuer Gebührenkalkulationen vorzuschlagen, dem zu folgen.

– bei künftigen Gebührenkalkulationen im Rahmen der kalkulatorischen Zinsen auf eine anteilige Eigenkapitalverzinsung zu verzichten.“

In Braunschweig gingen die Beteiligten davon aus, dass die Überführung von Mitteln aus dem Gebührenhaushalt in den allgemeinen Haushalt damit abgeschlossen sei. Mit Rückzahlung des Trägerdarlehens sollten alle weiteren Gebühreneinnahmen ausschließlich in der öffentlichen Einrichtung Schmutzwasserentsorgung verbleiben und nicht mehr dem allgemeinen Haushalt zustehen. Dieses Agreement galt aber nur bis zum Jahr 2003.

ENTSCHEIDUNGSPROZESS

Am 06.11.2003 wurde eine Unternehmensberatung beauftragt Gestaltungsalternativen für die Neuorganisation der Stadtentwässerung aufzuzeigen. In einem Gutachten wurden drei Organisationsvarianten untersucht und bewertet:

- GmbH-Lösung
- Anstalt öffentlichen Rechts
- Verbandslösung

Das Gutachten wurde im Finanzausschuss und im Verwaltungsausschuss vorgestellt. Ohne den Rat zu beteiligen, entschied man sich für die GmbH-Variante. Der Oberbürgermeister Hoffmann wurde ermächtigt die Veräußerung von Anteilen an der Abwasserbeseitigung vorzubereiten. Diese Privatisierung sollte folgenden Zielen dienen:

- Gewährleistung einer dauerhaften wirtschaftlichen und ökologisch sinnvollen Stadtentwässerung sowie der Entsorgungssicherheit;
- Sicherung und Wahrung eines angemessenen Einflusses der Stadt;
- Gebührenneutralität und Stabilität der Leistungspreise;
- Erzielung eines angemessenen Kaufpreises;
- Zukunftsfähiges Standort- und Unternehmenskonzept;
- Sicherung der Arbeitnehmerinteressen.

Die Stadtverwaltung hat mehrere Beratungsunternehmen mit der Umsetzung dieser Vorgaben beauftragt. In der Folge wurde im April 2005 ein Vergabeverfahren in Form eines Verhandlungsverfahrens zur Privatisierung der Stadtentwässerung eingeleitet. Mit Datum vom 23.04.2005 wurde die Vergabe europaweit bekannt gemacht. Bis zum 13.06.2005 sollten die Bewerber ihr Interesse an der Abgabe eines konkreten Angebots bekunden. Aus diesem Bewerberkreis suchte die Stadt die Anbieter aus, mit denen dann konkrete Verhandlungen geführt wurden. Die Zuschlagskriterien änderten sich. Wichtigstes Kriterium für den Auftrag war nicht mehr die Gewährleistung einer wirtschaftlich und ökologisch sinnvollen Stadtentwässerung, sondern der Zahlungsmittelzufluss an die Stadt. Dies wird deutlich in der Vergabeveröffentlichung im Abschnitt V, Ziffer 2 Zuschlagskriterien in der Reihenfolge der Priorität:

- Zahlungsmittelzufluss an die Stadt;
- Mitarbeiterkonzept (Sicherung bzw. Ausbau der bestehenden Arbeitsplätze);
- Standortkonzept (Sicherung der lokalen Wertschöpfung);
- Unternehmenskonzept (Weiterentwicklung der Gesellschaft; neue Geschäftsbereiche)

Einen gesonderten Ratsbeschluss über die Änderung der Vergabeprioritäten gab es nicht. Im Mittelpunkt des Interesses der Stadt stand damit nach 1997 wiederum der Versuch, einen möglichst hohen Erlös für den allgemeinen Haushalt zu erzielen.

Es formierte sich in der Stadt eine Bürgerinitiative für den Erhalt des Öffentlichen Eigentums (BöE). Die Bürgerinitiative BöE gründete sich Mitte 2005. Im Anschluss an eine Aufführung des Filmes „Wasser unterm Hammer" beschloss man gegen den Verkauf der Stadtentwässerung zu mobilisieren. Die Gründungsmitglieder sehen die Anfänge heute so:

> „Es war zunächst eine ideologische Motivation der Privatisierungsgegner, so ein generelles Misstrauen dagegen. Dies war im Juli 2005, relativ spät, aber das lag natürlich auch daran, dass in der Verwaltung immer sehr viel im Untergrund passierte. Es kam also erst ein halbes Jahr vorher und wurde erst dann diskutiert."

Gleichwohl versuchte die BöE die Bürger über den Verkauf der Stadtentwässerung zu informieren. Es wurden Unterschriften gesammelt und Informationsmaterial verteilt. Die Mitgliederzahl der Bürgerinitiative wuchs beständig. Die Zeit bis zur Entscheidung des Rates war aber zu kurz. Die Braunschweiger Zeitung titelte am 07.11.2005 „Protest ohne Partner" und führte aus:

> „Etwas gespenstisch ist es schon: Keine 300 Meter entfernt brüteten im Rathaus Experten über die Frage, wie sich am besten die Stadtentwässerung privatisieren lässt. Unverdrossen dagegen die Bürgerinitiative, die Protestunterschriften in der Fußgängerzone sammelte. Erst 400, dann 600-800 Unterschriften sollten der strikten Ablehnung der Privatisierung Ausdruck verleihen. Aber dennoch bleiben sie eine Minderheit."

Am 17.11.2005 sollte der Rat der Stadt über die Vergabe entscheiden. Der Oberbürgermeister lud zu der entscheidenden Sitzung fristgerecht ein. Die Aktenordner mit dem Vertragswerk wurden nicht beigefügt. Viele Ratsherren waren mit der schnellen Entscheidungsfindung überfordert.

Die Grünen forderten von der Stadt eine längere Beratungszeit. Es sei nicht möglich, den Gesamtvorgang innerhalb wenige Tagen zu erfassen und dann hierüber zu entscheiden. Es wurden Rechtsanwälte bemüht, die die Erfolgsaussichten einer Klage gegen eine frühzeitige Entscheidung am 17.11.2005 prüften. Die Stadt lehnte eine Verschiebung der Ratsentscheidung auf die nächste Ratssitzung am 20.12.2005 ab. In einem Fax am 10.11.2005 teilte sie dies der Fraktion der Grünen mit. Die Grünen stellten sodann am 14.11.2009 im Finanzausschuss der Stadt Fragen zum Privatisierungskonzept. Die Stadt antwortete am 15.11.2009. Eine Auseinandersetzung mit den vorgetragenen Argumenten konnte bis zur Ratsentscheidung nicht erfolgen. Die SPD unterstütze den von den Grünen angemeldeten Beratungsbedarf nicht. Das Verwaltungsgericht Braunschweig lehnte einen Antrag ab, die Privatisierungsentscheidung zu vertagen.

Kurzfristig wurde eine Podiumsdiskussion organisiert. Die Braunschweiger Zeitung (BZ) titelte tags darauf: *„Stadt vertraut Beratern blindlings“*. Die Befürworter der Privatisierung mussten sich den Fragen der Kritiker stellen. Die BZ weiter: „In vielen Detailfragen musste der Erste Stadtrat .... auf – die Berater – verweisen“. Dies wurde im Publikum bemängelt: „Wenn der erste Stadtrat den Vertrag schon nicht versteht und einen Berater braucht, wie sollen es die Ratsherren und Ratsdamen dann in so kurzer Zeit schaffen?“.

Ungeachtet der nicht abgeschlossenen Debatten entschied der Rat der Stadt Braunschweig am 17.11.2009 über die Privatisierung. Die Zuschlagserteilung wurde wie folgt gefasst:

> „Der Verkauf und die Abtretung des .... Geschäftsanteiles der Stadt Braunschweig an der Stadtentwässerung an die Veolia Water Deutschland GmbH wird beschlossen. Das der Stadt Braunschweig vorliegende Angebot ...., das eine Übertragung des Nutzungsrechtes am Kanalnetz auf den Abwasserverband Braunschweig und den Verkauf von 100 % der Geschäftsanteile an der Stadtentwässerung vorsieht, ist das wirtschaftlichste Angebot .... und wird angenommen. Die Stadt Braunschweig erhält für das Nutzungsrecht am Kanalnetz, für das sonstige Sachanlagevermögen, für das Erbbaurecht und die Geschäftsanteile an der Stadtentwässerung insgesamt 253,3 Mio. € und legt davon 15 Mio. € in die Stadtentwässerung an.“

Der Beschluss wurde mit einer Stimme Mehrheit angenommen.

Beschreibung des Modells

Das PPP-Modell wird in mehreren Schritten umgesetzt.

Die Stadt gründete zum 01.01.2006 die Stadtentwässerung Braunschweig GmbH (STEB) als 100 prozentige Tochter der Stadt. Die STEB ist mit der Erfüllung der wasserrechtlich normierten und kommunal zu erfüllenden Aufgabe der Abwasserentsorgung als Erfüllungsgehilfe beauftragt worden. Das dafür erforderliche Personal und Vermögen ist übertragen worden. Die Stadt leistete eine Bareinlage in Höhe von 9,3 Mio. € und Sacheinlagen in Höhe von 5,7 Mio. €.

In einem weiteren Rechtsgeschäft wurden nachfolgend Anteile der STEB an die Veolia Water Deutschland GmbH (nachfolgend: Veolia) veräußert. Die Stadt erzielte einen Erlös in Höhe von 24,0 Mio. €, den sie im allgemeinen Haushalt verbuchte.

Zwischen der Stadt und der STEB wurde ein privatrechtlicher Abwasserentsorgungsvertrag geschlossen. Dieser Vertrag verpflichtet die STEB zur ordnungsgemäßen Abwasserbeseitigung und die Stadt zur Zahlung von Leistungsentgelten. Die Zahlungsverpflichtungen umfassen mindestens

- Betriebskosten,
- Kapitalkosten für bewegliches Sachanlagevermögen,
- Kapitalkosten für Neuinvestitionen, die in Höhe von mindestens 6,0 Mio. € pro Jahr bereits jetzt vereinbart sind.

Da die STEB kein Eigentum am Kanalnetz erwerben sollte, hat die Stadt das Nutzungsrecht am bestehenden Kanalnetz an den Abwasserverband Braunschweig, einem öffentlich – rechtlich organisierten Wasserverband, veräußert. Als Kaufpreis für dieses Nutzungsrecht sind vom Abwasserverband 222,3 Mio. € an die Stadt überwiesen worden. Die Stadt zahlt an den Abwasserverband für die Nutzung ein jährliches Entgelt in Höhe der Zins- und Tilgungsverpflichtungen für 222,3 Mio. €. Der Abwasserverband seinerseits stellt das Nutzungsrecht an dem vorhandenen Kanalnetz der STEB kostenlos zur Verfügung.

Zur Zahlung des Betrages von 223,3 Mio. € an die Stadt aus dem Nutzungsrechtkauf hat der Abwasserverband ein Darlehen aufnehmen müssen. Den finanzierenden Banken wurden vom Abwasserverband als Sicherheit die Zahlungsansprüche gegen die Stadt verkauft. Die Stadt hat deswegen einen entsprechenden Einredeverzicht zugunsten der Kreditgeber erklärt.

Zur Finanzierung der zukünftigen Investitionen in Höhe von mindestens 6 Mio. € pro Jahr wird die STEB Darlehen aufnehmen müssen. Der finanzierenden Bank sollen als Sicherheit die Ansprüche der STEB gegen die Stadt verkauft werden. Die Stadt verzichtet wiederum auf die Geltendmachung von Einreden.

Nach Abschluss dieser Vorgänge sollen alle Anteile an der STEB auf die Stadtwerke Braunschweig übertragen werden. An den Stadtwerken hält die Stadt eine Minderheits-, Veolia die Mehrheitsbeteiligung.

Die Vertragsbeziehungen lassen sich wie folgt skizzieren:

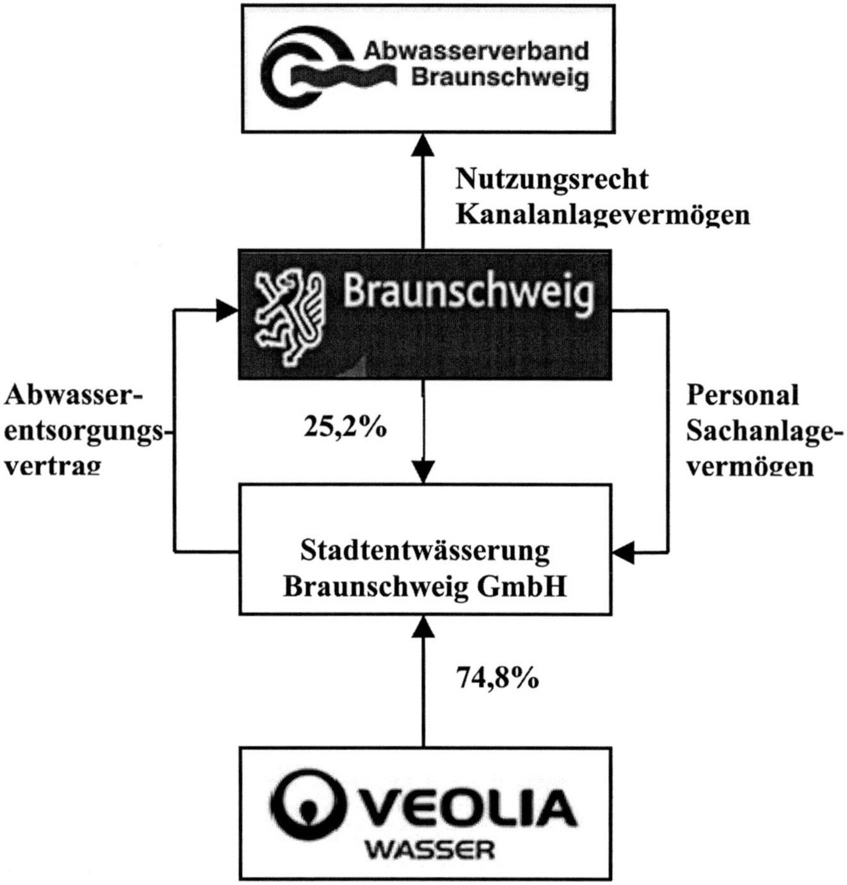

Abb. 6: Skizze der Vertragsbeziehungen
Quelle: Eigene Darstellung

TYPISIERENDE EINORDNUNG

Legt man als Raster für PPP–Typen die Klassifikation des BMWA zugrunde, so wurde im Modell Braunschweig eine Kombination verschiedener Modelle gewählt.

Der Betrieb der Anlagen wurde vollständig privatisiert. Die Altanlagen wurden verpachtet, die Neuanlagen werden vom Privaten gebaut und betrieben.

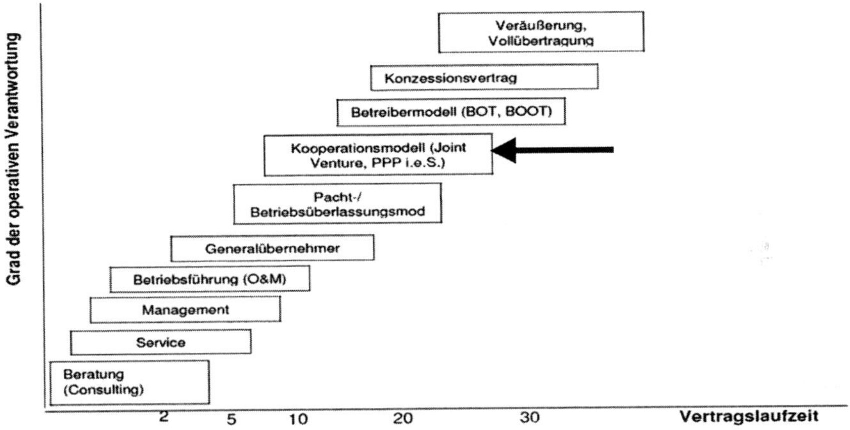

Abb. 7: PPP-Modell Braunschweig
Quelle: Eigene Darstellung

Die Vertragslaufzeit beträgt 30 Jahre, der Grad der operativen Verantwortung wurde damit in hohem Maße auf den privaten Betreiber übertragen. Dies gilt insbesondere über den Zeitablauf, weil alte Anlagen in den nächsten Jahren fast vollständig durch vom Privaten auf eigene Rechnung erstellte neue Anlagen ersetzt werden. In späteren Jahren nähert sich das Modell daher dem Betreibermodell an.

ENTWICKLUNG DES MODELLS UND KONFLIKTE

Bereits mit Datum vom 13.12.2005 hatte die Stadt beim Ministerium des Inneren einen Antrag auf Genehmigung der abgeschlossenen Verträge gestellt. Mit Bescheid vom 22.12.2005 wurde das Vertragswerk wenige Tage später unter Bezugnahme auf den Antrag der Stadt und die dort geäußerte positive Einschätzung der Entwicklung der Schmutzwasserentsorgung und die Darstellung der finanziellen Vorteile bei gleich bleibender Qualität der Entsorgung genehmigt. In der Genehmigung wurde ausgeführt, dass diese Einschätzung nur sehr bedingt überprüfbar ist. Sie wurde daher an die Erwartung geknüpft,

> „dass die dargestellten Einspareffekte nicht zu Lasten der Qualität der erforderlichen Leistungen erzielt werden, da andernfalls langfristig ein hohes finanzielles Risiko für die Stadt und den Gebührenzahler entstehen kann."

Für die Gegner der Privatisierung endete das Verfahren mit dieser Genehmigung nicht. In der Braunschweiger Brunswiga versammelten sich im März 2006 die Kritiker. Eine Broschüre stellte den Ablauf der Privatisierung dar.

Die Kommunalaufsicht des Landes wurde eingeschaltet. Die BöE machte eine Vielzahl von Bedenken geltend. Sie hielt den Privatisierungsvorgang nicht für nachhaltig. Sie war der Auffassung, dass kurzfristige Vorteile in Form des Veräußerungserlöses durch langfristige Nachteile in Form von hohen Kosten erkauft würden. Der private Betreiber investiert in neue Kanäle und finanziert diese durch einen Kredit. Am Ende der Vertragslaufzeit muss die Stadt diesen Kredit zurückzahlen, eine Verlagerung von Schulden auf die nächste Generation.

Die BöE hat diese Problematik immer wieder erläutert (siehe Abbildung 8).

Es blieb bei den grundsätzlich unterschiedlichen Auffassungen über das Privatisierungsprojekt. Der Oberbürgermeister der Stadt Braunschweig konterte und versuchte, die Öffentlichkeit von seinem Konzept der schuldenfreien Stadt zu überzeugen. Dies rechtfertige die Veräußerung städtischen Vermögens, wie den Anteilen an den Stadtwerken und am Abwasserbetrieb. Die langfristigen Kredite der Stadt verringerten sich tatsächlich von 2001 bis 2006 von 330,3 Mio. € auf 178,8 Mio. €. Überregional wurde die Entwicklung als das „Wunder von Braunschweig" bezeichnet.

Die Auseinandersetzung erreichte auch das Kommunalwahljahr 2006. Mitglieder vieler Bürgerinitiativen, die sich seit einigen Jahren unter der Dachorganisation „Unser Braunschweig" austauschen, fanden sich unter dem Namen „Bürgerinitiativen für Braunschweig (BIBS)" zusammen und traten zur Wahl an, um – so ein Sprecher –

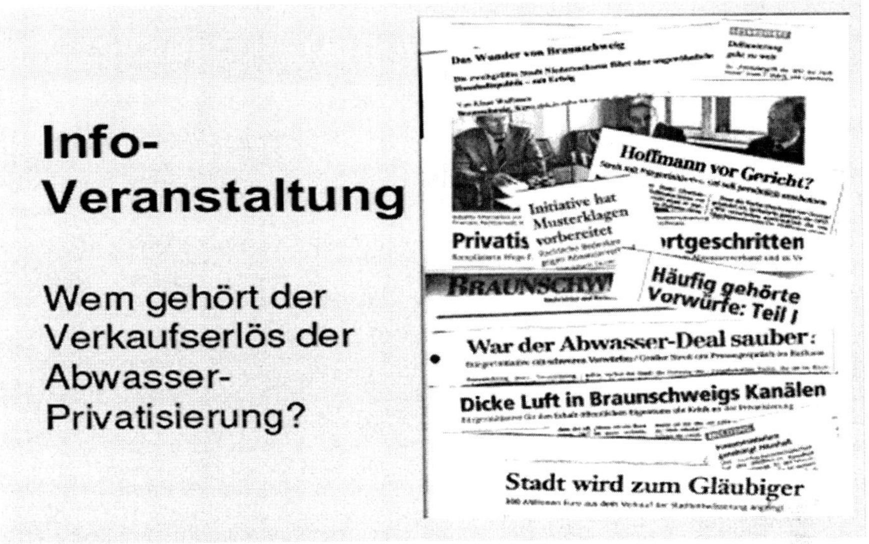

Abb. 8: Broschüre zur Infoveranstaltung: Wem gehört der Verkaufserlös der Abwasserprivatisierung?

„das System Hoffmann zu enttarnen.“

Auszüge aus einem Interview der Braunschweiger Zeitung mit einem Kandidaten der BIBS erläutern dies. Auf den Hinweis, dass durch Privatisierungserlöse der Schuldenberg der Stadt dramatisch abgebaut wurde, antwortet er:

„Klar. Das ist das Mindeste. Aber: Weder in öffentlichen Stellungnahmen noch in Veröffentlichungen Ihrer Zeitung wird die faule Trickserei des Herrn Hoffmann aufgeklärt. Nehmen wir die Abwasser–Privatisierung. Da entsteht außerhalb der Haushaltsbilanzen ein neuer Kredit von mehr als 200 Mio. €. Davon werden 112 Mio. € in den allgemeinen Haushalt gestellt. Dafür lässt Herr Hoffmann sich feiern. Er verschweigt aber, dass die Gebührenzahler nach 30 Jahren 215 Mio. € bezahlen müssen durch einen zweiten Kredit, der sich Jahr für Jahr aufbaut. Das ist der Rückkaufwert, den der OB selbst nennt. Das ist nichts anderes, als ein versteckter Kredit und etwas ganz anderes als Schuldenabbau. Das ist nicht nur juristisch umstritten, sondern eine Sauerei.“

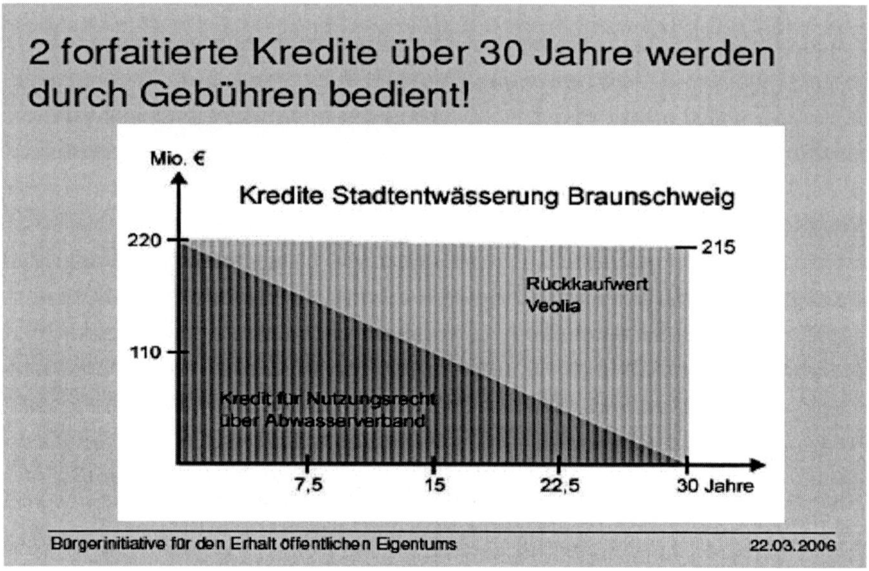

Abb. 9: Kredite Stadtentwässerung Braunschweig

In den Stadtrat zog die BIBS mit 4 Mandatsträgern ein. Auch im Rat veränderte sich die unterschiedliche Bewertung der Privatisierung nicht. Eine konstruktive Diskussion scheiterte an den differierenden Grundeinstellungen. Die Stadt wickelt das PPP–Modell nach den vereinbarten Regelungen ab. Bedarf für eine Neuausrichtung sieht sie nach den ersten Erfahrungen nicht. Die BIBS fördert dagegen weiter die Aufarbeitung der Privatisierung. Sie unterstützt Kläger, die sich gegen die Abwassergebühren der Stadt wenden und hat in diesem Zusammenhang auch ein Gutachten in Auftrag gegeben. Unter dem Titel

„Finanzwirtschaftliche Analyse und Bewertung der Privatisierung der Abwasserentsorgung in Braunschweig unter besonderer Berücksichtigung der Beitrags- und Gebührenfinanzierung veräußerter Vermögensbestandteile“

prüfen Prof. Mönnich u. a. die Folgen des PPP–Modells. Auf einzelne Aspekte wird im Weiteren noch Bezug genommen.

Die Gebührenstreitverfahren sind noch nicht abgeschlossen. Auch im Jahr 2010 geht die Diskussion unvermindert weiter.

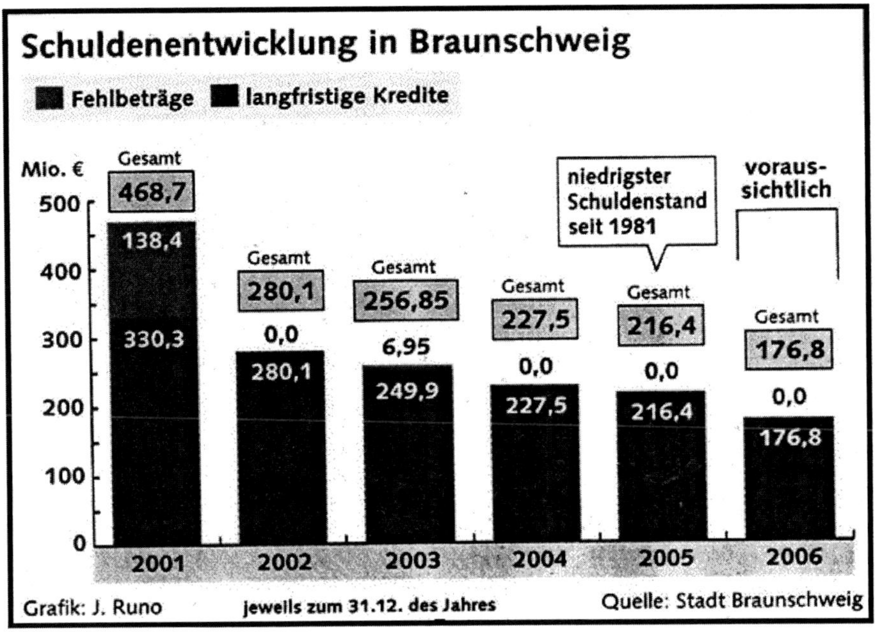

Abb. 10: Schuldenentwicklung in Braunschweig
Quelle: Braunschweiger Zeitung

3.3.2 ERFAHRUNGEN

1) UMWELTZIELE

Umweltziele wurden im Zusammenhang mit der Entwicklung des PPP–Modells kaum diskutiert.

„Nein, es ging nur um finanztechnische Kriterien, und da wurde selbstverständlich angenommen, dass die ökologischen Dinge erfüllt sind.“

Es gibt bei den Gesprächspartnern auch keinen Zweifel, dass ökologische Standards auch zukünftig eingehalten werden. Ein Mitglied der BIBS drückte es so aus:

„Ganz im Gegenteil, der Private hat sogar ein starkes Interesse, ökologisch und möglichst viel zu investieren. Für die Neuinvestitionen wird jedes Jahr ein Kredit von der Bank geholt, den die Bürger zahlen müssen. Der Private kassiert für jede Investition noch einmal 15,85 % Regiekosten. Da haben wir gedacht, das hat mit den Planungen zu tun. Nein, die Planungskosten sind noch nicht einmal inklusive. Und für jede Planung kassiert der Private noch einmal einen Anteil Regiekosten, sodass sie verrückt wären, wenn sie jetzt die Investitionen verringern würden."

Die Gesprächspartner haben den Eindruck, dass die Investitionstätigkeit durch die Privatisierung eher erleichtert wird. Über einzelne Investitionen wird im politischen Bereich weniger diskutiert. Große Auswirkungen auf das Investitionsgeschehen werden aber eher nicht gesehen.

„Der Rat hätte vorher kontrolliert, inwieweit Investitionen in die Stadtentwässerung notwendig gewesen wären oder nicht. Aber jeder normale Ratspolitiker ist damit überfordert. Und insofern ist das auch vorher nicht wirklich kontrolliert worden. Da ging das eher nach der Devise: Wie viel Geld haben wir denn im Haushalt oder wie viel können wir denn noch veranschlagen?"

2) PRODUKTIVER KNOW-HOW-TRANSFER

Auch der Transfer von Wissen vom Privaten auf die Stadt stand nicht im Mittelpunkt des Privatisierungsverfahrens. Die Stadt Braunschweig war fachlich immer in der Lage, die Abwasserentsorgung auf hohem Niveau sicherzustellen. Dies bestätigen alle Gesprächsteilnehmer:

„Der städtische Entwässerungsbetrieb genoss einen guten Ruf. Die galten als effizient arbeitender, wirtschaftlicher Betrieb, der auch ökologisch durchaus in Ordnung ist. Also da stand schon ein großer Teil des Braunschweiger Rates und der Verwaltung hinter diesem Betrieb. Es war also nicht wie bei der Abfallentsorgung oder der Stadtreinigung das Argument, der Laden funktioniert nicht, da muss ein privater Partner her. Das war nicht der Hintergrund."

Nach der Privatisierung wird dagegen ein Wissenstransfer von der Stadt hin zum privaten Partner beobachtet. Das Abwassersystem in Braunschweig weist die Besonderheit auf, dass das Klärprodukt nicht in einen Vorfluter eingeleitet, sondern großflächig landwirtschaftlich verrieselt wird. Dieser Sachverstand – so wird bedauert – wird nunmehr nicht mehr der Stadt zugerechnet, sondern auch dem privaten Betreiber.

„Es ist ein ausgefeiltes Kreislaufsystem, aus den Abwässern nützliches Gewächs zu produzieren und dieses Gewächs jetzt in einen geschlossenen Kreislauf sogar in eine Biogasanlage einzuführen. Das ist vorbildlich und wurde bis ins Ausland transportiert. Diese Idee ist jetzt ein bisschen mitverkauft worden, denn das schreibt sich jetzt alles die private Firma Veolia auf die Fahne und macht damit noch Geld, weil sie es als ihr Produkt verkauft."

Das Know-how wird damit auch von der Stadt zum Privaten transferiert. Es kann sich hier ein Vertriebsweg öffnen, Braunschweiger Wissen auch überregional zu vermarkten.

3) STEUERUNG UND KONTROLLE

Die Steuerung wird in der Stadtverwaltung organisiert und von dort aus wahrgenommen. Die Kontrolle über die STEB, eine 100 prozentige-Tochter der Stadtwerke BS Energie, erfolgt zum einen als Vertragscontrolling und zum anderen als Beteiligungscontrolling.

Das Beteiligungscontrolling kann nur mittelbar über die Stadtwerke ausgeübt werden. An den Stadtwerken hält die Stadt nur noch einen Anteil von 25,1%, die übrigen Anteile werden von Veolia gehalten. Die gesellschaftsrechtlichen Einflüsse sind entsprechend beschränkt. Die politische Kontrolle wird durch den Finanzausschuss der Stadt ausgeübt. In der Praxis zeigen sich Schwierigkeiten. Ein Mitglied des Finanzausschusses berichtet:

„Es gibt einen Teil der Politik, der sagt, damit wollen wir uns gar nicht befassen. Das ist gar nicht unser Geschäft. Das interessiert uns nicht. Es gibt einen anderen Teil, der ist sehr wohl interessiert, insbesondere dann, wenn es um Umweltstandards geht. Aber ohne Unterlagen ist eine Steuerung kaum möglich. Trotz vieler Fragen, bekam man nie wirklich Fakten. Sozusagen ist da einfach ein tiefes Loch des Informationsdefizits. Was auch eines der Ziele ist, die mit der Privatisierung verfolgt werden. Den Rat und die politische Diskussion aus bestimmten Bereichen rauszuschmeißen."

Ein anderes Mitglied fügt hinzu:

„Alle Konflikte werden totgeschwiegen."

Die Steuerung des PPP–Modells in vertragsrechtlicher Hinsicht ist auf politischer Ebene in gleicher Weise schwierig. Die Politiker erhalten auch hier nur begrenzt Einsicht in das laufende Geschäft. Dies war vor der Privatisierung anders.

„Es gab die Möglichkeit, dieses intensiver zu diskutieren. Wie ich schon dargestellt habe, hatten wir beim Bauausschuss z. B. relativ häufig den Betriebsleiter zu Gast, der auch en detail wichtige Investitionsvorhaben vorgestellt hat und dazu Fragen beantwortet hat. Und haben also sozusagen in dem dafür zuständigen Fachausschuss damals durchaus Diskussionen führen können, mit einer einigermaßen fachlichen Tiefe. Dass das nicht immer so gelang, hängt vielleicht eher daran, dass wir alle Laien sind als Ratsleute. Aber sozusagen die Möglichkeit hat sich uns stärker eröffnet, ja.“

Das Vertragscontrolling wird allein von der Verwaltung der Stadt ausgeübt. Im Amt Stadtentwässerung der Stadt Braunschweig arbeiten noch etwa ein Dutzend Mitarbeiter, die die mit der STEB und dem AVB abgeschlossenen Verträge kontrollieren und sich um die Angelegenheiten kümmern, die nicht privatisiert wurden, z. B. das Satzungsrecht der Stadt.

Ein wichtiger Bestandteil des Vertragscontrollings ist die Abstimmung der Investitionspläne mit der STEB. Einmal jährlich erstellt die STEB eine Liste mit den Zugängen zum Sachanlagevermögen. Für das Jahr 2006 wird mit Stichtag zum 15.11.2006 beispielsweise ein Vermögenszugang in Höhe von 9.086.139,32 € festgestellt. Es handelt sich dabei um Investitionen in das Kanalnetz und in die Entsorgungstechnik, aber auch um die Betriebs- und Geschäftsausstattung bis hin zum Bürobedarf. Die Stadt zahlt für jede einzelne Anschaffung und Investition die Zinsen und Abschreibungen. Ein Controlling ist daher notwendig. Auch wenn die Verwaltung alles auflistet, aus den Reihen der Politik wird kritisiert, dass gerade hinsichtlich einzelner Baumaßnahmen Auskünfte nur noch eingeschränkt möglich sind. Hierzu ein Politiker:

„Und der (Ratsherr) bekommt dann solch eine Antwort zu einer Anfrage: Das Bauvorhaben Pumpwerk am Inselwall ist im Jahr 2006 nach den Vereinbarungen zur Privatisierung in das von der Stadtentwässerung Braunschweig auszuführende Kanalbauprogramm aufgenommen worden. Die Stadt führt aus diesem Grund keine Verwaltungsakten mehr und kann daher auch keine Auskünfte geben.“

Insgesamt kann festgehalten werden, dass die Kontrolle zumindest für den politischen Bereich erheblich erschwert ist.

4) Kooperationen mit Kommunen und Privaten

Die Stadt Braunschweig ist als stärkste und größte Kommune in der Region auf nachbarschaftliche Zusammenarbeit im Abwasserbereich nicht angewiesen. Sie hat die ausreichende Größe, die Aufgabe alleine effizient zu organisieren. Das PPP–Modell hat die Zusammenarbeit aber nicht erleichtert, weil Nachbarn gegen die Zusammenarbeit mit Privaten auf einem originären Feld der Daseinsvorsorge bereits ideologisch motivierte Gründe vorbringen, ohne die Details des Privatisierungsvorganges zu kennen. So verlautete es der nächst größeren Stadt der Region, aus Peine:

„Vorsicht vor Braunschweig. Wenn wir uns mit Braunschweig zusammenschließen, auch in anderen Geschäftsfeldern, da brüllt dann der Braunschweiger Löwe, der sucht seine Beute – die Beute – das sind wir, Vorsicht."

Die Braunschweiger Zeitung titelte:

„Peiner Tafelsilber wird von Braunschweig nicht verramscht."

Auch wenn sachliche Argumente nicht ausgetauscht wurden, zeigt dies, dass alleine die Tatsache der Privatisierung das Denken und Handeln der Nachbarkommunen und ihre Einstellung zur Stadt Braunschweig beeinflusst.

5) ENTSORGUNGSSICHERHEIT

Die Entsorgungssicherheit ist nicht gefährdet. Diese wurde von den Beteiligten nie in Frage gestellt, weder vor noch nach der Privatisierung.

6) ÖKONOMISCHE EFFIZIENZ/WIRTSCHAFTLICHKEIT

Ökonomische Effizienz und Wirtschaftlichkeit sind vielschichtige Begriffe. Gegenstand der Betrachtung sind an dieser Stelle nicht die Entgelte für Kapitalkosten (Zinsen und Abschreibungen), sondern für die Betriebskosten. Aus Sicht der Bürger und der Kunden machen sich niedrige Betriebskosten in niedrigen Gebühren bemerkbar. Im Verhältnis zwischen der Stadt als Aufgabenträger der Abwasserentsorgung und der STEB als Erfüllungsgehilfin ist dann ein wirtschaftlicher Vertrag ausgehandelt, wenn die Leistungen der STEB und das von der Stadt an die STEB hierfür gezahlte Entgelt ausgewogen sind.

§ 22 des Abwasserentsorgungsvertrages regelt die Zahlungen der Stadt für den laufenden Betrieb der Anlagen. Die Einzelheiten ergeben sich aus der Anlage 22.1. zum Vertrag. Hiernach zahlt die Stadt an die STEB für 19 verschiedene Entgeltarten, so u. a. ein

- Betriebsentgelt Schmutzwasserbeseitigung in Höhe von netto 3.044.744 € zzgl. Umsatzsteuer für das Jahr 2006
- Betriebsentgelt Niederschlagswasser in Höhe von netto 2.054.926 € zzgl. Umsatzsteuer für das Jahr 2006.

Die Entgelte stellt die Stadt in die Gebührenkalkulation ein. Sie können daher Gegenstand einer Bewertung sowohl des Abwasserentsorgungsvertrages als auch der Kalkulation sein.

Im Folgenden werden die Kosten für das Jahr 2006 dargestellt. Die STEB hat diese Kostenpositionen nicht veröffentlicht, sie sind den Schmutzwasserkalkulationen entnommen und geben einen ersten Überblick über die Gebühren- und Entgeltstruktur:

Schmutzwassergebühr 2006

1.	Kosten Entgelt GmbH	12.112.150	
	Personalaufwendungen		3.531.903
	Kalkulatorische Abschreibungen		3.687.645
	Kalkulatorische Zinsen		4.974.231
2.	AVB	15.449.029	
3.	Verbleibende Kosten Stadt	675.140	
4.	Gesamtkosten Schmutzwasser	28.236.319	

Die Betriebskosten setzen sich zusammen aus den Personalkosten und einem Teilbetrag aus den kalkulatorischen Abschreibungen. In diesen Abschreibungen ist nicht nur der Werteverzehr aus Investitionen in das Kanalnetz enthalten, sondern auch der Werteverzehr aus den zum Betrieb der Anlagen notwendigen Gütern, angefangen vom Bleistift bis hin zu Chemikalien und PKW.

Es handelt sich um eine Gesamtbetrachtung, die zu den einzelnen Kostenarten nichts aussagt. Es lässt sich hieraus insbesondere nicht entnehmen, ob die Betriebskosten angemessen sind. Dies wird bemängelt. Es gibt

Zweifel an der Angemessenheit. In dem Gutachten von Prof. Mönnich u. a. kommt dies wie folgt zum Ausdruck:

- Die Entgeltfestlegung ergab sich nicht aus der Übernahme eines Marktpreises für die Abwassersammlung und -reinigung. Derartige Marktpreise gibt es überörtlich vergleichbar nicht, da die Leistung nicht frei handelbar ist. Ein Preis kann nur nach den Kostenstrukturen im örtlichen Monopol definiert werden.
- Die Entgeltfestlegung ergab sich ebenfalls nicht aus den im Grundsatz anwendbaren Leitsätzen für die Preisermittlung aufgrund von Selbstkosten (LSP). Bei Anwendung dieser Vorschrift hätte eine Möglichkeit bestanden, die Kostenentwicklung beim beauftragten privaten Dritten auch im Interesse des Gebührenzahlers zu prüfen. Allerdings ist bei derartigen Vertragskonstruktionen das Interesse des beauftragten Dritten an Kostensenkungen deutlich reduziert. Gleichwohl wird eine vergleichbare Preisüberprüfung von der Bundesnetzagentur für angemessene Entgelte in Infrastrukturmonopolen angewandt und findet bereits für Preisüberprüfungen in privatisierten Abwassernetzen Anwendung.
- Demgegenüber ergab sich die Preisfestlegung nach Darlegung der Stadt Braunschweig durch Vorgabe von festen Kalkulationspositionen aus den Gebührenkalkulationen der Sonderrechnung Stadtentwässerung im Jahre 2005 (vor der Privatisierung). Diese Positionen bilden die Basis von weitgehend indexierten Leistungsentgelten für die 15 aufgelisteten Betriebsentgelte. Angaben zur Indexbildung und zur Berücksichtigung bekannter Kostenreduktionsmöglichkeiten fehlen. Von dieser Regelung ausgenommen sind Leistungsentgelte für den Bereich der Kapitalkosten.

An der Ratsentscheidung beteiligte Politiker äußern sich wie folgt:

„Ob die vereinbarten Entgelte angemessen sind, kann man nicht sagen. Nein, ob der Ausgangspunkt stimmt, kann man wirklich nicht beantworten. Da gibt es aber nicht wirklich eine vernünftige interessante vergleichbare Hochrechnung."

Die Stadt verweist auf die vor der Privatisierung vorgelegte Regiekostenberechnung. Sie vergleicht die Kosten der Schmutzwasserbeseitigung vor und nach der Privatisierung:

	2006	2007	2008	2009	2010
Kosten ohne Privatisierung	26.635	28.357	29.548	29.979	30.456
Kosten mit Privatisierung	26.575	28.041	29.004	29.223	29.658
Gebühr ohne Privatisierung	1,93	2,10	2,23	2,31	2,39
Gebühr nach Privatisierung	1,93	2,07	2,19	2,25	2,33

Unklar bleibt die Grundlage und Vergleichbarkeit der dargestellten Kosten. Hier hat die Stadt nur Teile der Regiekostenberechnung vorgelegt. So lässt sich bisher nicht abschließend beurteilen, ob die Betriebskosten angemessen sind.

7) REGIONALPOLITISCHE BEDEUTUNG/SOZIOÖKONOMISCHE FOLGEN

Die Entscheidung für oder gegen einen Bieter im förmlichen Vergabeverfahren hing auch vom Standortkonzept und vom Unternehmenskonzept ab. Die Stadt bekundete ihr Interesse an einer strategischen Ausrichtung des Unternehmens und bevorzugte Angebote, die eine möglichst umfassende Wertschöpfung in der Region gewährleisteten.

Das PPP–Modell wird erst seit drei Jahren umgesetzt. Es ist daher zu früh, um über seine regionalpolitischen Wirkungen zu urteilen. Es sind aber Maßnahmen zur Stärkung der Region eingeleitet worden. So sollen

- regionale Unternehmen bei der Vergabe von Baumaßnahmen im Rahmen der gesetzlichen Möglichkeiten beauftragt,
- die Zusammenarbeit mit der TU Braunschweig verstärkt,
- Managementaufgaben der Tochterunternehmen von Veolia in Braunschweig gebündelt und
- lokale Umweltprojekte unterstützt

werden.

8) BESTEUERUNG

Die Besteuerung der Leistungen spielte bei der Ausgestaltung des PPP–Modells eine große Rolle. Ursprünglich ging die Stadt bei der Ausschreibung davon aus, dass der private Bieter das Kanalnetz für einen hohen einmaligen Erlös für 30 Jahre pachtet. Die Stadt verkauft das Nutzungsrecht am Kanalnetz und zahlt dann jährlich gleich bleibende Beträge für die Zinsen und Abschreibungen an den Käufer. Belastend wirkt sich bei einem solchen Geschäft die Umsatzsteuer aus. Die Stadt muss auf die vom privaten Käufer in Rechnung gestellten Abschreibungen und Zinsen Umsatzsteuer zahlen. Diese Steuer wollte man vermeiden.

Vor diesem Hintergrund wurde das sogenannte Verbandsmodell entwickelt. Es sieht vor, dass nicht der private Bieter, sondern der öffentlich-rechtlich organisierte Abwasserverband das Nutzungsrecht erwirbt. Der Abwasserverband zahlt für das Nutzungsrecht einen Kaufpreis und setzt gegenüber der Stadt Beiträge nach dem Wasserverbandsgesetz fest. Die von der Stadt an den Abwasserverband zu zahlenden Beiträge entsprechen den Bruttobeträgen, die ein privater Bieter in Rechnung zu stellen hätte. Weil der Abwasserverband keine Umsatzsteuer auf die Beiträge zahlen muss, kann er der Stadt einen höheren Kaufpreis als ein privater Bieter zahlen. Er, und nicht der private Bieter, hat daher das vorhandene Kanalnetz gepachtet.

Im Ergebnis erhöht sich durch diese steuerliche Gestaltung der Zahlungszufluss an die Stadt um einen zweistelligen Millionenbetrag. Die Abschreibungen und Zinsen auf die Altanlagen bleiben trotz Privatisierung umsatzsteuerfrei. Dies haben Gesprächspartner bestätigt:

> „Aber das Steuerargument war ein ganz wichtiges, dass man dieses Eigentumsmodell gewählt hat. Denn im Vorfeld war deutlich geworden, dass die Steuerbelastung bei einem Verkauf des Netzes an einen privaten Bieter doch eine relativ hohe gewesen wäre, und das wäre dem Gebührenzahler nicht wirklich gut zu vermitteln gewesen. Es hätte doch eine Kostensteigerung ergeben."

Die Betriebskosten und alle Neuinvestitionen sind dagegen nunmehr der Umsatzsteuer unterworfen. Diese systembedingten Nachteile müssen durch niedrigere Kosten ausgeglichen werden.

9) FINANZIELLE STRUKTUR DES MODELLS

Bis zur Privatisierung wurde die Stadtentwässerung als Sonderrechnung im allgemeinen Haushalt geführt. Ab 2006 änderte sich dies grundlegend. Dies macht folgende Gegenüberstellung der Personalkosten, der Betriebsmittel, der Zinsen und Abschreibungen für die Kläranlage, der Zinsen und Abschreibungen für die Ende 2005 bestehenden Kanäle und der Zinsen und Abschreibungen für die Neuinvestitionen ab 2006 deutlich:

	Vor der Privatisierung	Nach der Privatisierung
Personalkosten	Betriebskosten der STEB und weitere Verwaltungskosten der Stadt werden dem Bürger über die Gebühr in Rechnung gestellt	Für die Personalkosten der STEB zahlt die Stadt einen Pauschalbetrag. Dieser wird in die Kalkulation eingestellt. Weitere Personalkosten entstehen bei der Stadt und werden ebenfalls kalkulatorisch erfasst
Betriebsmittel	Einstellung der Kosten für Betriebsmittel in die Gebühr	Abschreibungen und Zinsen für Betriebsmittel werden periodengerecht von der Stadt erstattet
Zinsen und Abschreibungen für die Kläranlage	Zahlung eines Beitrages an den Abwasserverband Braunschweig, Einstellung des Betrages in die Kalkulation	Zahlung eines Beitrages an den Abwasserverband Braunschweig, Einstellung des Betrages in die Kalkulation
Zinsen und Abschreibungen für bis Ende 2005 erstellte Kanäle	Abschreibungen und Zinsen werden in die Kalkulation eingestellt. Grundlage ist eine Bewertung der Kanäle nach 1997 „eingefrorenen“ Wiederbeschaffungszeitwerten.	Kanäle wurden an den AVB verpachtet. Die Stadt erhielt hierfür einen Erlös von ca. 213 Mio. €. Hierfür zahlt die Stadt jährlich gleich bleibende Beiträge an den AVB. Diese Beiträge werden nicht in die Kalkulation eingestellt und belasten den Bürger daher nicht. Der Bürger zahlt weiter Abschreibungen und Zinsen wie bis 2005.
Zinsen und Abschreibungen für Neuinvestitionen ab 2006		Nach 2006 erstellte Kanäle werden nach AK/HK bei der STEB bilanziert. Die Zinsen und Abschreibungen werden in die Kalkulation eingestellt. Soweit Kanäle ersetzt wurden, werden die bis 2005 gebauten „Altkanäle“ ausgebucht.

Die finanzielle Struktur hat sich im Betriebskostenbereich und im Kapitalkostenbereich geändert. Im Betriebskostenbereich sind die Kosten vor und nach der Privatisierung nur noch schwer vergleichbar, weil wesentliche Betriebskosten nach der Privatisierung in den Abschreibungen enthalten sind. Auch hinsichtlich der Finanzierung der Investitionen gab es einen Paradigmenwechsel.

Bis zum Beginn des PPP–Modells war es möglich, alle Investitionen alleine aus den nach Wiederbeschaffungszeitwerten erwirtschafteten Abschreibungen im Wege der Innenfinanzierung zu finanzieren. Eine Kreditfinanzierung war nicht erforderlich. Dies beschreibt nachfolgende Tabelle aus dem Gutachten von Prof. Mönnich u. a., die einen Überblick über die Abschreibungen und Investitionen von 1974 bis 2005 gibt:
Die Gutachter interpretieren diese Tabelle wie folgt:

„Die Summe aller Investitionen des Abwasserbereichs im Zeitraum seit 1974 beträgt ca. 182,5 Mio. € und liegt damit knapp über der Summe von Abschreibungen und Zuschüssen im gleichen Zeitraum. Dieses bedeutet, dass sämtliche Erweiterungsinvestitionen im Braunschweiger Abwassersystem im betrachteten Zeitraum allein auf dem Wege der Innenfinanzierung aus dem Gebührenhaushalt hätten realisiert werden können. Die in der Tabelle ausgewiesenen kalkulatorischen Zinsen wurden in vollem Umfange dem allgemeinen Haushalt zugeführt und wurden somit nicht Eigenkapital mehrend in der kostenrechnenden Einrichtung belassen."

Nach Privatisierung wird diese Innenfinanzierung der Neuinvestitionen aufgegeben. Neue Investitionen werden ausschließlich kreditfinanziert. Ergebnisse lassen sich schon im ersten Jahr nach der Privatisierung feststellen. Jährlich wird von einem Wirtschaftprüfer nunmehr eine „Liste der Zugänge zum Sachanlagevermögen der STEB" erstellt. Diese Liste ist Grundlage für die Zahlung der Abschreibungen und Zinsen für Betriebs– und Geschäftsausstattung der STEB, Wirtschaftgüter der Öffentlichen Abwassertechnischen Einrichtungen (z.B. Kanäle) und nicht gebührenfähige Investitionen.

Für das Jahr 2006 wurden insgesamt über 10 Mio. € gebührenfähig investiert. Für diese Summe zahlen die Gebührenschuldner – wie im Abwasserentsorgungsvertrag vereinbart – die Zinsen und Abschreibungen. Bis zum Ablauf des Vertrages sollen auf diese Weise neue Kredite in Höhe von 215 Mio. € entstehen.

Abb. 11: Gebühren, Abschreibungen und Zinsen und Investitionen der Abwasserwirtschaft in Braunschweig in den Jahren von 1974 bis 2003 (in DM)

Jahr	*Gebühren-einnahmen*	*Kalkulatorische Kosten*		*Kanalbau-erneuerung*	*sonstige Investitionen*
		Abschreibungen	Zinsen		
1974	10.250.000	3.535.900	2.637.000	3.367.100	6.898.602
1975	18.121.000	4.315.300	3.406.900	2.175.000	2.832.150
1976	16.459.000	4.333.800	3.600.000	778.420	921.788
1977	17.050.100	4.267.600	3.820.000	1.025.000	2.051.767
1978	18.276.500	4.642.000	3.265.100	1.798.000	6.832.551
1979	19.000.000	5.001.600	3.086.200	1.525.000	4.074.252
1980	20.907.100	5.376.200	3.126.800	1.687.000	2.316.625
1981	22.518.900	5.826.600	3.087.100	1.905.000	3.765.344
1982	24.347.300	6.268.200	3.162.300	1.395.000	2.322.649
1983	25.359.300	6.420.300	3.577.200	1.170.000	2.977.483
1984	26.261.400	6.336.200	3.701.700	1.165.012	2.440.019
1985	26.840.000	6.590.000	3.349.900	1.148.815	4.092.366
1986	30.171.300	6.832.100	3.208.100	690.972	7.990.993
1987	30.831.200	7.119.600	3.038.400	1.015.325	4.253.760
1988	33.093.600	7.270.700	3.003.700	852.000	3.553.684
1989	36.209.100	7.562.500	3.840.900	979.536	5.667.538
1990	38.557.200	7.634.400	4.042.900	841.800	15.794.271
1991	46.520.500	8.152.700	4.137.300	715.703	14.381.617
1992	51.600.000	9.389.800	7.577.700	681.985	7.930.482
1993	57.700.000	13.009.100	7.772.300	851.434	10.641.324
1994	61.700.000	16.662.600	7.772.300	1.441.856	11.123.207
1995	63.000.000	18.000.000	8.817.800	1.274.982	17.185.710
1996	64.630.000	19.000.000	9.374.000	1.332.046	16.583.231
1997	68.000.000	18.000.000	10.000.000	1.320.983	11.810.762
1998	81.797.100	18.000.000	10.539.000		18.358.338
1999	75.951.800	18.000.000	9.590.000		11.960.829
2000	74.626.800	18.000.000	9.030.200		21.516.999
2001	73.261.200	18.000.000	7.930.500		19.998.432
2002	71.530.800	17.867.300	8.671.200		17.472.399
2003	68.755.400	17.968.600	9.366.500		28.680.659
2004		18.349.362			21.805.856
2005		18.436.045			17.524.237
Zw.summe		346.168.507		31.137.969	325.759.924
Zuschüsse		7.501.800			
Summe		353.670.307			356.897.893

*) Umrechnungskurs von DM in Euro: 1 € = 1,95583 DM

Quelle: Mönnich, Ernst, Reinhardt, Benno, Swillims, Wolfgang, Finanzwirtschaftliche Analyse und Bewertung der Privatisierung der Abwasserbeseitigung in Braunschweig unter besonderer Berücksichtigung der Beitrags- und Gebührenfinanzierung veräußerter Vermögensbestandteile, Bremen 2008

Im Ergebnis hat die Stadt, so ein Beteiligter, das Tafelsilber verkauft und

„das Eigenkapital aus dem Schmutzwasserbetrieb vollständig entnommen und in Fremdkapital umgewandelt."

10) AUSWIRKUNGEN DES PPP–MODELLS AUF DIE GEBÜHRENENTWICKLUNG

Ob die Veräußerung des Tafelsilbers zu steigenden Gebühren führt, wird vor dem Verwaltungsgericht Braunschweig diskutiert. Schon im Jahr 2006 reichten etwa 80 Bürger gegen die Gebührenbescheide eine Klage ein und monierten eine zu hohe Abgabenbelastung, die ihre Ursache auch in der Privatisierung habe. Die Probleme eines solchen Prozesses werden an anderer Stelle beschrieben (siehe Ziffer 18). Das Gericht hat über zwei Komplexe zu entscheiden:
- Sind die Betriebskosten nach der Privatisierung zu hoch?
- Ändern sich die Kapitalkosten zum Nachteil des Gebührenzahlers?

Die Parteien sind sich einig, dass Maßstab für die Höhe der Betriebskosten die sog. Regiekosten sind. Der vorgelegte Regiekostenvergleich wird an anderer Stelle besprochen und bewertet. Die Diskussion über die Kapitalkosten ist schwieriger. Der Rechtsanwalt der Kläger trägt vor allem zwei Gesichtspunkte vor:

„Veräußerungserlöse, die den Restbuchwert der Anlagen, bezogen auf die Anschaffungs- und Herstellungskosten, überschreiten, sind dem Gebührenhaushalt gutzuschreiben."

Die Stadt hatte hierzu bereits im Vorfeld des Prozesses Stellung genommen:

„Eine Doppelbelastung der Bürger könne nur vermieden werden, wenn der Veräußerungserlös für das zu übertragende Anlagenvermögen nach dem Anschaffungsrestwert, dem Buchwert zu ermitteln ist. Eine Ermittlung nach dem Wiederbeschaffungszeitwert führe zu einer Doppelbelastung des Gebührenzahlers."

In der Sache sei eine Doppelbelastung des Bürgers – so die Stadt weiter – aber bereits deshalb ausgeschlossen,

„weil der Kaufpreis für das Nutzungsrecht am Kanalnetz weit unter dem Restbuchwert des entsprechenden Vermögens liegt."

Über die Höhe des Restbuchwertes der verpachteten Anlagen besteht bisher keine Einigung.

Die streitenden Kläger tragen ein weiteres Argument vor. Nach der Privatisierung ist es nicht mehr zulässig, die Abschreibungen nach Wiederbeschaffungszeitwerten zu erheben. Sie nehmen insoweit Bezug auf das Gutachten von Mönnich u.a., in dem dieser Gesichtspunkt betriebswirtschaftlich aufgearbeitet wurde:

„Kalkulatorische Abschreibungen werden in Braunschweig seit 1993 auf der Basis von Wiederbeschaffungszeitwerten ermittelt. Die weitere Fortschreibung der Abschreibungsbasis wurde 1998 mit Einrichtung der Sonderrechnung auf dieser Grundlage (WZW) eingefroren. Die Anwendung des Wiederbeschaffungszeitwertes in der Kostenrechnung dient dem reproduktiven Substanzerhalt und soll nach dem Willen des Gesetzgebers die Eigenkapitalbasis öffentlicher Einrichtungen stärken. Die vollständige Entnahme von Eigenkapital aus der Stadtentwässerung durch das Braunschweiger Privatisierungsmodell kollidiert mit dieser gesetzlichen Zielsetzung. Die Berechnung von Abschreibungen vom WZW verliert damit ihre finanzwirtschaftliche und abgabenrechtliche Basis."

Es wird eine Verletzung des Äquivalenzprinzips gerügt:

„Durch die Privatisierung erfolgt im Verhältnis zwischen Stadt und Bürger eine Reduktion der Leistungen bei stetig steigender Gebühr. Investitionen in die Sanierung und die Erneuerung der vorhandenen Infrastruktur werden nicht mehr aus den erwirtschafteten Abschreibungen des Gebührenhaushaltes finanziert, sondern begründen – wie Erweiterungsinvestitionen – über kreditfinanzierte Mietereinbauten künftig zusätzliche Lasten für den Gebührenzahler."

Die Stadt hat sich hierzu geäußert:

„Ein Nachteil für die Gebührenzahler ist nicht ersichtlich, da auch die Stadt – wenn nicht die privatisierte STEB die Investitionen tätigen und finanzieren würde – nach dem gleichen Verfahren vorgehen und vergleichbare Kosten für Abschreibungen und Zinsen kalkulieren würde."

Die Entscheidung des Gerichtes steht aus. Die Beteiligten bemühen sich den Sachverhalt aufzuklären. Dies ist sehr arbeitsintensiv und zeitraubend.

Über die besonderen Schwierigkeiten und Grenzen eines solchen Gerichtsverfahrens wird unter Ziffer 17, „Möglichkeiten staatlicher Überprüfung", berichtet.

11) HAUSHALTSAUSWIRKUNGEN

Nach übereinstimmenden Aussagen diente das PPP–Projekt ausschließlich der Sanierung städtischer Finanzen. Dies wird von den Befürwortern des PPP–Modells unumwunden zugegeben. Der Mittelzufluss infolge der beschriebenen Transaktionen wurde in der Ratssitzung vom 17.11.2005 mit 115 Mio. € angegeben. Dies ist der nach den von der Stadt vorgenommenen Bewertungen höchstmöglich zu erzielende Vorteil für den allgemeinen Haushalt. Dieser Betrag liegt weit unterhalb des Gesamterlöses von ca. 250 Mio. €, weil die Stadt einen erheblichen Teil der Einnahmen als Vorsorge für zukünftige Gebührenschwankungen zurückgelegt hat.

Auf kritische Nachfragen, ob ein Erlös für den allgemeinen Haushalt nicht auch außerhalb eines Privatisierungsverfahrens zu erzielen wäre, antwortete die Stadt in dieser Ratssitzung:

„Als zumindest theoretische Alternative ist zu untersuchen, welche Möglichkeit bestände, ohne eine Privatisierung durch Veränderung der Finanzstruktur in der Sonderrechnung wie auch durch Optimierung im Betrieb einen Mittelzufluss für den allgemeinen Haushalt zu verwirklichen. Dies könnte ebenfalls durch Eigenkapitalherabsetzung geschehen. Dabei wird faktisch das reduzierte Eigenkapital durch einen entsprechenden Fremdkapitalbetrag ersetzt. Dieser Betrag ist so zu bemessen, dass einerseits zukünftig kein Verlust durch die Sonderrechnung zu erwarten ist und andererseits dadurch keine Gebührenerhöhungen erfolgen. Die beigefügte überschlägige Modellrechnung führt zu dem Ergebnis, dass eine Eigenkapitalreduzierung (ohne Privatisierung) um maximal 95 Mio. € möglich wäre."

Wegen des um 20 Mio. € höheren Haushaltszuflusses von 115 Mio. € bei der Privatisierung wurde dieses kommunale Modell nicht weiter diskutiert.

Die Parteien bewerten dies sehr unterschiedlich. Einig ist man sich darüber, dass die prekäre Haushaltslage eine wesentliche Ursache für die gewählte Privatisierung ist:

„Ja, man muss schon sagen, dass die Liquidität der Stadt nicht mehr so war, dass man die notwendigen Unterhaltungsmaßnahmen, z. B. an den Schulen, in vollem Umfang hätte tätigen können."

Dies hat sich nach der Privatisierung geändert:

„Denn die ganze Schulsanierung, die jetzt doch stattfindet, ist schon eine Folge dessen, dass der Haushalt besser dasteht."

Es wird aber bezweifelt, dass alleine die Sanierung des allgemeinen Haushaltes hierfür ursächlich ist:

„Es gibt keinen direkten inhaltlichen Zusammenhang zwischen Überführung von Privatisierungserlösen und plötzlicher Steigerung von Investitionen. Es ist immer so, dass das was politisch gewollt ist, auch finanziert werden kann. Man kann vielleicht sagen, dass sozusagen die Investitionen, die sowieso gemacht werden sollen – aus Sicht der herrschenden Ratsmehrheit – jetzt natürlich erst Recht gemacht werden."

Insgesamt fasst es ein Gesprächspartner wie folgt zusammen:

„Es wurden neue Rücklagen geschaffen, es wurde hauptsächlich das, was auch in der Frankfurter Allgemeinen Sonntagszeitung als Wunder von Braunschweig bezeichnet wurde, geschaffen, nämlich finanzieller Spielraum für die Stadt. So wird das hier verkauft. Hier in Braunschweig, da hat man eine Kommune, die hat finanziellen Spielraum. Die können machen, was sie wollen, oder auch lassen, das ist wie eine Aufbruchstimmung. Es hängt alles von der Mentalität ab. Man muss positiv gestimmt sein usw. dann fluppt die Wirtschaft. Das ist alles eine psychologische Sache und dieser psychologische Moment, dass man einfach ein volles Portemonnaie hat und sich auch mal ein Steak leisten kann. Das ist es, was das Wunder von Braunschweig ausmacht."

Ob es aus Sicht der Stadt ein „gutes" Geschäft ist, wird kaum problematisiert. Bisher stand der Stadt, dem allgemeinen Haushalt, die Eigenkapitalverzinsung zu. Nach der Privatisierung fällt diese laufende Zuwendung weg. Nach Ablauf des PPP–Modells muss die Stadt die neu gebauten Anlagen vom privaten Partner zurückkaufen. Die Stadt hat keine Unterlagen vorgelegt, die die Vorteilhaftigkeit dieses Geschäftes belegen.

Die Bürgerinitiative bezweifelt, dass die Stadt hier gut gewirtschaftet hat:

„Ja, diese war Kern der Kritik der Bürgerinitiative. Das war das Kernstück, das letztlich das, was man jetzt aus dem Topf entnimmt, diese 230 Mio., die aus dem Verkaufserlös des Nutzungsrechtes herrühren, zwar über 30 Jahre getilgt werden.

Dies hilft aber niemanden, da die Neuinvestitionen nicht mehr aus dem Gebührenvolumen gestemmt werden können und dieser Betrag, ich sag mal ca. 7 Mio. pro Jahr, immer wieder als neuer Kredit aufgenommen werden müssen. Und das Eigentum an den Anlagen sogar auf Veolia übergeht. Also der Bürger zahlt das gleiche und Veolia erwirbt Eigentum und lässt sich dieses beim Rückkauf teuer bezahlen. Inzwischen wissen wir, wenn wir das hochrechnen, dass bis zu 500 Mio. nachher an Rückkaufwert entstehen werden aus aufgenommenen Krediten für die Neuinvestition.“

Es wurde versucht, diese Frage wissenschaftlich aufzuarbeiten. Die Gutachter Mönnich u. a. verwiesen auf fehlende Informationen, kamen aber doch zu einer summarischen finanzwirtschaftlichen Bewertung:

„Null-Summen-Spiel zu Lasten des Gebührenzahlers: Treibendes Motiv aller Gestaltungsmerkmale des Privatisierungsmodells der Braunschweiger Stadtentwässerung ist die Gewinnung von Liquidität für den allgemeinen Haushalt. Zur gleichen Zeit entstehen allerdings beim AVB und der STEB neue Schulden, für die die Stadt im Wege von Forfaitierungskrediten bürgt. Der Umfang dieser Schulden entspricht aktuell fast den Privatisierungserlösen. Der künftige Schuldenstand und die Schuldenentwicklung bis zum Ablauf des Vertragszeitraums ist nicht transparent. Ihre Höhe wird vor allem von Investitionen der STEB in das Kanalnetz bestimmt. Die Kapitalkosten dieser Schulden werden aus dem Gebührenhaushalt getragen.“

Eine Stellungnahme der Stadt fehlt.

12) MITBESTIMMUNG/PERSONALVERTRETUNG/TARIFRECHT

Gegenstand der Vergabeentscheidung war auch ein Mitarbeiterkonzept. So verständigte sich die Stadt mit dem privaten Partner auf einen Personalüberleitungsvertrag, der den vorher bei der Stadt Beschäftigen für einen Übergangszeitraum einen weitgehenden Bestandsschutz verschafft. Betriebsbedingte Kündigungen sollen für zehn Jahre ausgeschlossen sein. Für einen späteren Zeitraum, insb. auch für den Zeitraum nach dem Ende des PPP–Modells, gibt es keine Zusicherungen. Im Übrigen soll eine möglichst hohe Ausbildungsquote erreicht werden, die Aus- und Weiterbildung wird gefördert. Ein leistungsgerechtes Entlohnungssystem kann eingeführt werden.

Erfahrungen über die geplanten Maßnahmen liegen noch nicht vor.

13) FLEXIBILITÄT/ANPASSUNGSFÄHIGKEIT DES MODELLS

Zwischen den Vertragsparteien sind die vom Privaten zu erbringenden Leistungen so weit wie möglich definiert. Diese Leistungsfestlegungen sind wegen der langen Laufzeit des Vertrages aber naturgemäß dann anzupassen, wenn sich die Entsorgungsbedingungen aufgrund technischen Fortschritts oder gesetzlicher Vorgaben ändern. Für diesen Fall sind entsprechende Anpassungsklauseln vertraglich vereinbart. Es handelt sich um Regelungen, die greifen,

„wenn sich die technischen und wirtschaftlichen Rahmenbedingungen im Vergleich zum Zeitpunkt des Vertragsabschlusses wesentlich ändern."

Für diesen Fall kann die Stadt mit dem Privaten die notwendigen Investitionen abstimmen und ein neues Entgelt aushandeln. Diese Regelung hat für den Privaten den Vorteil, dass die Stadt auch bei geänderten Vertragsgrundlagen am Entsorgungsvertrag grundsätzlich festhalten muss. Die geänderten Leistungen sollen nicht erneut ausgeschrieben werden. Für die Stadt ergibt sich hieraus das Problem, dass sie kaum alternative Lösungen mit anderen Marktteilnehmern in die Diskussion einbringen kann. Bei den Entgeltverhandlungen eröffnen sich wegen der Bindung an nur einen Marktteilnehmer weniger Spielräume.

Technischer Fortschritt kann daher nur begrenzt oder nur im Zusammenhang mit finanziellen Zugeständnissen in das PPP–Modell implementiert werden.

14) BERICHTSPFLICHTEN

Über Berichtspflichten ist nichts bekannt.

15) HAFTUNGSFRAGEN/STAATLICHE GARANTIEN UND NEBENLASTEN

Die Stadt Braunschweig bleibt für die Entsorgung des Abwassers zuständig. Diese öffentlich-rechtlich fixierte Aufgabe wird nicht auf einen Dritten übertragen. Der Dritte ist lediglich mit der Erfüllung der Abwasserbeseitigungspflicht vertraglich gebunden. Für den Fall, dass der private Partner seinen Vertrag nicht ordnungsgemäß erfüllt, kann ihm von der Stadt gekündigt werden. Dies und die Kündigungsfolgen sind eindeutig geregelt.

Für den Fall der Leistungsstörungen gibt es daher umfassende vertragliche Klauseln.

Probleme können sich aber aus der Forfaitierung entwickeln. Für die Finanzierung der Investitionen nimmt die STEB Kredite auf. Um von den Kreditgebern besonders günstige Konditionen zu erhalten, übernimmt die Stadt besondere Risiken. Dies verlangen die kreditgebenden Banken, die einen Ausfall der Zins- und Tilgungszahlungen der STEB fürchten. Als Sicherheit verkauft die STEB daher ihre Forderungen an die Stadt weiter an die Kreditgeber. Die Stadt verzichtet in diesem Zusammenhang den Banken gegenüber auf jede Einrede, die sie gegenüber der STEB geltend machen könnte. Selbst wenn die STEB schlechte Leistungen erbringt, bleibt die Stadt den Banken gegenüber zur Zahlung der Zinsen und Tilgungen verpflichtet.

Diese Regelungen werden unterschiedlich bewertet. Befürworter der Forfaitierung äußern sich wie folgt:

„Es liegt ja im Interesse des Gebührenzahlers. Wenn die Kredite günstiger zu haben sind, wirkt sich das positiv für den Gebührenzahler aus. Und es ist nichts anderes als die Garantie, dass über die Gebühren diese Kredite abzuzahlen sind. Von daher sehe ich in dieser Forfaitierung nicht den Hauptkritikpunkt."

Von anderer Seite wird mehr Kritik geäußert. So hat die BIBS bereits im Dezember 2005, kurz nach Abschluss der Verträge, ihre Besorgnis bei der für die Stadt Braunschweig zuständigen Kommunalaufsicht geltend gemacht:

„Handelt es sich bei der hier beschlossenen kommunalen Forfaitierung mit Einredeverzicht für ein Vorhaben mit 30 Jahren Laufzeit nicht um unzulässige schuldrechtliche Verpflichtungen zu Lasten zukünftiger Stadthaushalte, die in der Wirkung kommunalen Kreditverpflichtungen entsprechen? Sind solche langfristigen Schuldverpflichtungen nicht schon haushaltsrechtlich unzulässig?"

Kritisiert wird auch, dass nach Ablauf des Privatisierungsvertrages die Stadt für den Rückkauf der Anlagen über 215 Mio. € zu zahlen hat und auch dieser Anspruch der STEB auf den Rückkaufpreis ist Gegenstand der kommunalen Forfaitierung. Es wird befürchtet, dass die Anlagen nach Ablauf des Vertrages wegen mangelnder Wartung in einem schlechten Zustand sind. Gleichwohl haftet die Stadt den Banken gegenüber auf Zahlung des Rückkaufpreises. Aus einer Anfrage an den Oberbürgermeister:

„Wie und wodurch ist gesichert, dass die an eine private Firma mit beschränkter Haftung ausgehändigten sensiblen Kanalbauten, die existenziell für die Bürgerschaft lebensnotwendig sind, auf Dauer ordentlich gepflegt und verwaltet werden?"

In der Antwort nimmt die Stadt auf den Abwasserentsorgungsvertrag Bezug.

„Hiernach ist die STEB zur bedarfsgerechten Wartung verpflichtet."

16) ENTSCHEIDUNGSPROZEDUR/INFORMATIONSPFLICHTEN/ TRANSPARENZ

Die Entscheidungsprozedur wurde einleitend beschrieben. Es handelte sich hiernach um einen Prozess, der von der Verwaltungsspitze gesteuert wurde und in dem alle weiteren Beteiligten – Verwaltungsmitarbeiter, Ratsmitglieder, Parteien, Gewerkschaften und Personalräte – nach eigenem Eindruck unzureichend informiert und beteiligt wurden. Es bestand der Eindruck, dass allein der Oberbürgermeister mit einem ausgewählten Personenkreis und einigen Beratungsunternehmen das PPP-Modell vorbereitet und umsetzt:

„Die Stadtverwaltung wurde offenbar von den Beratern ersetzt."

Ratsmitglieder fühlten sich unzureichend informiert. Es gab in diesem Zusammenhang folgende Aussage eines leitenden Mitarbeiters der Stadtverwaltung:

„Die Ratsleute können das doch gar nicht verstehen. Die Rolle der Ehrenamtlichen kann doch nur sein, dass sie vertrauen auf die Fachleute. Dafür sind doch nun mal die Berater da und sie können und müssen sich auf sie verlassen. Also der Vergleich war der mit dem Hausbauer. Die vertrauen doch auch total auf den Architekten, ohne es zu verstehen – und dann sehen sie die Berater und die waren die Statiker."

Das Gefühl der Überforderung wird auch an anderer Stelle kommentiert:

„Das Vertragswerk hätten wir nicht diskutieren können, a) dazu hätte die Zeit nicht gereicht, b) das wäre viel zu speziell gewesen."

Dieses Spannungsfeld zwischen ausreichender Information und Beteiligung der wichtigen Interessensgruppen auf der einen Seite und einer zeitnahen Entscheidung auf der anderen Seite wurde in Braunschweig offenbar zu Lasten einer umfassenden Diskussion gelöst. Wichtig war die zeitnahe Einigung auf das beschriebene PPP-Modell.

17) STAATLICHE ÜBERPRÜFUNG

Die Privatisierung ist Gegenstand eines Gebührenstreitverfahrens. Das Verwaltungsgericht Braunschweig hat die Klage abgewiesen und die Privatisierung damit – was die finanzielle Belastung des Gebührenzahlers angeht – so akzeptiert. Die dagegen eingereichte Berufung der Kläger ist noch nicht entschieden. Ein Prozessteilnehmer auf Seiten der Kläger fasst die Problematik eines solchen Prozesses zusammen:

„Ein individueller Rechtsschutz gegen möglicherweise unrechtmäßige Gebühren, ist nach individueller Erfahrung kaum möglich. Die Gebührenkalkulationen, auf welchen die fraglichen Gebührenbescheide beruhen, sind so komplex und schwer durchschaubar (beispielsweise die Kombination verschiedener Abschreibungsmodelle), dass man schon eingearbeiteter Experte sein muss, um sie verstehen zu können."

„Nach individueller Erfahrung verlangte ein Gericht diesbezüglich von einer Kommune nicht, dass diese ihre Kalkulation durchschaubar präsentieren und erläutern musste. Selbst die „Experten", welche die Gebührenkalkulation verantwortlich für die Kommune gemacht hatten, konnten auf konkretisierende Fragen (wo welcher Wert im präsentierten Zahlenwerk auffindbar ist und also kontrolliert werden kann) keine Antwort geben. Das Gericht beanstandete dies nicht, sondern verlangte vielmehr, dass die Kläger die Mangelhaftigkeit der Kalkulation konkret nachweisen müssten. Wie sollen aber normale Gebührenbescheidsempfänger Fehler in einer Kalkulation konkret nachweisen, wenn nicht einmal die Experten, die die Kalkulation erstellt haben, sie für entscheidende Fragestellungen soweit durchschauen, dass sie das Rechenwerk in einem Gerichtsverfahren verständlich darlegen und erläutern können."

„Also muss man sich als Gebührenempfänger jedenfalls, wenn man nicht zufällig selbst Experte ist, professionellen juristischen und betriebswirtschaftlichen Bei-

stand holen. Dies muss dann meist schon an den unverhältnismäßig hohen Kosten für das Verfahren scheitern, die in keinerlei angemessener Relation zu dem Streitwert stehen, um den es in den Gebührenverfahren zumeist geht."

18) Möglichkeiten der Rekommunalisierung

Die Folgen der Beendigung des PPP–Modells sind eindeutig geregelt. Nach Ablauf des Vertrages erwirbt die Stadt die Anlagen zum Restbuchwert zurück. Die Höhe des Restbuchwertes wird im Wesentlichen bestimmt durch die Anlagen, die die SETB während der Laufzeit des Vertrages neu errichtet und die bis dahin noch nicht abgeschrieben sind. Es wird erwartet, dass die Stadt im Jahr ca. 215 Mio. € für den Rückkauf zahlen muss. Die Stadt geht davon aus, dass dieser Betrag kreditfinanziert wird. Die Kreditkosten sollen vom Gebührenzahler getragen werden. Der Oberbürgermeister hat den Parteien auf Nachfrage hierzu wie folgt geantwortet:

„Nach den Planungsrechnungen der Stadt, die eine Fortsetzung der bisherigen Investitionshöhen unter Anrechnung der Inflation (0,5 % p. a.) berücksichtigt, könnte der Restbuchwert des Anlagevermögens im Jahre 2035, 215 Mio. € betragen. Dieser Wert würde sodann dem Rückkaufpreis entsprechen, wenn insoweit keine Wertminderungen zu berücksichtigen wären. Eine Vorsorge im städtischen Haushalt ist nicht erforderlich. Die Finanzierung des Rückerwerbes könnte z. B. mittels Bankkredit erfolgen. Abschreibung- und Finanzierungskosten würden sodann, wie derzeit im Regiebetrieb, über Gebühren finanziert. Eine zusätzliche Belastung des Gebührenzahlers ist mit dem Rückerwerb nicht verbunden, weil eben gerade die noch nicht abgeschriebenen und damit noch nicht in die Gebühr eingeflossenen Restbuchwerte maximal vergütet werden und die bisher an die STEB vergüteten Finanzierungskosten nunmehr in gleicher Höhe unmittelbar bei der Stadt Braunschweig anfallen. Der Rückerwerb und seine Finanzierung sind damit gebührenneutral."

Diese optimistische Prognose wird nicht von allen geteilt. Die Gegenposition wurde von den Gutachtern Mönnich u. a. bereits unter Ziffer 11 zusammengefasst. Danach ist

„der künftige Schuldenstand und die Schuldenentwicklung bis zum Ablauf des Vertragszeitraumes nicht transparent."

Während die Stadt bei ihrer Betrachtung die bisherigen Investitionen und bisher aufgenommenen Schulden außer Betracht lässt, versucht Mönnich eine Gesamtbetrachtung. Selbst die Kommunalaufsicht stellte hierzu in ihrem Genehmigungsschreiben vom 22.12.2005 fest,

„dass die aus diesem Geschäft folgende Bindung auf einen Zeitraum von mindestens 30 Jahren problematisch ist. Eine Abschätzung der Gesamtsituation ist für einen derartig langen Zeitraum kaum zu leisten.“

Eine sichere Prognose für das Jahr 2035 liegt im Ergebnis nicht vor. Das Interesse an der Beantwortung dieser Frage ist gering. Ein Kommunalpolitiker:

„Kaum ein Politiker wird in 30 Jahren noch im Rat sitzen. Von daher liegt es in der Natur der Sache, dass kaum jemand sich mit dieser Frage beschäftigt.“

3.3.3 ANWENDUNG DES KRITERIENKATALOGES

Bewertung des Modells in Braunschweig im Bereich Abwasser	⊗	⊗	⊗	⊗
Bewertungskriterium	voll erfüllt	teilweise erfüllt	deutliche Mängel	nicht zu bewerten
Erfüllung kommunaler Umweltziele		⊗		
Know-how-Transfer		⊗		⊗
Steuerung/Kontrolle der Aufgabenerfüllung		⊗		
Technisch-organisatorische Flexibilität			⊗	
Wirkung auf Entsorgungssicherheit		⊗		
Ökonomische Effizienz		⊗		
Regionale und soziale Folgen		⊗		
Bedeutung der Besteuerung für Organisation				⊗
Finanzwirtschaftliche Nachhaltigkeit			⊗	
Auswirkungen auf die Gebühren		⊗		
Auswirkungen auf den kommunalen Haushalt			⊗	
Mitbestimmung, Bezahlung, Betriebsklima				⊗
Flexibilität des Modells		⊗		
Berichtspflichten zu nachhaltigem Wirtschaften				⊗
Haftung, öffentliche Garantien und Nebenlasten			⊗	
Transparenz von Entscheidungen und vertraglichen Regelungen			⊗	
Überprüfung/Überprüfbarkeit durch unabhängige Instanzen			⊗	⊗
Vorsorge für wieder eigenständige Aufgabenwahrnehmung			⊗	

3.4 FALLSTUDIE BREMEN BEWERTUNG DER PRIVATISIERUNG DER BREMER ENTSORGUNGSBETRIEBE

3.4.1 ENTWICKLUNG DES BREMER PPP-MODELLS

Die Privatisierung der Bremer Entsorgungsbetriebe ist vergleichsweise gut dokumentiert und über den gesamten Entwicklungsprozess erforscht.[7] Die nachfolgende Fallstudie kann daher auf einige Quellen zurückgreifen. Aufgabe im Projekt war es, die bisherigen Ergebnisse zu überprüfen, zu aktualisieren und insbesondere das gewählte Erhebungsinstrumentarium im Projekt beispielhaft zu testen.

AUSGANGSSITUATION

Die Entsorgungswirtschaft der Stadt Bremen hat die Bevölkerung und Wirtschaft einer Großstadt mit knapp 550.000 Einwohnern auf einer Fläche von 326 km^2 zu sorgen. Die Bevölkerung ist in den letzten Jahren leicht rückläufig. Dieser Trend wird sich, ohne dramatische Veränderungen, bis 2020 fortsetzen. Verglichen mit anderen Großstädten ist die Bevölkerungsdichte mit 1.682 E/ km^2 eher gering. Die Organisation der Entsorgungswirtschaft erfolgte bis 1992 in einem kommunalen Amt oder Regiebetrieb. Dieses wurde 1992 in einen Eigenbetrieb „Bremer Entsorgungsbetriebe" (BEB, heute Umweltbetrieb Bremen) umgewandelt. Eine erneute Organisationsdebatte der Kommunalpolitik führte von 1995 bis 1998 zur Bildung privatrechtlicher Gesellschaften in verschiedenen Aufgabenbereichen des Entsorgungssystems. Diese wurden im Abfall- und Stadtreinigungsbereich bis 2003 vollständig privatisiert. An der im Abwasserbereich operativ tätigen Hansewasser Bremen GmbH hält die Stadtgemeinde Bremen seit Ende 1998 eine Minderheitsbeteiligung von 25,1% des Stammkapitals.

---

7 Eine Analyse zur Umwandlung des Amtes in einen Eigenbetrieb findet sich bei Busse, Heise, Mix, Mönnich, Prigge: Neue Steuerungskonzepte und Arbeitsbeziehungen im öffentlichen Dienst, Düsseldorf 1997. Für eine Bewertung der Langzeitfolgen der Privatisierung vgl. Bornhalm, Mönnich, Popp: Öffentliche und private Betriebe, Lehreinheit 5, Hagen 2006 sowie Mönnich: PPP – Segen oder Fluch?, in: Der Gemeindehaushalt 5, 2007, S. 97-101

In der Zeit des organisatorischen Umbruchs, aber noch vor Ende der 1990er Jahre realisierten Privatisierung, erfolgte eine relativ weitgehende Umstellung des Systems der Hausmüllsammlung, eine technische Ergänzung der zwei Großkläranlagen und der Beginn der Sanierung des Kanalsystems. Keine Änderungen hat die operative Durchführung der Abfallsammlung im Gebiet Bremen-Nord (ca. 100.000 Einwohner) erfahren. Hier war schon in Zeiten der Ämterorganisation traditionell ein beauftragter Dritter tätig.

ENTSCHEIDUNGSPROZESS

Den Anstoß für den derzeit weitgehend abgeschlossenen Umwandlungsprozess gab die Koalitionsvereinbarung der 1995 im Bremen gebildeten großen Koalition von SPD und CDU:

„Die Koalitionsparteien sind sich einig, dass über eine Verselbständigung von Verwaltungseinheiten in Form von Betrieben nach § 26, Abs. 1 und 2 LHO bzw. in Form von juristischen Personen (z.B. GmbH) Effizienzsteigerungen möglich sind, die die Leistungen für die Bürger verbessern und die öffentlichen Haushalte entlasten können.

Für die Verselbständigung kommen die unterschiedlichen Rechtsformen unter den folgenden Gesichtspunkten in Frage:

- Betriebe nach § 26 Abs. 1 LHO (Regiebetriebe)

Besonders geeignet für Einrichtungen, die Leistungen für den öffentlichen Dienst selbst erbringen (Annexbetriebe) und bei denen eine Darstellung von Aufwand und Ertrag zu höherer Transparenz sowie Vergleichbarkeit mit privaten Anbietern führt (Herauslösung aus der kameralen Haushaltswirtschaft bei überwiegender interner Leistungsverrechnung).

- Betriebe nach §26 Abs. 2 LHO (Eigenbetriebe)

Besonders geeignet für Bereiche, die sich weitgehend über externe Einnahmen (insbesondere Gebühren) finanzieren.

- Gesellschaften mit beschränkter Haftung (GmbH) oder ähnliche Rechtsform

Besonders geeignet für Bereiche, für die wegen der besonderen Wettbewerbslage eine größere Selbständigkeit vorteilhaft ist (Tätigkeit auch außerhalb der Stadt- bzw. Landesgrenzen unter Marktbedingungen, Beteiligung (privater) Dritter u.ä.).

Unabhängig von der Rechtsform hat jede Verselbständigung den Vorteil, dass eine Kosten- und Leistungsrechnung eingeführt wird. Die Entscheidung über die konkrete Rechtsform der Verselbständigung bedarf einer Einzelfallprüfung und ist insbesondere abhängig von der jeweiligen Zielsetzung."

Die Bremer Entsorgungsbetriebe wurden in der Folge zu einem wichtigen Privatisierungsfall. Anlass hierfür lieferten auch vorangegangene Gebührenerhöhungen mit folgender öffentlicher Kritik. Das obige Zitat bietet als Begründung ein doppeltes Motiv. Die Politik versprach sich von organisatorischen Veränderungen Effizienzsteigerungen, die entweder die Leistungen für den Bürger verbessern und/oder den Haushalt entlasten sollen. Sowohl die bisher vorliegenden Veröffentlichungen als auch die Interviews mit lokalen Experten verorten das Umwandlungsmotiv eindeutiger. Die Verantwortlichen waren bestrebt, für das Haushaltsnotlageland Bremen und sein Sanierungs- und Investitionssonderprogramm[8] einmalige Einnahmen zu generieren. Dieses Ziel wurde in der Folge mit insgesamt ca. 470 Mio. € an Veräußerungserlösen erreicht. Es handelte sich damit um den, neben dem Verkauf der Anteile an den Stadtwerken Bremen, größten Privatisierungsvorgang des Landes. Allerdings konnte dieses die allgemein steigende Verschuldung des Landes bis zum Ende des Sanierungsprogramms 2004 und danach nicht stoppen. Daneben dienten die einmaligen Einnahmen der Realisierung sonst nicht möglicher Projekte in anderen Bereichen. Hierzu die Sichtweise eines Interviewpartners:

„Das Geld, was damals erzielt wurde, ist zum Schuldenabbau verwendet worden. ... Es ist in den aktuellen Haushaltslöchern verschwunden. ... Wobei jetzt bei der Frage, was hat man mit dem Geld gemacht – ich denke schon, dass ein paar Projekte notwendig waren, die man finanziert hat wie Stadtreparaturfonds. Das war ja das, wo damals ganz schön Geld ausgegeben wurde, bevor man überhaupt nun den Verkauf über die Bühne hatte."

Andere im Zitat genannte Motive der Umwandlung, wie Vorteile durch eine Ausweitung der Tätigkeit über die Landesgrenzen, sind noch zu diskutieren oder irrelevant, wie das Argument, Einführung einer Kosten- und Leistungsrechnung, denn die existierte im Entsorgungsbereich bereits seit 1974 und wurde seit der Umwandlung in einen Eigenbetrieb 1992 als zeit-

---

8 Hierzu vgl. Der Senator für Finanzen der Freien Hansestadt Bremen (Hrsg.): Die Finanzen Bremens und die Zukunft des Landes, Bremen 1992

nahes wirtschaftliches Steuerungsinstrument ausgebaut (Einführung von SAP). Die Erzielung einmaliger Einnahmen aus Vermögensprivatisierungen sollte als Desinvestition von erheblichem Ausmaß nach Maßgabe des Haushaltsrechts Gegenstand detaillierter Berechnungen zur Wirtschaftlichkeit des Vorhabens sein. Solche Berechnungen existierten vor der Entscheidungsfindung nicht oder nur in überschlägiger und unvollständiger Form. Auch auf diesen Aspekt der Bewertung ist noch einzugehen. Die Priorität der Gewinnung einmaliger Einnahmen wird auch durch einen Interviewpartner aus der senatorischen Behörde bestätigt:

„Frage: Was war in der Startphase des Projektes das Hauptinteresse der Politik? Ging es um ein wirtschaftlich gutes Geschäft für die Stadt oder ging es um einmalige Einnahmen?“

„Das muss man differenziert sehen. ... Von Seiten der Politik war das primäre Motiv ein Einnahmeinteresse und zwar ein einmaliges Einnahmeinteresse! Für uns als Haus war wichtig, den Prüfauftrag auch als Chance zu nutzen, einen Apparat mit verkrusteten Strukturen zu verändern. ... Das war ja ein Betrieb mit 1.600 Mitarbeitern und ohne relevante Steuerung, der seine eigene Fachpolitik durchgesetzt hat. Ein Tanker; Personalzahlen gingen immer nur nach oben; der Führung unseres Hauses, aber auch mir ging es darum, Strukturen aufzubrechen und zu neuen Ufern zu kommen. ... Die bekannten Rationalisierungsmöglichkeiten zu realisieren, wäre in öffentlich-rechtlichen Strukturen nicht umsetzbar gewesen. ... Auch das Finanzressort hatte eher einmalige Einnahmeinteressen als die Orientierung an einer finanzwirtschaftlich nachhaltigen Lösung. Hier gab es Ressortkonflikte, bei denen wir den Erhalt bzw. die Verbesserung fachlicher Standards im Blick haben mussten.“

Über das gewählte PPP-Modell und seine schrittweise Entwicklung bis zu heutigen Stand ist im folgenden Abschnitt zu berichten.

BESCHREIBUNG DES MODELLS

Die heutige Struktur des PPP-Modells der Bremer Entsorgung ergab sich aus mehreren Entwicklungsstufen und Umwandlungsschritten.

Die Umwandlung des ehemaligen Amtes in einen Eigenbetrieb wurde bereits beschrieben. Die Vermögensprivatisierung wurde dann vorbereitet, indem Sparten des Eigenbetriebes formell privatisiert wurden. Das öffentliche Vermögen wurde Geschäftsvermögen mehrerer städtischer Gmb-

Hs. Anteile dieser GmbHs mit dem zu übernehmenden Aufgabenfeld waren dann Gegenstand europaweiter Bieterverfahren. Als Ergebnis entstand ein insbesondere im Abfallbereich kompliziertes Geschäftsfeld mehrerer beauftragter Dritter, an denen wiederum Bieterkonsortien aus der Ent- und Versorgungswirtschaft mit unterschiedlichem Gewicht beteiligt waren. Öffentlicher Aufgabenträger blieb zunächst der Rumpfeigenbetrieb BEB. Letzte Schritte des organisatorischen Wandels im privaten Bereich waren die Bildung von Tochtergesellschaften mit speziellen Zwecken und eine Geschäftsfeldbereinigung zwischen der thermischen Abfallbehandlung, auf die sich das Versorgungsunternehmen swb konzentriert, sowie den sonstigen logistischen und stofflichen abfallwirtschaftlichen Aufgaben, die von der Nehlsen-Gruppe betrieben werden. Während die oben skizzierten Umwandlungsschritte eine kontinuierliche Entfernung vom öffentlichen Bereich suggerieren, setzt seit ca. fünf Jahren auch eine Gegenbewegung ein. Wesentliche Funktionen und Gestaltungsinstrumente wurden aus dem Eigenbetrieb in die senatorische Behörde zurückverlagert. So liegt die örE-Funktion und das Abfallcontrolling inzwischen wieder in der Aufsichtsbehörde. Um die Organisation des Abwassercontrollings wurde seit 2004 gestritten. Eine Änderung des Landeswassergesetzes sollte eine zwischengeschaltete GmbH und die Umstellung auf eine privatrechtliche Leistungsbeziehung für Unternehmen und Bürgern ermöglichen. Ziel war die Kostenentlastung für Unternehmen durch Vorsteuerabzug. Diese Pläne wurden u.a. wegen Haushaltsrisiken, an denen sich der Betreiber nicht beteiligen wollte, im Herbst 2010 eingestellt. Mit dem Eigenbetrieb verbundene Sondervermögen wurden ebenfalls wieder unter unmittelbar behördliche Kontrolle gestellt. Zum Verständnis der unten folgenden Bewertungen werden hier die Funktionen der operativ für die Stadt tätigen Gesellschaften aufgelistet:

- swb Entsorgung GmbH (ehem. Abfallbehandlung Nord GmbH ANO) mit der Müllverbrennung aber ohne die städtische Deponie; ca. 130 Mitarbeiter. Die ANO wurde zu 100% privatisiert.
- Entsorgung Nord GmbH (ENO) mit den Aufgaben Sammlung von Abfällen, Straßenreinigung, Transport und Werkstattmanagement; beim Betriebsübergang ca. 700 Mitarbeiter. Die ENO wurde zunächst zu 51% veräußert. Die Erwerber erhielten zusätzlich eine Kaufoption für den

verbliebenen städtischen Eigentumsanteil von 49%, die 2003 realisiert wurde. Die Mitarbeiterzahl der ENO wurde inzwischen deutlich um ca. Stellen 200 reduziert. Neue Mitarbeiter dieses Geschäftsbereichs werden in einer 2002 gegründeten separaten GmbH (RNO) eingestellt, die nicht mehr an die Tarife des öffentlichen Dienstes gebunden ist. Ebenfalls 2002 wurde für den Kfz- und Werkstattbereich die K-TEC ausgegliedert.

- Nehlsen-Plump Schadstoffentsorgung Nord GmbH & Co. KG (SEN), Annahme, Sortierung und Behandlung von Sonderabfällen aus Haushalten; ca. 10 Mitarbeiter. Die SEN wurde zu 100% verkauft.
- Kompostierung Nord GmbH (KNO), Kompostierung von Bio- und Grünabfällen; ca. 20 Mitarbeiter. Auch die KNO wurden zu 100% veräußert.
- Hansewasser Bremen GmbH, Stadtentwässerung, Sammlung und Reinigung von Abwasser; beim Betriebsübergang ca. 540 Mitarbeiter, die bis Ende des Geschäftsjahres 2008 auf 390 Mitarbeiter bzw. 377 Vollzeitäquivalente reduziert wurde. An der Hansewasser hält die Stadt Bremen noch einen Anteil von 25,1%.

Abbildung 12 zeigt die Strukturen mit dem Stand 2009.

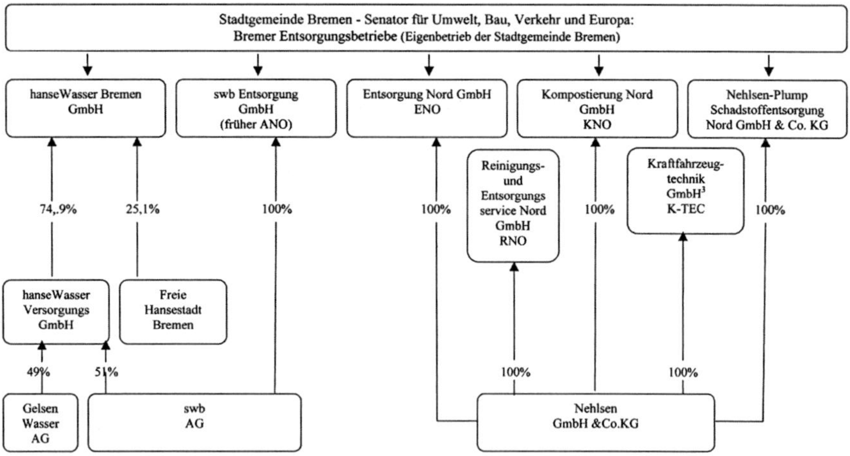

Abb. 12: Die gesellschaftsrechtlichen Strukturen nach der Privatisierung der operativen Bereiche der Bremer Entsorgungsbetriebe (2009)

TYPISIERENDE EINORDNUNG

Legt man als Raster für PPP-Typen die Klassifikation des BMWA zugrunde, so wurden im Bremer Fall unterschiedliche Elemente realisiert.

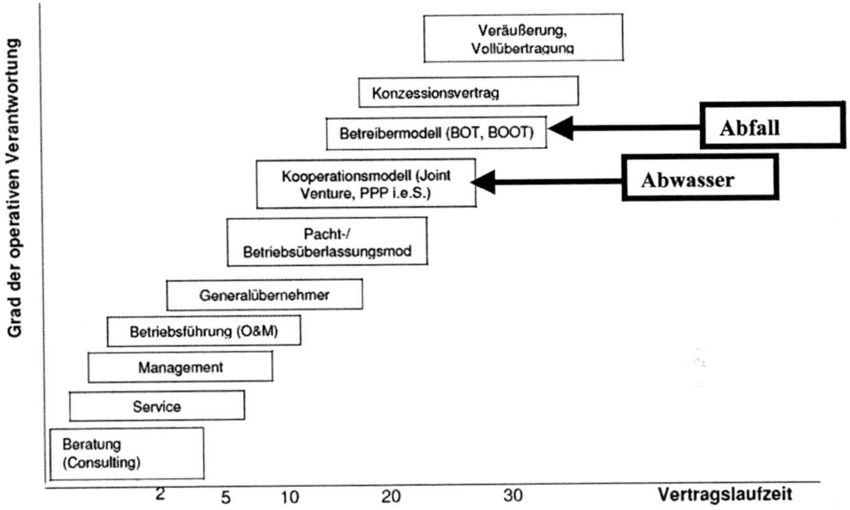

Abb. 13: PPP-Modell Bremen
Quelle: Eigene Nachstellung

Im Abwasserbereich ist das Bremer Modell z.T. ein Kooperationsmodell mit PPP im engeren Sinne. Die Hansewasser GmbH ist ein gemischtwirtschaftliches Unternehmen mit kommunaler Minderheitsbeteiligung. Die privaten Eigentümer sind mit der swb AG und Gelsenwasser zwei Unternehmen der Versorgungswirtschaft. Die swb AG ist heute eine EWE-Tochtergesellschaft. Gelsenwasser ist eine Gesellschaft mit kommunaler Mehrheitsbeteiligung. Der Hansewasser wurde das Vermögen der Entwässerungssparte mit Ausnahme des Kanalnetzes übertragen, d.h. die Abwasserbehandlungs- und Förderanlagen sind in das Eigentum der Hansewasser GmbH übergegangen, mit einem Erbbaurecht für die damit verbundenen Grundstücke. Für das Kanalnetz wurde ein 30jähriger Nutzungsvertrag geschlossen, der mit dem Jahr 2028 endet. Die Finanzierung der Investitionen erfolgt über Mietereinbauten des Betreibers. Die Aufgabenerfüllung wird über drei Leistungsverträge geregelt. Für bestimmte Aufgabenteile ist die Hansewasser auch als beliehener Unternehmer tätig.

Das Modell des Abfall- und Stadtreinigungsbereiches nutzte PPP im engeren Sinne demgegenüber nur als Zwischenstation. Zunächst wurden Sparten des Eigenbetriebes in GmbHs umgewandelt und mit dem Betriebsvermögen ausgestattet. Im Bietungsverfahren wurden Geschäftsanteile vollständig (ANO, KNO, SEN) oder mit 51% (ENO) veräußert. Seit 2003 ist somit das Vermögen dieses Bereiches vollständig privatisiert. Die Leistungen werden im Rahmen von Leistungsverträgen mit einer 20jährigen Laufzeit (1998 – 2018) durch die privatisierten Gesellschaften als beauftragte Dritte erbracht.

ENTWICKLUNG DES MODELLS UND KONFLIKTE

Vorab zu der im Projektrahmen angestrebten strukturierten Bewertung von PPP-Erfahrungen sollen einige Aspekte summarisch beleuchtet werden. Im Gegensatz zu einer reinen „schwarz-weiß-Sicht" von Organisationsalternativen ist zunächst zu betonen, dass sich auch nach der Privatisierung ein relativ problemloser operativer Betrieb des gesamten Entsorgungsbereichs hat realisieren lassen. Im Sinne einer Effektivität der Aufgabenerfüllung ist dieses eine zufriedenstellende Lösung. Eine außerordentliche Kündigung der Vertragsbeziehungen wegen nicht oder völlig unzureichend erbrachter Leistungen war bis heute nicht erforderlich und ist nicht absehbar. Dieses schließt Probleme und Leistungsdefizite im Einzelfall, die es aber auch bei einer rein kommunalen Leistungserbringung hätte geben können, nicht aus. So gab es z.B. ständige Verwirrung, weil für den Bürger die unterschiedliche organisatorische Verantwortlichkeit zwischen kommunalen Entsorgungsaufgaben im Abfallbereich und der Leistungsverantwortung der ENO für die Sammlung von Verpackungsabfällen des DSD nicht verständlich ist. Im Bereich Abwasser gab es deutliche Probleme und Proteste wegen des Zwanges zum Einbau von Rückstausicherungen in Häusern, die sich auch gegen die beauftragte Hansewasser richteten. Auch hier war nicht die Organisation Kern des Problems. Deutlich unterschiedliche Sichtweisen gibt es zum Problem Gebührenstabilität. Befürworter der Privatisierung in der senatorischen Behörde halten relative Gebührenstabilität für einen Erfolgsnachweis der Privatisierung. Dem wird auf der operativen Ebene widersprochen. Zeitweilige Gebührenstabilität im Abfallbereich wird, neben der bis Anfang 2008 günstigen Marktlage für Sekundärrohstoffe, vor allem einem funktionsfähigen Vertragscontrolling und nicht den Vertragskonstruktionen zugerechnet. Im Abwasserbereich bewirken indexierte Entgelte demgegenüber bei hohem Ausgangsniveau Gebührensteigerungen, die nur einmalig über Schlichtungsverhandlungen vermieden werden konnten.

Positiv ist neben dem funktionierenden operativen Betrieb auch die Realisierung der Erhaltungs- und Erweiterungsinvestitionen des Abwasserbereichs nach Plan einzustufen. Hier gab es bis Anfang der 1990er Jahre Probleme, die durch den Eigenbetrieb erfolgreich angegangen wurden. Das Privatisierungsmodell erlaubte die Fortsetzung der Sanierung. Der Preis dieser Lösung ist die Verlagerung finanzieller Lasten aus den Investitionen in die Zukunft. Dieses erfolgt, obwohl der Bürger für die Leistung kostendeckende Gebühren (auf Basis von Wiederbeschaffungszeitwerten für Abschreibungen) entrichtet, die eigentlich eine steigende Eigenkapitalquote ermöglichen sollten. Befürworter des PPP-Modells sehen hierin wegen einer gleichbleibenden Gebührenbelastung und einem Rückkauf zum Restwert kein Problem.

Positiv ist der soziale Bestandsschutz für im Privatisierungsprozess übergeleitete Mitarbeiter einzustufen. Dem steht summarisch betrachtet der Abbau von Stellen und partiell die Verschlechterung von Arbeitsbedingungen gegenüber.

Ein Problem, das auch nur partiell der PPP-Lösung zugerechnet werden kann, ist das Verhältnis von Politik und Bürokratie gegenüber ausgegliederter Leistungserbringung und Steuerung. Während die oben zitierte Koalitionsvereinbarung noch stark davon geprägt war wirtschaftliche Effizienz durch Ausgliederung zu bewirken, ist in dieser Hinsicht in Bremen eine deutliche Ernüchterung eingetreten. Im Entsorgungsbereich gibt es deutliche Tendenzen einer Rückverlagerung in die Bürokratie.

Generell war die bremische Privatisierungsentscheidung – neben der Erzielung einmaliger Einnahmen für den Haushalt – stark durch die Erwartung einer künftigen Steuerpflicht kommunaler Entsorgungsaufgaben geprägt. Diese Steuerpflicht ist bisher nicht eingetreten und wird in absehbarer Zeit wohl auch nicht eintreten. Im PPP-Modell ist allerdings die Leistungserbringung durch private Gesellschaften steuerlich belastet. Ein

Diskussionspunkt der letzten Jahre war in dieser Hinsicht Modelle zu finden, mit denen im Gewerbebereich die Leistungen der Abwasserentsorgung durch eine privatrechtliche Basis vorsteuerabzugsfähig werden können. Eine grundsätzliche Revision der Privatisierungsentscheidung wird ungeachtet der offenkundigen Fehleinschätzung dagegen nicht diskutiert.

3.4.2 ERFAHRUNGEN

1) UMWELTZIELE

Kommunale Entsorgungswirtschaft hat umweltpolitische Ziele in der Prioritätenreihenfolge Abfallvermeidung, -verwertung und –entsorgung zu realisieren. Der Aufgabenbereich war in den letzten Jahren von erheblicher technologischer Dynamik geprägt. Er wird aber auch in seiner Umsetzung durch Marktschwankungen z.B. bei den Preisen für recycelte Rohstoffe wie Papier stark beeinflusst. Die gegebenen Zielprioritäten flexibel nach dem jeweils ökologisch vorteilhaftesten Standard wirksam umzusetzen, dürfte durch ein PPP-Modell nicht behindert, sondern nach Möglichkeit sogar gefördert werden.

Die Ergebnisse des Bremer PPP-Modells sind nach nun 10jähriger Erfahrung für die objektiven Möglichkeiten und die praktisch-politische Handhabung getrennt zu bewerten:

A ABFALLWIRTSCHAFT

Das Ergebnis der Abfallwirtschaft in umweltpolitischer Sicht bleibt durch die Stadtgemeinde steuerbar, da ein genereller Leistungsvertrag durch eine Vielzahl einzelner Leistungsverträge konkretisiert wird, die im Zeitablauf zu verändern sind. Das Abfallwirtschaftssystem orientiert sich daran, stoffliches Recycling durch getrennte Erfassung und Sammlung mit Hol- und/oder Bringsystemen zu ermöglichen, wo dieses ökologisch und wirtschaftlich sinnvoll ist. Auch andere Systemwechsel sind möglich, wo ökologisch sinnvoll: Beispiel Vergärung von Kompost zur Biogasgewinnung. Ein erweitertes stoffliches Recycling könnte aus wirtschaftlicher Sicht (der privaten Betreiber) durch eine relativ günstige Ausgangsbasis der indexierten Verbrennungspreise durch die ANO für die Stadtgemeinde behindert sein, wenn sich im Vergleich Restmüllsortierung nicht rechnet. Das genutzte System (codierte Restmülltonne mit 20 Leerungen als Gebührenbasis, weitere Entleerungen gegen Zusatzentgelt, braune Tonne für kompostierbare Abfälle gebührenfrei, 1x Sperrmüll pro Haushalt/Jahr gebührenfrei, dezentrale Recyclinghöfe plus zahlreiche Sammelstellen für Glas, Papier) wurde durch eine Vereinbarung über eine blaue Tonne (Papier) ergänzt, die im 14-tägigen Rhythmus zusammen mit gelber Tonne/gelbem Sack geleert wird. Den objektiv nicht behinderten Gestaltungsmöglichkeiten steht eine deutlich eingeschränkte Gestaltungspraxis gegenüber. Die Politik setzt keine umweltpolitischen Ziele (mehr), sie versteht auch die Trennung zwischen noch bestehenden kommunalen Einflussmöglichkeiten über Leistungsverträge/Leistungscontrolling nicht. So gab es z.B. Versuche der Einflussnahme bei freiwilligen Angeboten der privaten Entsorger (Laubsäcke im Herbst). Konzeptionell strategische Steuerung der Politik findet nicht statt. Hierzu eine Wertung aus Sicht eines Bürgerschaftsmitgliedes aus dem Umweltausschuss:

„Ich glaube, das ist in der Tat schon eine Mischung zwischen mindestens zwei Faktoren. Das eine ist in der Tat, dass man relativ hohe Umweltstandards erreicht hat über die europäische Gesetzgebung, runter gebrochen auf nationale Gesetzgebung und dann die Umsetzung hier. Das andere ist, glaube ich schon doch so, dass insbesondere eine privatisierte Einrichtung jetzt nicht notwendigerweise sich stark darauf ausrichtet, wie kann ich noch besser werden, was den Umweltschutz betrifft?

Das ist das Eigeninteresse der beauftragten Dritten. Das ist mir schon klar. Für die Politik ist dann natürlich eine Frage, wenn sie die Gestaltung der Leistung nicht mehr als die eigene Aufgabe begreift, dann wird da ein wichtiges Aufgabenfeld ausgeblendet als Folge der Privatisierung.

Da ist ein Gestaltungsspielraum verloren gegangen.

Die Frage ist, wenn man solche Verträge gestaltet, ob er eben verloren gehen muss oder ob man die Verträge nicht so machen müsste, dass der Gestaltungsspielraum erhalten bleibt. Oder anders rum, wenn heute vielleicht bestimmte Forderungen überholt sind, dann müsste man eigentlich das Konzept – wie man z. B. Abfallsammlung macht – überdenken und dann die Verträge anpassen.

Das ist das Problem, dass die Verträge langfristig abgeschlossen sind. Der Eigenbetrieb hat mehr Gestaltungsmöglichkeiten. ... Für die Bereiche, die jetzt überwiegend privatisiert sind, hängt das von der Vertragsgestaltung ab. Hierbei kann man in Bremen sehen, dass die Verträge so gestaltet sind, dass man keinen abfallpolitischen Handlungsspielraum hat. Ich mach das mal konkret: Es ist sicherlich aufgrund diverser Entwicklungen ökologisch sinnvoller und auch für das Stadtbild. Für die Sauberkeit der Stadt wäre es sinnvoller, die sogenannten Zebratonnen zu machen. Grau in gelb oder gelb in grau. Das geht aber gar nicht, da die Vertragsgestaltung so ist, dass wir über 20 Jahre dem Müllheizwerk unseren Restmüll liefern. ...

Da haben wir günstige Konditionen. Das verhindert, dass man hier sozusagen immer nach dem neuesten Stand der Entwicklung das Abfallsystem so anpassen kann, so dass es nach dem Stand der Technik höchsten Standard hat. Das ist verbaut. Da kann man jetzt drauf warten im Prinzip, dass die Verträge auslaufen und dann gucken, wie es neu ist. Aber da kommt man jetzt nicht mehr raus.“

B ABWASSERWIRTSCHAFT

Umweltpolitische Ziele reduzieren sich im Abwasserbereich seit der Privatisierung darauf, die gesetzlichen Vorgaben einzuhalten und die zunehmenden Folgen des Klimawandels im Kanalsystem (Starkregenereignisse) beherrschbar zu halten. Vor der Privatisierung im Eigenbetrieb noch verfügbare Kompetenzen für die Planung innovativer Lösungen gingen der Hansewasser durch Personalabbau zunehmend verloren. Die Steuerbarkeit des Bereichs in umweltpolitischer Hinsicht ist durch den globalen Leistungsvertrag zur Abwasserentsorgung eingeschränkt. Aktuelle Veränderungen betreffen die Einführung einer gesplitteten Gebühr (Schmutzwasser nach Frischwasser, Regenwasser nach versiegelter Fläche) mit dem Ziel, Versiegelungen von Flächen zu belasten. Allerdings fordert der Eigenbetrieb durch aktives Leistungscontrolling die mit den Verträgen vereinbarten Leistungen ein und passt die Leistungen bei Bedarf durch Nebenabreden an den Stand der Technik bzw. notwendige Entwicklungen an.

Das Interesse der Politik konzentriert sich auf wirtschaftliche Fragen (Gebührenbelastung, Vorsteuerabzug für Gewerbebetriebe) und auf Fragen, die Bürgerproteste bewirken (Zwang zum Einbau von Rückstauklappen/Hebeanlagen in Stadtteilen mit Mischkanälen). Für eine Behinderung innovativer Entsorgungslösungen z.B. in dezentraler Form durch Vertragsklauseln, die Auslastungsinteressen der Hansewasser für kommunale Ermessensausübung relevant werden lassen, sind keine Fälle bekannt. Bedeutsam ist hierfür wohl auch, dass bisher die Abwassermengen weniger stark zurückgegangen sind als bei Vertragsabschluss prognostiziert. Deshalb hatte Hansewasser als Betreibergesellschaft bisher keine Umsatzrisiken.

2) Produktiver Know-how-Transfer

Die Privatisierung der Entsorgungsbetriebe in Bremen diente nicht der Gewinnung fachlichen Know-hows. Eher konnten hierdurch private Entsorgungsunternehmen für ihre Akquisitionsbemühungen fachliche Referenzen einwerben. Allerdings bewirkten die realisierten Modelle einen Know-how-Transfer in Fragen der Finanzierungstechnik und hinsichtlich der wirtschaftlichen Auslastung technischer Anlagen.

3) Steuerung und Kontrolle

In Bremen scheint die Steuerung und Kontrolle der privatisierten, operativ tätigen Gesellschaften im Entsorgungsbereich sich nach einigen Jahren Umbruchsituation nun in beiden Entsorgungsbereichen zu konsolidieren. Die Ursache zwischenzeitlicher Probleme lag in Unregelmäßigkeiten, sowohl in der Steuerung durch die senatorische Behörde als auch im Eigenbetrieb und in Teilen der Gesellschaften.[9] Im Abwasserbereich spielte daneben der Streit um einen Vorsteuerabzug und die Umstellung der Abwassergebühren auf eine privatrechtliche Leistungsbeziehung durch eine Vorschalt-GmbH eine Rolle. Zu verzeichnen ist im Abfallbereich eine Verlagerung der öffentlichen Vermögenswerte von den BEB in ein unmittelbar vom Senator kontrolliertes Sondervermögen. Das Abfallcontrolling wurde organisatorisch von den BEB zur senatorischen Behörde verlagert – incl. örE-Funktion. Das Abwassercontrolling liegt noch bei den BEB, sollte aber in eine Vorschalt-GmbH ausgelagert werden. Wie oben bereits berichtet, wurden diese Prüfprozesse im Herbst 2010 abgebrochen. Im parlamentarischen Raum gab es Bedenken (Möglichkeit der Entgeltprüfung durch Kartellbehörden, Haushaltsrisiken, bundesweite Auswirkungen in Bezug auf Steuerpflicht), die letztlich einen Beschluss verhinderten. Neben diesen organisatorischen Änderungsprozessen erhält inzwischen ein inhaltliches Controlling-Konzept im Abwasserbereich wieder erhöhte Aufmerksamkeit. Die Möglichkeiten hierfür sind durch Ausweitung der personellen Ressourcen etwas verbessert worden. Allerdings setzen die vertraglichen

---

9 Vgl. Mönnich, Reinhardt, Welke: Verbesserung der Organisation der Bremer Entsorgungswirtschaft: Sollten die Bremer Entsorgungsbetriebe als Eigenbetrieb aufgelöst werden? Prüfung von Organisationsalternativen für den Personalrat der Bremer Entsorgungsbetriebe, Bremen 2005

Rahmenbedingungen gerade im Abwasserbereich auch deutliche Gestaltungsgrenzen.

Im Abfallbereich erfolgt ein fachliches Controlling durch variable Anpassung und Neuaushandlung einzelner Leistungsverträge unter dem Dach des 20-jährigen Rahmenvertrages. Diese Gestaltungsmöglichkeit fehlt im Abwasserbereich. Daneben ergibt sich ein Unterschied daraus, dass eine Steuerung und Kontrolle im öffentlichen Interesse im Abfallbereich relativ unabhängig erfolgt. Im Abwasserbereich wurde ein Leistungscontrolling zu den Verträgen nach der beschriebenen Umbruchsituation in den letzten Jahren aktuell ausdifferenziert (Unterhalt und Betriebspflichten, Sanierung und Ausbau des Kanalnetzes, Eigenanlagencontrolling, Erfüllung der finanzwirtschaftlichen Funktionen des Betreibers/Gebühreneinzug, Erfüllung der behördlichen Funktionen des Betreibers). Hierzu erfolgte auch eine Erweiterung der personellen Kapazitäten und eine Ausweitung der Berichtspflichten des privaten Betreibers. Infolge starrer Regeln der für 30 Jahre abgeschlossenen Verträge ist eine flexible Anpassung des Preis-Leistungs-Verhältnisses jedoch nicht möglich. Durch Abschluss einer revidierten Entgeltvereinbarung ab 2008 ist ferner eine entgeltrelevante Anpassungsfähigkeit für die nächsten 20 Jahre weiter reduziert worden.

„Man kann erst mal festhalten, dass die Privatisierung nicht zu einer Verschlechterung in den Ablaufwerten geführt hat. Technisch sind wir auf dem gleichen Stand wie 1998, z.T. auf einem höheren Niveau. Dies ist kein Verdienst der Privatisierung, aber auch kein Makel. … Ein Vorteil des Modells in Bremen: Das gleiche Personal des Eigenbetriebes ist 1:1 übergegangen. Dies bewirkte eine unveränderte Identifikation mit der Aufgabe, auch wenn sich die Rahmenbedingungen durch die neuen Eigner geändert haben. …“

4) KOOPERATIONEN MIT KOMMUNEN UND PRIVATEN

Zu Kooperationen siehe die Aussagen unter 13) Flexibilität. Festzustellen ist hiernach, dass die Kooperation und Netzwerkbildung zur Aufgabenerfüllung weitgehend von der Gestaltung durch die privatisierten Gesellschaften und von ihren Marktchancen abhängt. Die Stadt selbst spielt in dieser Hinsicht eher die Rolle eines passiven Beobachters, der ggf. bestehende Einflussmöglichkeiten nach seinen Interessen nutzt oder Entwicklungen duldet. Umweltrelevante Entwicklungen im Bereich Gewerbemüll gab es insoweit, als je nach Marktlage erhebliche Mengen entweder zur Verbrennung in der ANO-MVA wurden oder außerhalb der Region entsorgt wurden. Über die Seriösität dieser Entsorgungswege sind keine Aussagen möglich. Feststellbar ist ferner, dass sich konkurrierende Entsorgungsfirmen bemühen, im Bereich der Großwohnanlagen ins Geschäft zu kommen.

5) ENTSORGUNGSSICHERHEIT

Für beide Geschäftsbereiche wurde die Einschätzung bestätigt, dass die Privatisierung in Bremen auf den Zielbereich Entsorgungssicherheit keine direkten Auswirkungen hatte. Ein Leistungsbereich, in dem in anderen Städten/Landkreisen problematische Erfahrungen gemacht wurden, die Deponie, wurde wegen der nur noch begrenzten Kapazitäten und eingeschränkten Nutzbarkeit nach Inkrafttreten der Technischen Anleitung Siedlungsabfall von Beginn an von der Privatisierung ausgenommen. Für die privatisierten operativen Geschäftsfelder gibt es bisher keine negativen Erfahrungen. Für potentielle technische Störfälle (z.B. Ausfall der MVA) gibt es – wie vor der Privatisierung – vertragliche Absicherungen, die eine Nutzung anderer Anlagen in Norddeutschland ermöglichen. Hierzu die Sicht der befragten Verwaltungsexperten:

„Ich denke, das größte Risiko ist in dem Bereich, wo die Deponien betrieben werden. Das ist also dann kurz vor der Rekultivierung, wo der Betreiber über alle Berge ist mit der Haushaltskasse und dann die Kommunen auf den Kosten sitzen bleiben. ... „

„Also es ist ja so, dass wir in Bremen jetzt nicht alles in einer Hand haben, d. h. die Verbrennung ist die eine Gesellschaft, die Logistik ist die andere. Also nehmen wir jetzt an die Verbrennung würde Konkurs machen, also sprich die Stadtwerke würden Konkurs machen – schon sehr hypothetisch – da gibts einen Insolvenzverwalter, der betreibt die Anlage weiter. ... Also ich denke da ist kein Risiko und auch im Logistikbereich, wenn die Nehlsen plötzlich Konkurs geht oder die ENO ... dann gibt's die Insolvenzverwalter, dann gibt's die Stadt, die kauft Fa. Nehlsen. Es ist kein Risiko, was in unseren Gedanken uns schlaflose Nächte bereitet."

Die Entwicklung seit diesem im Sommer 2008 geführten Interview zeigt, dass wirtschaftliche Probleme privater Entsorgungsfirmen nicht nur hypothetischer Natur sind. Dennoch erscheint die Einschätzung der Gesprächspartner, dass hieraus keine Risiken für die kommunale Aufgabenerfüllung erwachsen werden, unverändert realistisch. Ein anderer, nicht näher erörterter Aspekt, ist der Umgang mit exogen verursachten Systemrisiken, wie der Überlastung des Kanalsystems durch Starkregenereignisse. Auch auf deren Handhabung scheint die Realisierung eines PPP-Modells jedoch keine Auswirkungen zu haben.

6) ÖKONOMISCHE EFFIZIENZ/WIRTSCHAFTLICHKEIT

In beiden Geschäftsbereichen konnten die privaten Erwerber Rationalisierungsreserven nutzen. Der Umfang dieser Kostensenkungspotentiale war vor Vertragsabschluss bekannt, hätte also z.T. auch im Eigenbetrieb umgesetzt werden können. Diese vor allem im Personalbereich durch Frühpensionierungen, Abfindungen usw. bewirkten Kostenreduktionen hatten allerdings nach Sparten stark unterschiedliche Auswirkungen.

Im Abfallbereich führte der Personalabbau dazu, dass sich Gewinne der ENO erst ergaben, nachdem die Stadtgemeinde ihre Minderheitsbeteiligung ebenfalls veräußerte. Der Leistungspreis für die Logistikleistungen wird als zu hoch eingeschätzt. Demgegenüber reduziert ein – verglichen mit dem Marktniveau – günstiger Verbrennungspreis der ANO die Kostenbelastung der Stadt. Aus Kostenreduktionen der privatisierten Gesellschaften hatten die Gebührenzahler bis heute keine Vorteile. Wegen der beim Leistungscontrolling möglichen Gestaltung konnten allerdings – trotz Indexierung der Entgelte – auch Nachteile für den Gebührenzahler vermieden werden. Hierzu haben allerdings bis 2008 auch Marktentwicklungen beigetragen (z.B. hohe Papierpreise).

Wegen der hohen Bedeutung von Kapitalkosten im Abwasserbereich führten Personalkostenreduktionen nicht zu einer gewichtigen Kostensenkung. Hauptursache der hohen Hansewassergewinne ist hier die Fehleinschätzung der Zinsentwicklung. Der Personalabbau wird allerdings auch mit Know-how-Verlusten in Verbindung gebracht, die das Innovationspotential des Abwasserbetriebs reduzieren. Ferner wurden bislang Investitionen in die Erneuerung der Kläranlagentechnik noch nicht in dem 1998 pauschal unterstellten Rhythmus notwendig. Betriebswirtschaftliche Strategie des Betreibers dürfte es daher sein, Investitionen eher auf einen Zeitraum kurz vor dem Vertragsende zu verschieben, während die hierfür vorgesehenen Investitionsmittel der Hansewasser kontinuierlich zufließen. Dieses bewirkt Zinsgewinne. Hier werden seitens des Vertragscontrollings nun kontinuierliche Investitionen eingefordert. Die Ergebnisse werden durch die folgenden Ausschnitte aus verschiedenen Interviews ergänzend illustriert:

„Der Logistikvertrag des Entsorgers, der da gezahlt wird, ist überdurchschnittlich hoch. Der Verbrennungsvertrag ... ist überdurchschnittlich niedrig. Das hat, das kann ich nicht belegen, aber das denke ich, das hat einfach was damit zu tun, dass die Kaufpreise dagegen gewogen worden sind."

„Ich hatte vorhin schon erwähnt, solange die Stadt noch Miteigentümer der ENO war (...), gab es bescheidene Ergebnisse. Wenn nun plötzlich Gewinne da waren, ist es natürlich so, dass die ENO in den ersten Jahren (mit der Stadt als Miteigentümer) investiert hat. In neue Fahrzeuge, in Gebäude usw. und dass sie im hohem Maße Personal abgebaut haben. Mit sehr hohen Abfindungen, die die Stadt mitbezahlt hat. Und mit Altersteilzeit, (...) also Personal raus (...), koste es, was es wolle, war die Devise. Und wenn Sie jetzt mal da hin gehen, da sitzen Leute, die wollen gerne Altersteilzeit machen – jetzt machen sie das nicht mehr."

„Das war eigentlich auch absehbar, wenn man sich die Altersstruktur der Mitarbeiter vorher angeschaut hätte, dann hätte man sehen können, wer wann in die 58er-Regelung geht, denn bei Hansewasser ist es so, dass die 58er-Regelung ganz extrem geformt worden ist, also die Leute wurden ja schon ... Jahre bevor sie 58 geworden sind, schon mit 54 angesprochen, „wann geht ihr denn?"... Man konnte ganz genau absehen, wann denn nun eigentlich diese magische Zahl erreicht wurde. Eigentlich sollte diese 400-Mitarbeiter-Marke erst nach 10 oder 15 Jahren erreicht werden und die war schon nach 3 Jahren erreicht. Ich meine, es ging ja rucki zucki."

Zur Bewertung der ökonomischen Effizienz des PPP-Modells wurden ergänzend die verfügbaren Geschäftsberichte und Bilanzen der Abwassersparte ausgewertet:

SUBSTANZERHALTUNG, SCHULDEN UND MITTELVERWENDUNG 2006 BIS 2008

1. Der *Jahresüberschuss vor Steuern und vor Entnahmen* folgte dem leicht schwankenden Umsatz von rund 85 Mio. € naturgemäß mit stärkeren Ausschlägen. Dies gilt besonders für den preisbedingten Rückgang der Erlöse von (2007) 87,4 Mio. € auf 80,8 Mio. € in 2008[10], der sich bei

[10] Die Leistungsentgelte der Hansewasser GmbH konnten nach den Verträgen erstmals

unverändertem Aufwand in gleicher Höhe im Gewinnrückgang von rund 20 Mio. € auf 13 Mio. € niederschlug. Gleichwohl ist die damit von 22% auf 16% gesunkene Umsatzrendite noch immer als hervorragend zu bezeichnen. (Der Tatsache scheinbarer zinsloser Verbindlichkeiten in Form des passiven RAP stehen laufende Factoringgebühren bei den Einnahmen gegenüber, die faktisch einem niedrigverzinslichen Kredit entsprechen).

2. Auch der *Cashflow* wurde in gleichem Maße vom Rückgang der Leistungsentgelte betroffen und sank von rd. 39 Mio. € auf 32 Mio. €, ebenfalls eine noch immer hervorragende Quote von fast 40% des Umsatzes. Rund zwei Drittel des Cashflow dienten in den abgelaufenen drei Jahren Sachinvestitionen, der Rest Finanztransaktionen, die sich in erheblichen Schwankungen der flüssigen Mittel und der Mittelein- und auszahlungen niederschlagen; 2008 wurden so aus dem Cashflow und den flüssigen Mitteln 37 Mio. € offensichtliche und verdeckte Entnahmen vorgenommen. Die Sachinvestitionen näherten sich über die drei Jahre mit 77% (2006) bis 93% (2008) der Abschreibungsquote deutlich an, was der Sicherung der Realsubstanz dient.
3. Die *Vermögens- und Schuldenstruktur* ist wegen der besonderen Konstruktion der ursprünglichen Privatisierung von Sachanlagen und Nutzungsrechten (des Kanalsystems) und der Finanzierung durch kostengünstiges kommunales Factoring nicht mittels konventioneller Kennzahlen zu beurteilen. Saldiert man die immateriellen (Nutzungs-)Rechte von dem langfristigen Rechnungsabgrenzungsposten (RAP) i.H. von 385 Mio. €, der an diese z.T. gekoppelt ist, erhält man eine Bilanzsumme von rd. 320 Mio. € mit einer Verbindlichkeitenquote von knapp zwei

---

nach 8 Jahren im Jahre 2006 überprüft werden. Hiervon hat die Stadtgemeinde Gebrauch gemacht und einen Wirtschaftsprüfer mit der Angemessenheitsprüfung beauftragt. Als Ergebnis wurden die Entgelte als in der Summe um ca. 9,5 Mio. € pro Jahr überhöht eingestuft. Diesem Ergebnis folgten lang andauernde Verhandlungen im vertraglich vorgesehenen Schlichtungsverfahren. Als Einigung handelte Bremen eine Reduktion der Leistungsentgelte um 5 Mio. € pro Jahr pauschal aus. Hierfür wurde allerdings auf die Möglichkeit zur Überprüfung der Leistungsentgelte in der restlichen 20-jährigen Vertragslaufzeit verzichtet. Die bisher absehbaren Konsequenzen – neben den Ertragswirkungen auf die Hansewasser – werden im Abschnitt Gebührenentwicklung behandelt.

Drittel. Diese ließe sich theoretisch in zehn Jahren durch den Cash Flow auf null bringen; angesichts der geradezu garantierten Einnahmen ist somit die Substanz des Unternehmens als sicher und ertragreich anzusehen.

ENTWICKLUNG

Im Dreijahresvergleich zeigen sich stetig schwankende Umsatzerlöse und stark schwankende, jedoch selbst nach den Preissenkungen kräftige Überschüsse. Sachinvestitionen unterhalb der Abschreibungsquote und der fehlende Tilgungsdruck ermöglichen dennoch einen stetigen Finanzzustrom an die Eigentümer.

TRANSPARENZ

Der äußerlich ansprechend gestaltete Jahresbericht liefert nur das gesetzliche Minimum an finanzwirtschaftlichen Zahlen. Der des Ursprungs der Hansewasser unkundige Leser stünde vor einem Rätsel, was es mit den immateriellen Werten und einem RAP in jeweils hundertfacher Millionenhöhe auf sich hat. Kaum nachvollziehbar sind auch die erheblichen Finanzflüsse zwischen dem Unternehmen und seinen direkten und indirekten Eigentümern.

Die Bewertung der oben zitierten Schlichtungsregelung war auch in der senatorischen Behörde selbst strittig. Die Verantwortung hierfür wird ganz wesentlich dem neutralen externen Schlichter zugesprochen, der erklärt hatte nur unvertretbare Übergewinne korrigieren zu wollen. Es gab dann Einschätzungsunterschiede, welche Entgeltreduktionen ein streitiges Verfahren vor Gericht bewirkt hätte. Daneben spielten auch politische Erwägungen eine Rolle. In den Verträgen war eine kontinuierliche Überprüfung angelegt. Mit dem Verzicht hierauf ist nun die Stadt von Kostensenkungsmöglichkeiten ausgeschlossen.

Eine Bilanzanalyse für den Abfallbereich war wegen der nicht zugänglichen Geschäftsberichte leider nicht möglich. Aussagen anderer Gesprächspartner lassen eine gesicherte Geschäftslage der beauftragten privaten Firmen bis zum Eintritt der Wirtschaftskrise vermuten. Diese Situation hat sich 2008 deutlich verändert. Hierbei spielen allerdings die Leistungsverträge im Abfallbereich mit der Stadtgemeinde Bremen wohl eher eine stabilisierende Rolle für die Situation der Auftragnehmer.

7) REGIONALPOLITISCHE BEDEUTUNG/SOZIOÖKONOMISCHE FOLGEN

Die sozioökonomischen Folgen des PPP-Modells in Bremen sind nach Geschäftsbereichen unterschiedlich zu bewerten. Generell gilt allerdings, wie schon im vorhergehenden Abschnitt deutlich wurde, dass betriebliche Rationalisierung im Personalkostenbereich in starkem Maße zu Lasten der Sozialkassen betrieben wurde. Das Versprechen von Beratern, die die Umstellung begleitet hatten – „Positive Wirkung für die örtliche Wirtschaft, d.h. mehr Wertschöpfung und Arbeitsplätze“[11] – wurde jedenfalls eindeutig nicht realisiert. Im Abfallbereich wurden im Bereich ENO Stellen abgebaut. Diese Stellen wurden zumTeil durch Niedriglohneinstellungen im Bereich RNO ersetzt. Die ANO fährt die MVA mit stark ausgeweiteter Kapazität bei konstanter Beschäftigung. Durch den Bau eines neuen Müllheizkraftwerkes durch swb steigt künftig insgesamt die Beschäftigung in diesem Bereich. Allerdings kann dieses den Stellenabbau im Abfall- und Straßenreinigungsbereich in der Summe nicht kompensieren.

Im Abwasserbereich wurden bis Ende 2008 ca. 28% der Stellen abgebaut.

Zu diesen Entwicklungen verfügen die Verwaltung und die lokale Politik nach eigener Aussage nicht über konkrete Informationen, d.h. sozioökonomische Folgen von PPP sind nicht Gegenstand der Berichterstattung und des Controllings. Interviewaussage eines Verwaltungsmitarbeiters:

„Ich kann Ihnen nicht die Stundensätze sagen, dass weiß ich nicht. Ich weiß aber, dass es im unteren Sektor liegt. Das ist schon unterste Grenze. … Es ist halt einfach so, … ohne es negativ zu sehen, aber die RNO ist, glaub ich, in Bremen die Firma, die die meisten Sprachen spricht, d. h. das Klientel, das aus dem Niedriglohnsektor kommt. Es ist ja auch ganz interessant gewesen, zu sehen, alles was an Leistung nicht vertraglich mit der Stadt über die ENO abgedeckt ist, ist an die RNO gegangen. D. h. die RNO hat das übernommen, was die ENO nicht mehr machen konnte, weil sie einfach das Personal nicht mehr hatte oder nicht mehr machen wollte.“

---

[11] Kelling: Kompetenz für kommunale Entsorgungsbetriebe im Markt, in: VOP, 7-8, 1999, S. 17-21; ders.: Public Private Partnership im Entsorgungsbereich, in: VOP, 9, 1999, S. 20-22

Dieser Trend zur Niedriglohnarbeit, Nutzung befristeter Beschäftigungsverhältnisse und Leiharbeit scheint nach Aussage eines Gewerkschaftssekretärs des Bezirks Bremen-Niedersachsen ein generelles Problem des Abfallbereichs zu sein. So ist die Nehlsen-Plump Holding, deren Vorsitzender zugleich Präsident des BDE war, mit seinem Firmenverbund aus dem Arbeitgeberverband der privaten Entsorger ausgeschieden, um für die Tochterfirmen insbesondere in Ostdeutschland die Tarifbindung zu vermeiden. So gilt der Tarifvertrag der privaten Entsorger nur noch für ca. 20% der privaten Abfallwirtschaft. Für die RNO als nicht an den TVÖD gebundene Entsorgungsfirma gelang es erst im Jahre 2009 einen Haustarif auszuhandeln. Da nach einem EUGH-Urteil vom 3.4.2009 die Beachtung von Tarifverträgen nicht zum Gegenstand von Ausschreibungsbedingen gemacht werden darf, haben problematische Entlohnungen und unsichere Beschäftigungsverhältnisse in der Abfallwirtschaft auch in Westdeutschland zunehmende Bedeutung. Ob dieses durch die Aufstockung von Arbeitslöhnen im Rahmen des Arbeitslosengeldes II auch finanzwirtschaftliche Nachteile für die privatisierenden Kommunen hatte, ließ sich nicht beantworten.

Künftig wird eine entscheidende Rahmenbedingung für sozioökonomische PPP-Wirkungen im Entsorgungsbereich sein, welche Wirkung der von den Tarifvertragsparteien vereinbarte und von der Bundesregierung nach dem Entsendegesetz für allgemein verbindlich erklärte Mindestlohn[12] in Höhe von 8,02 €/Std. für diese Branche entfaltet.

8) BESTEUERUNG

Die senatorische Behörde in Bremen ging bei der Privatisierung davon aus, dass eine Steuerpflicht für alle Entsorgungsleistungen ohnehin in Kürze eintreten werde. Dieses ist bisher so nicht erfolgt. Die wirtschaftliche Bedeutung der Steuerpflicht lässt sich nur durch eine detaillierte Auswertung der wirtschaftlichen Kennzahlen der einzelnen Unternehmen aus Geschäftsberichten berechnen. Wo solche Geschäftsberichte veröffentlicht sind, wie im Falle Hansewasser und Angaben zur Besteuerung gemacht werden, wird deutlich, dass eine jährliche steuerliche Belastung durch

[12] Vgl. Bundesministerium für Arbeit und Soziales: Verordnung über zwingende Arbeitsbedingungen für die Abfallwirtschaft einschließlich Straßenreinigung und Winterdienst, Bundesanzeiger Nr. 198 v. 31.12.2009, S. 4573

Umsatz- und Körperschaftsteuern in zweistelliger Millionenhöhe angesichts des hohen Fixkostenanteils im Abwasserbereich auch durch die realisierte Personalkostenreduktion nicht zu kompensieren ist. Die mit der Privatisierung verbundene Besteuerung macht somit den Rechtsformenwandel betriebswirtschaftlich unvorteilhaft.

Ob dieser steuerliche Nachteil im wesentlich personalkostenintensiveren Bereich der Abfallsammlung durch Rationalisierung kompensiert werden konnte, lässt sich ohne detaillierte Analyse nicht bewerten.

Diese Umstände hätten bei objektiver Abwägung der Folgen des PPP-Modells zu einer Überprüfung der Entscheidung führen müssen, zumindest dann, wenn absehbar ist, dass öffentlich-rechtlich strukturierte Entsorgungsbetriebe in der noch bevorstehenden Vertragslaufzeit nicht der Steuerpflicht unterliegen werden. Eine solche Überprüfung hat nicht stattgefunden. Dieses wurde von einem Vertreter des Personalrates im Interview deutlich kritisiert:

„Das ist ein umsatzsteuerlich katastrophales Modell hier in Bremen, weil es trotz schriftlich dokumentierter Warnungen unter der falschen Prämisse gestrickt worden ist, dass ohnehin auch öffentlich-rechtliche Abwasserbetriebe umsatzbesteuert würden. Deshalb hat man sich keine Gedanken drüber gemacht und es nicht so optimiert wie in Braunschweig oder wie das Modell Ritterhude, sondern auch das große Altanlagenkapital über Abschreibungsraten in das Entgelt der Hansewasser Bremen GmbH einfließen lassen, das jetzt alles umsatzbesteuert wird."

Die Aktivitäten des Senates zur Gründung einer Vorschalt-GmbH verfolgen demgegenüber das standortpolitische Interesse, Kostenentlastungen bei der Abwassergebühr für vorsteuerabzugsberechtigte Unternehmen zu bewirken. Dieser Aspekt spielt im Abfallbereich, soweit Gewerbeabfälle nicht dem kommunalen Anschluss- und Benutzungszwang unterliegen, keine Rolle. Ob die bremischen Aktivitäten Teil der Bestrebungen sind, eine bundesweite Steuerpflicht öffentlich-rechtlich organisierter Entsorgungsaufgaben zu bewirken, wie Gesprächspartner vermuteten, lässt sich nicht bewerten.

9) FINANZIELLE STRUKTUR DES MODELLS

Das vorrangige Ziel der Privatisierung bestand, wie bereits erläutert, in der Erzielung einmaliger Einnahmen für den laufenden Haushalt. Die Alternativen hierzu wurden nicht ergebnisoffen geprüft. Dabei wurde in der Entscheidungsphase auch von der damaligen Betriebsleitung die Gründung einer Anstalt öffentlichen Rechts favorisiert. Sachliche Argumente für diese Alternative spielten in der politischen Debatte keine Rolle. Die gewonnenen Mittel wurden auch mit Priorität im laufenden Haushalt eingesetzt (z.B. Stadtreparaturfonds = Bauunterhaltung). Eine Schuldentilgung erfolgte indirekt nur insoweit, als der allgemeine Haushalt Kredite des Eigenbetriebs, die nicht von den Erwerbern übernommen wurden, künftig zu tilgen hatte. Dem standen allerdings im gleichen Zeitraum höhere Neuverschuldungen gegenüber. Ob die Abschreibungen vor Privatisierung allein für betriebliche Zwecke verwendet wurden, war den Gesprächspartnern nicht bekannt.

Einmalige Einnahmen aus der Veräußerung von Gesellschaftsanteilen wurden im Abfall- und Stadtreinigungsbereich 1998 in Höhe von 90,5 Mio. € erzielt. Der Verkauf der restlichen städtischen Anteile an der ENO ergab im Jahre 2003 weitere 16,9 Mio. €. In der Summe erbrachte die Vermögensprivatisierung im Abfallbereich somit 107,4 Mio. € an Einnahmen für den städtischen Haushalt. Die größere Einnahmesumme erbrachte der Abwasserbereich. In diesem Falle handelte es sich nicht um eine reine Vermögensprivatisierung. Hier führte die Veräußerung des 74,9 prozentigen Anteils an der heutigen Hansewasser zu Einnahmen in 1999 in Höhe von 106,3 Mio. €. Ergänzend wurden allerdings im Jahre 1999 vorfristige Einmalzahlungen aus einem Erbbaurechtsvertrag mit 30-jähriger Laufzeit in Höhe von 25,6 Mio. € und vorfristige Pachtentgelte aus einem Kanalnetznutzungsvertrag mit ebenfalls 30-jähriger Laufzeit in Höhe von 230 Mio. € erzielt. Aus der Privatisierung des Abwasserbereichs ergaben sich somit in der Summe einmalige Einnahmen in Höhe von 361,9 Mio. €. Diesen Einnahmen stehen allerdings faktische und potentielle Lasten für den allgemeinen Haushalt gegenüber. Potentielle Lasten ergeben sich aus dem Finanzierungsmodell der Erwerber. Die Kaufsummen im Abwasserbereich wurden weit überwiegend durch Forfaitierungskredite von Banken finanziert. Dieses bedeutet, dass Entgelte, die der privaten Gesellschaft für ihre Leistungen von der Stadt zustehen, an die Banken als Kreditsicherung verpfändet wurden. Um den Erwerbern günstige Kreditbedingungen auf Kommunalkreditniveau zu verschaffen, haftet die Stadt gegenüber den Banken für die Zahlung der Leistungsentgelte direkt. Faktische Finanzlasten für den allgemeinen Haushalt der Stadt ergaben sich daraus, dass der Stadt laufende Einnahmen aus dem Gebührenhaushalt wegfallen und laufende Ausgaben, die vorher vom Gebührenhaushalt getragen wurden, nun vorübergehend vom allgemeinen Haushalt zu tragen sind. Diese Aspekte wurden bei der Privatisierungsentscheidung für die Beurteilung der Finanzierung nur völlig unzureichend beachtet. Gerade dann, wenn das Ziel der Privatisierung die Erzielung von Einnahmen ist, muss der Verzicht auf eine vollständige und transparente Bewertung als hochgradig problematisch eingestuft werden. Da es sich hierbei letztlich um ein Problem des öffentlichen Haushaltes handelt, soll am Bremer Beispiel eine Berechnung der derzeit abschätzbaren Zahlungsströme unter (11) erfolgen.

10) Auswirkungen des PPP-Modells auf die Gebührenentwicklung

Gebührenvergleiche im Entsorgungsbereich sind in ihrer Methodik und ihren Aussagen hochgradig umstritten. Im Hausmüllbereich macht insbesondere der stark heterogene Leistungsumfang Gebührenvergleiche problematisch. Im Abwasserbereich spielen demgegenüber Faktoren wie die Siedlungsdichte, der Wasserverbrauch und die Topographie eine wichtige Rolle für Gebührendifferenzen. Aussagen zum Einfluss von PPP-Modellen auf die Gebühr dürfen daher nicht allein die Gebührenhöhe als Maßstab nutzen. Von ebenso großer Bedeutung ist die Gebührenentwicklung. Im Idealfall sollte die Gebührenentwicklung bei Eigenleistung (Regiekostenrechnung) mit den Organisationsalternativen transparent vergleichbar sein. Dieses ist allerdings in den untersuchten Fällen kaum gegeben.

Für aktuelle Gebührenvergleiche wird Bremen bei Abfallgebühren im Mittelfeld aller untersuchten Städte einsortiert.[13] Im Abfallbereich konnte aufgrund erfolgreichen Vertragscontrollings Gebührenstabilität erreicht werden. Diese ist keine Folge der Privatisierung, da auch hier eine Indexierung der Verträge vereinbart wurde. Allerdings wurde eine Möglichkeit zur Entgeltüberprüfung erfolgreich genutzt (steigende Preise für Sekundärrohstoffe/Papier). Wie lange diese Gebührenstabilität bei drastisch fallenden Preisen für Sekundärrohstoffe gehalten werden kann, bleibt allerdings abzuwarten.

---

[13] Vgl. Institut der deutschen Wirtschaft Köln Consult: INSM Abfallmonitor 2009, S. 6

Im Abwasserbereich liegt Bremen im oberen Drittel aller Vergleichsstädte.[14] Eine Ursache ist die erhebliche Gebührensteigerung vor der Privatisierung (Begründung Sanierungsinvestitionen), die nun die Basis des privaten Leistungsentgeltes darstellt. Die Gebühr wird wegen der Indexierung und wegen Ausschluss der künftigen Kontrollmöglichkeit im Vergleich mit Hansewasser in den nächsten 20 Jahren bei Preissteigerungen für Löhne, Tiefbauleistungen und Energie weiter steigen. Die Reduktion des Leistungsentgeltes 2008 wurde mit nach den Indexklauseln sonst fälligen Erhöhungen verrechnet. Bereits Ende 2009 musste die Bürgerschaft wegen des erneuten Anstiegs der Leistungsentgelte eine Gebührenerhöhung auf nun 2,87 €/m^3 der bezogenen Frischwassermenge beschließen. Die 2010 erfolgte Trennung der Gebührenrechnung nach Niederschlagswasser und Schmutzwasser ermöglicht nun bei unverändertem Gesamtvolumen eine Absenkung der Abwassergebühr für Schmutzwasser auf 2,64 €/m^3.[15] Diese Reduktion für Normalhaushalte wird durch eine Zusatzbelastung großer versiegelter Flächen getragen. Ob die Einschätzung des Umweltsenators, die neuen Gebührensätze lägen damit im Mittelfeld vergleichbarer Städte, zutrifft, kann mangels eines aktualisierten Gebührenvergleichs nicht bewertet werden. Durch Neuverhandlung der Forfaitierungsverträge konnte der Betreiber sich etwa zeitgleich langfristig günstige Kreditkonditionen sichern. Die hieraus resultierenden Kostensenkungen kommen aber nach Auskunft des Interviewpartners aus der senatorischen Behörde nicht bei der Stadt und dem Gebührenzahler an.

„Frage: Hansewasser realisiert doch nun durch Zinssenkungen windfall profits. Haben Sie denn keine Möglichkeiten mehr, daran teilzunehmen?“

„Es gibt jetzt keine Chance mehr, die Struktur der Entgelte zu verändern und an der Preisschraube zu drehen, es sei denn, wie schon angesprochen, die Stadt würde durch ein verwaltungsgerichtliches Urteil zu entsprechendem Handeln verpflichtet und dieses würde sich auf die Preise auswirken. Dieses sehe ich aber gegenwärtig nicht. Die Entgelte werden daher wegen der Indexklauseln bis 2028 mit der allgemeinen Inflationsrate steigen oder eben auch stabil bleiben.“

---

[14] Vgl. Institut der deutschen Wirtschaft Köln Consult: INSM Abwassermonitor 2008, S. 13

[15] Vgl. Der Senat der Freien Hansestadt Bremen, Pressemitteilung: Getrennte Abwassergebühr wird zum Januar 2011 eingeführt, Bremen 23.11.2010

Für andere Städte wird von den befragten Experten demgegenüber eher Gebührenstabilität erwartet. Generell vertraten unsere Interviewpartner eine distanzierte Position zu Gebührenvergleichen. Die Aussagekraft eines Quervergleiches ist als eher gering einzuschätzen.

„Es gibt dieses Gebührenbenchmarking. Bremen liegt so im Mittelfeld, was ich da gesehen habe. ... Da gibt's ja mehrere. ... Ich halte einfach nicht viel davon. Ich muss Ihnen ganz ehrlich sagen, weil das ist so wie mit Äpfeln und Birnen. Die können nicht miteinander verglichen werden. Die kann ich nur vergleichen, indem ich einen Standardhaushalt nehme. ... "

„Was mach ich mit dem Haushalt, der nie Speermüll hat oder keine Bio-Tonne hat? Der aber im Plan mit eingerechnet wird. Also diese Systeme, die ich da vergleiche, die sind so unterschiedlich. In Bremen haben wir eine Grundgebühr, d. h. eigentlich eine Grundgebühr für alles. D. h. Bio-Tonne ist umsonst, Speermüll ist umsonst, Grünabfälle sind umsonst und Schadstoffannahme ist umsonst. Wie bewerten Sie das?"

11) HAUSHALTSAUSWIRKUNGEN

In der Antwort auf eine Anfrage in der Bürgerschaft vom 31.8.2004 zitiert der Senat seine Haushaltsüberlegungen vor der Entscheidung über die Privatisierung der BEB.

„Der Verkauf begründet einen langfristigen positiven Haushaltseffekt. Die BEB-Kapitalverzinsung erzielte bislang eine jährliche Haushaltseinnahme von DM 37,5 Mio. Damit sind je nach Zinssatz ca. DM 600 bis 650 Mio. finanzierbar. Der Verkauf der BEB-Bereiche Abfall und Abwasser erbringt zusammengenommen einen Erlös von ca. 870 Mio. (Veräußerungserlöse abzüglich Verfahrenskosten) Der fiskalische Vorteil beläuft sich mithin auf über DM 200 Mio. Daneben bestehen weiterhin die Beteiligungen der Stadtgemeinde an der Entsorgung Nord GmbH mit 49% und an der ABG mit 25,1%. ... "[16]

Diese Berechnungen sind daraufhin zu prüfen, ob sie die Anforderungen der Landeshaushaltsordnung erfüllen. Nach § 7 Abs. 2 gilt: „Für alle finanzwirksamen Maßnahmen sind angemessene Wirtschaftlichkeitsuntersuchungen durchzuführen." Die durchgeführten Berechnungen sind dem rea-

---

[16] Bremische Bürgerschaft, Stadtbürgerschaft: Drs. 16/212 S v. 31.8.2004, S. 3 unter Bezugnahme auf eine Senatsvorlage für die Sitzung vom 24.11.1998

lisierten Projekt nicht angemessen. Sie sind unvollständig, rein liquiditätsorientiert, vernachlässigen Alternativen, sind in der Risikoabschätzung unzureichend und vernachlässigen Folgen für künftige Gebühren- und Steuerzahler.

Diese Wertung wird im Folgenden zunächst begründet. Als Kontrast wird beispielhaft illustriert, wie eine angemessenere Wirtschaftlichkeitsuntersuchung aussehen würde.

1. Die zitierte Wirtschaftlichkeitsberechnung ist zunächst unvollständig, weil sie allein auf die Wirkungen im allgemeinen Haushalt der Stadt abzielt. Wirkungen im Gebührenhaushalt werden nur mit dem Hinweis auf „weitgehende Gebührenstabilität", die im Vertragswerk vereinbart sei, am Rande erwähnt. Die Komplexität des gesamten vertraglichen Konstruktes wird damit in keiner Weise angemessen abgebildet. Unvollständig ist die Berechnung selbst im Bereich der Wirkungen auf den allgemeinen Haushalt. Bekannte und nach Zweck und Höhe definierte Zahlungsverpflichtungen blieben unberücksichtigt, diskutierte, kurz nach Privatisierung bereits eingetretene Haushaltsrisiken blieben ausgeblendet.
2. Die Wirtschaftlichkeitsberechnung ist liquiditätsorientiert und vergleicht allein das mit der Stammkapitalverzinsung des Eigenbetriebes finanzierbare Kreditvolumen mit dem verhandelten Erlös aus dem Verkauf in einer Zinsbandbreite von 0,5% (6,25 bis 5,75). Die abgegebenen Vermögenswerte bleiben – bis auf Hinweise auf noch nicht veräußerte Anteile – unbeachtet. Möglich wären hier Abwägungen des Kaufpreises zum Substanzwert oder zum Ertragswert gewesen. Die Problematik der Rechnung zeigt sich bereits bei simpler Variation des Zinssatzes. Der durchschnittliche Zinssatz öffentlicher Kredite lag in den vergangenen zehn Jahren nicht bei 6%, sondern bei etwa 4%. Nutzt man diesen Zinssatz, lassen sich mit 37,5 Mio. DM 937,5 Mio. DM finanzieren.
3. Die Rechnungen vernachlässigen Alternativen. So sei beispielhaft auf den genutzten Wert der Stammkapitalverzinsung hingewiesen. Dieser ergab sich am Bremer Beispiel aus einem bilanziellen Stammkapital des Eigenbetriebes von 1,252 Mrd. DM und einer hierauf nach Eigenbetriebsortsgesetz festgelegten Zinserwartung von 3%. Ob diese Zinserwartung verändert werden kann bzw. vom Eigenbetrieb aufgrund der berechneten

kalkulatorischen Zinsen in der Gebührenkalkulation mit abweichenden Kalkulationsregeln ohnehin eine höhere Verzinsung erwirtschaftet wurde, blieb unberücksichtigt.

4. Die Berechnungen lassen zum Entscheidungszeitpunkt bekannte Zahlungsverpflichtungen des allgemeinen Haushaltes unberücksichtigt. Nach den Verträgen wurden vom Eigenbetrieb aufgenommene und über die Gebühren finanzierte Kredite von den Erwerbern nicht in voller Höhe übernommen. Zins und Tilgung für ca. 90 Mio. DM waren aus dem allgemeinen Haushalt zu leisten. Auch potenzielle Lasten aus dem mit der Personalüberleitung gewährten Rückkehrrecht wurden vor der Veräußerung diskutiert. Diese Haushaltslasten aus zurückgekehrtem Personal ohne angemessene Beschäftigung an anderen Stellen der Verwaltung haben sich bereits in den ersten Privatisierungsjahren ergeben. Ergänzend wird aktuell befürchtet, dass mit dem Ablauf der Leistungsverträge mit der ENO (2018) und einer Neuausschreibung die ENO wegen ihrer Tarifbindung (TVöD) keine Chance auf Weiterbeauftragung hat. Im Insolvenzfall würden ca. 200 Beschäftigte wieder von der Stadt Bremen übernommen werden müssen.
5. Schließlich blieben die Abschlussregelungen der 20 – 30-jährigen Leistungsverträge in den Berechnungen ausgeblendet. Für den Rückkauf von Anlagen gibt es keine Vorsorge. Dieses Investitionsvolumen ist für den Abfallbereich begrenzt. Es spielt jedoch insbesondere im Abwasserbereich mit der Finanzierung von Investitionen über Mietereinbauten eine maßgebliche Rolle.

Als eher angemessene Alternative einer Wirtschaftlichkeitsberechnung wird im Folgenden eine Übungsaufgabe aus dem bereits zitierten Studienbrief mit einer Fallstudie zur BEB-Privatisierung[17] wiedergegeben:

Das Ergebnis einer Investitionsrechnung mit Hilfe der Kapitalwertmethode enthält die folgende Übersicht:

---

[17] Vgl. Bornhalm, Mönnich, Popp: Öffentliche und private Betriebe Lehreinheit 5, Hagen 2006, S. 73 und 91

Vergleich Privatisierung/Eigenbetrieb bei dynamischer Rechnung

Barwerte (Mio. €) am 1.1.1999 bei einem Zinssatz von	4%	5%	6%
Alternative Verkauf			
Einnahmen			
Verkaufserlös 98	94	95	96
Verkaufserlös 99	362	362	362
Verkaufserlös 03	14,4	14	13
Stammkapitalzinsen	3,6	3,2	2,9
Ausgaben			
Personal- und Kreditausgaben	- 86,5	- 86,5	- 86,5
Mietereinbauten	- 93	- 70,4	- 53,5
Summe:	**294,5**	**317,3**	**333,9**
Alternative Eigenbetrieb			
Einnahmen			
Rücklagen bis Verkauf	21,7	21,9	22,2
entgangene Rücklagen	62,9	56,5	51,1
Stammkapitalverzinsung	345,3	309,9	280,1
Ausgaben	-	-	-
Summe:	**429,9**	**388,3**	**353,4**

(Abzinsungsfaktoren 1.1.2028: 0,3207; 0,2429; 0,1846
Rentenbarwertfaktor vom 1.1.99 bis 1.1.2028: 17,9837; 16,1411; 14,5907)

Das Berechnungsergebnis zeigt, dass der Verkauf für die in den letzten Jahren relevanten Zinssätze mit deutlichem Abstand ungünstiger war als die Alternative Eigenbetrieb. Das Ergebnis zeigt auch, dass eine konstant hohe Barabfindung im Vergleich zu jährlichen Zahlungen mit steigenden Zinssätzen vorteilhafter wird. Bei einem Kalkulationszinssatz von 7% würden die Alternativen etwa gleichwertig.

Wie sich aus dem oben wiedergegebenen Interview ergibt, hatten die Politik und das Finanzressort an einer detaillierten und differenzierten wirtschaftlichen Bewertung des Geschäftes nur begrenztes Interesse. Die Priorität lag auf der Generierung einmaliger Einnahmen.

Ob der Verzicht der Stadt Bremen auf Vorkaufsrechte mit Auflösung der HABE (Holding Bremer Entsorgung) bei einer Bereinigung der Geschäftsfelder im Abfallbereich noch finanzielle Auswirkungen hatte, ließ sich im Rahmen der Erhebungen nicht feststellen.

12) MITBESTIMMUNG/ PERSONALVERTRETUNG/ TARIFRECHT

Mit der Umwandlung eines öffentlichen Betriebes in eine privatrechtliche Form ändert sich das Mitbestimmungsrecht von den landesrechtlich geregelten Formen der Personalvertretung zur Gültigkeit des Betriebsverfassungsgesetzes. An die Stelle des Personalrats tritt der Betriebsrat. Ob ein Aufsichtsrat zu bilden ist, entscheidet sich auch nach spezifischen Regeln. So wurde im Bremer Fall die Bildung von Aufsichtsräten für die Gesellschaften mit einem Überleitungstarifvertrag zugesichert. Von großer Bedeutung ist daneben, welche tariflichen Regelungen zur Anwendung kommen. Im Überleitungstarifvertrag wurde geregelt, dass für die mit der Privatisierung gebildeten Gesellschaften, in die das Personal des Eigenbetriebes nach § 613a BGB übergeleitet wurde, das mit der Vereinigung kommunaler Arbeitgeberverbände vereinbarte Tarifrecht gilt. Somit wurden für alle unbefristet Beschäftigten tarifliche Besitzstände dauerhaft abgesichert. Durch betriebliche Formen der Leistungsentlohnung hatten sie ggf. in der Folge materielle Vorteile. Wie oben bereits ausgeführt, galt die Besitzstandsregelung nicht für neu gegründete Tochtergesellschaften der Erwerber. Neu eingestellte Arbeiter in der hierfür extra gegründeten Tochterfirma erhalten nur den niedrigeren Tarif der privaten Entsorger oder Entgelte nach Haustarif. Rationalisierungsmaßnahmen trafen daher Beschäftigte mit befristetem Vertrag und die Neueingestellten. Wie ebenfalls bereits erläutert, haben die privatisierten Unternehmen in starkem Maße von der 58er-Regelung und Abfindungen Gebrauch gemacht, um die Mitarbeiterzahl zu reduzieren.

13) FLEXIBILITÄT/ANPASSUNGSFÄHIGKEIT DES MODELLS

Eine große Erwartung an ein PPP-Modell mit privatrechtlicher Form und privatem Know-how bestand nach der einleitend zitierten Koalitionsvereinbarung von 1995 in wirtschaftlichen Aktivitäten der Entsorgungsunternehmen über die Stadt- und Landesgrenzen hinaus, unter Markt- und Wettbewerbsbedingungen. Damit war zunächst ein impliziter Politikwechsel verbunden. Noch zu Zeiten der Ampelkoalition bestand die Leitvorstellung darin, dass lokale Entsorgungsprobleme auch lokal zu lösen seien und Müllimporte, angesichts problematischer Emissionen der Beseitigungsanlagen, zu vermeiden seien. Angesichts eines Wettbewerbs um Gewerbemüll durch das Kreislaufwirtschafts- und Abfallgesetz seit 1996 fürchtete man eine nicht ausgelastete Verbrennungsanlage. Auch die zentrale Kläranlage in Seehausen wies noch freie Kapazitäten auf. Daher war nun nicht nur kommunale Kooperation im Umfeld, sondern auch überregionale Aktivität der Entsorger erwünscht. Diese Erwartung an das PPP-Modell hat sich nur sehr partiell und nach Sparten deutlich unterschiedlich realisieren lassen. Im Abfallbereich gab bereits vor der Privatisierung die Akquisition von Müllmengen für die MVA, sobald dieses dem Eigenbetrieb gestattet wurde. Dieser Prozess hat sich nach der Privatisierung aufgrund der Kapazitätserweiterung und technischen Ertüchtigung der MVA fortsetzen lassen. Der wirtschaftliche Erfolg hat die swb zum Bau eines weiteren Müllheizkraftwerkes im Mittelkalorikbereich bewogen. Im Bereich der Abfalllogistik ist eine überregionale Aktivität der privatisierten ENO nicht feststellbar. Diese Gesellschaft wurde von den privaten Eigentümern der Holding Bremer Entsorgung (und in der Folge von der Nehlsen GmbH & Co. KG) als reine Abwicklungsgesellschaft für die lokalen Leistungsverträge verstanden. Die Nehlsen Entsorgungsgruppe hat demgegenüber insbesondere im regionalen Umfeld und in den neuen Bundesländern zeitweilig im Bereich der Entsorgungslogistik deutlich expandiert. Dieses führte allerdings kaum zu neuer Wertschöpfung am Standort Bremen. Ferner wurde dieser Expansionsprozess durch die Folgen der Wirtschaftskrise wohl auf absehbare Zeit beendet und von einer Konsolidierungsphase der Gesellschaft abgelöst.

Im Abwasserbereich sind Kooperationen mit Ausnahme von Ingenieurdienstleistungen ohnehin aus technischen Gründen auf das regionale Umfeld begrenzt. Alle gegenwärtig praktizierten Abwasserübernahmen, bis auf die Leistungen für die Gemeinde Ritterhude, waren vor der Privatisierung geregelt. Die Vorstellung von Hansewasser als regionalem Dienstleister hat sich bis heute nicht realisiert. Auch die Hoffnungen der Hansewasser, durch Übernahme weiterer kommunaler Entwässerungsbetriebe an anderen Standorten weiter expandieren zu können, haben sich nicht erfüllt. Damit erweist sich, wie auch ein Interviewpartner betonte, eine zentrale Erwartung an das PPP-Modell als nur sehr eingeschränkt tragfähig.

„Die Blase ist schlichtweg zerplatzt und man hat eine riesige Chance vergeben. … Wir hatten das Know how und die Qualifikationen, die international agierende Bauunternehmen und Anlagenbauer brauchten, um überhaupt bei BOT-Projekten mitbieten zu können. Das war eine Marktlücke, die hatte man richtig erkannt …

Aber das Auslandsgeschäft haben sie von dem einen auf den anderen Tag dicht gemacht. ... Sie haben sich nur noch auf Niedersachsen konzentriert. ... Das hat dazu geführt, dass kein einziges Build-Operate-Transfer- oder Betreiberprojekt, wovon vorher alle geträumt hatten und was auch mehr oder weniger versprochen worden war, umsetzen konnte, weil eben der OOWV[18] und EWE in Niedersachsen sehr stark sind und weil die Vorbehalte niedersächsischer Bürgermeister gegen einen Aufkauf ihrer Anlagen aus Bremen heraus sehr groß waren. War eigentlich zu erwarten. Und außerdem waren die Renditeerwartungen der Hansewasser auch relativ hoch. Die mussten ihre Gesellschafterbedingungen erfüllen und Umsatzsteuern erbringen usw. Sie hatten also einen Wettbewerbsnachteil gegenüber anderen öffentlich-rechtlichen Anbietern wie dem OOWV. Das hat dazu geführt, *dass sie im Prinzip gar nichts machen konnten. All das, was wir von den Nachbargemeinden übernehmen, auch Lemwerder, war vor der Privatisierung klar (die Verträge). Das Einzige, was sie zusätzlich akquiriert haben, ist der Abwasserteil von Ritterhude, ungefähr 2/3 des Abwassers von Ritterhude. Das kommt jetzt noch dazu. Das ist das Einzige."*

14) BERICHTSPFLICHTEN

Berichtspflichten für die öffentlich-rechtlichen Aufgabenträger sind im Rahmen der Leistungsverträge geregelt. Eine darüber hinausgehende Informationsbasis ergibt sich im Abwasserbereich über die kommunale Minderheitsbeteiligung an der Gesellschaft.

15) HAFTUNGSFRAGEN/STAATLICHE GARANTIEN UND NEBENLASTEN

Mit Ausnahme der Deponie liegt die primäre Haftung bei den beauftragten privaten Dritten. Absicherungen für technische Störfälle wurden – soweit möglich – getroffen. Für den Insolvenzfall enthalten die Verträge keine speziellen Sicherungen.

Da die Aufgaben unverändert kommunal sind, müsste in diesem Fall die Stadtgemeinde wieder operativ tätig werden oder einen anderen Dritten beauftragen und hierzu jeweils für die Übertragung/Nutzung des Anlagevermögens sorgen.

---

[18] Anmerkung: OOWV = Oldenburgisch-Ostfriesischer Wasser Verband

16) ENTSCHEIDUNGSPROZEDUR/INFORMATIONSPFLICHTEN/ TRANSPARENZ

Berater waren nach Auskunft der Interviewpartner die Fides-Treuhandgesellschaft, die Anwaltskanzlei Büsing, Müffelmann & Theye sowie als Bank die Metzler Bank in Frankfurt/a.M. Die Privatisierung wurde EU-weit ausgeschrieben. Die Beratungskosten betrugen 15,5 Mio. DM. Die Ergebnisse des Verfahrens sind in der Transparenz stark eingeschränkt – selbst Anfragen aus der Verwaltung werden heute von den Beratern abschlägig beschieden bzw. Informationen sind nicht mehr uneingeschränkt zugänglich. Daher ist der Entscheidungsprozess nur noch eingeschränkt nachvollziehbar. Einsicht für Bürger gibt es nur über Gerichtsverfahren. Gerichtsverfahren sind im Abfallbereich beendet und im Abwasserbereich noch offen. Zur Frage nach Einsichtsrechten für die Politik oder Öffentlichkeit formulierte ein Mitglied der Bürgerschaft:

„Ich finde, das geht gar nicht. Ich finde, man muss die Verträge auch einsehen können. Aus meiner Erfahrung – 8 Jahre in der Opposition – ist immer häufig, dass die Verwaltung erstmal sagt, das geht nicht. Wenn man dann lange genug am Ball bleibt, dann bekommt man das auch hin, dass es geht. Das geht soweit, dass man keine Termine bekommt. Man muss irgendwann einfach hingehen und sagen, ich bleibe jetzt hier, bis ich die Sachen gesehen habe. ... Ich bekam meine Akteneinsicht und ich durfte dann kopieren. Ich bin natürlich verpflichtet zur Verschwiegenheit."

Ist also für Politiker und Entscheidungsträger Transparenz vor der Entscheidung im Prinzip und mit Aufwand gewährleistet, so gilt dieses nach den gemachten Erfahrungen eines Interviewten aus der Verwaltung nicht auf Dauer:

„Es gibt es sicherlich. Aber es wird nicht viel nützen, weil, wir suchen in irgendwelchen Kellern nach irgendwelchen Unterlagen von der Privatisierung und finden sie nicht und bekommen sie nicht. Selbst die Anwälte, die damals die Privatisierung gemacht haben, sind also nicht dazu zu bewegen, uns Einsicht zu geben."

Die Aussage macht deutlich, dass derart komplexe Vorgänge wie die Etablierung eines PPP-Modells im Entsorgungsbereich nicht nur Transparenzansprüche von Politikern, die zu entscheiden haben, und der Öffentlichkeit bis zur Entscheidung erfüllen sollten. Daneben spielt offensichtlich eine Rolle, eine Übergabe der für die Entscheidungsvorbereitung erarbeiteten Informationen, Dokumente und Vorgänge zu vereinbaren.

17) Staatliche Überprüfung

Für Bremen war die senatorische Behörde gleichzeitig handelnder Akteur der Stadtgemeinde und Aufsicht des Bundeslandes. Der Rechnungshof war in der Überprüfung des Geschäftes nach Auskunft eines Vertreters des Personalrats überfordert und hat dieses auch nicht im Nachhinein geprüft.

„Der Rechnungshof hat ja auch schlichtweg versagt bei der ganzen Geschichte. Eigentlich wäre es in meinen Augen Aufgabe des Rechnungshofes gewesen, diese Vergabe zu begleiten. Nur ich habe auch mit ehemaligen Mitarbeitern des Rechnungshofes gesprochen und die haben mir ganz klar gesagt: Der Rechnungshof war überfordert. ... Hier in Bremen war es so. In anderen Bundesländern mag es besser sein. Da sind die vielleicht höher qualifiziert besetzt und haben ausreichend Personal, aber hier in Bremen war der Rechnungshof außen vor."

Die fehlende Aktivität des Rechnungshofes wird durch einen Interviewpartner aus dem Umweltbetrieb im Grundsatz bestätigt. Er schlussfolgert jedoch nicht, dass keinerlei Kontrolle stattfände:

„Ich hatte mit dem Rechnungshof so bisher noch nichts zu tun. ... Wir sehen uns aber selbst in der Funktion wie ein Rechnungsprüfungsamt. Da Hansewasser im eigenen Namen und auf eigene Rechnung baut, haben wir zu prüfen, ob Hansewasser die Maßnahmen wirtschaftlich abwickelt."

Die künftige Überprüfungsmöglichkeit der Angemessenheit vertraglicher Entgeltregelungen ist insbesondere im Abwasserbereich durch eine mit Hansewasser abgeschlossene Vergleichsregelung praktisch ausgeschlossen. Seitens der Politik bestand die Vorstellung, es gebe als Überprüfungsinstanz noch eine Zuständigkeit der Kartellbehörden. Fragen nach Regelungen für die Zeit zum Vertragsende bzw. Rückstellungen für eine ggf. gewollte Rekommunalisierung haben im politischen Bewusstsein angesichts der existenziellen finanziellen Sorgen des Bundeslandes keine Bedeutung:

„Das spielt im Moment echt keine Rolle, weil wir hier in Bremen um das Überleben kämpfen. Mit der Klage in Karlsruhe, Föderalismuskommission II etc. und jetzt gibt es gerade wieder aktuelle Haushaltsberatungen oder erste Vorberatun-

gen für den nächsten Haushalt 2010/2011. ... Ehrlich gesagt, kann ich das gar nicht beurteilen. Für mich spielt das gar keine Rolle, weil ich davon ausgehe, dass ich dann gar nichts mehr mit diesem Geschäft zu tun habe. Unsere Legislaturperiode ist vier Jahre und solange denken wir erstmal auch. Natürlich denkt man auch an die Zukunft, aber solche Detailfragen in der Zukunft, die hat man sicher nicht im Blick.“

18) Möglichkeiten der Rekommunalisierung

Wie die Ausführungen zur finanzwirtschaftlichen Nachhaltigkeit und zur Überprüfbarkeit des Modells zeigen, gibt es in Bremen keine Vorsorge für eine wieder eigenständige Aufgabenwahrnehmung.

Eine zusammenfassende Bewertung der Ergebnisse des Bremer PPP-Modells muss deutlich zwischen den beiden untersuchten Sparten unterscheiden. Im Abfallbereich ist durch kontinuierliche Anpassung der Verträge im Rahmen des Vertragscontrollings dem Bürger bisher kein Schaden entstanden bzw. es wurden Vorteile erzielt, die sich auch bei kommunalem Betrieb wegen besserer Rahmenbedingungen ergeben hätten. Allerdings profitierte die Stadt nicht von der guten Ertragslage der Erwerber vor Eintritt der Wirtschaftskrise.

„Ich denke im Abfallbereich ist es nicht so krass, wie es im Abwasserbereich ist. Einfach durch eine andere Struktur und dadurch, dass wir nicht eine Firma haben, sondern mehrere Firmen, die sozusagen Partner sind durch eine ganz andere Kostenstruktur, die wir haben, durch ganz andere Leistungsverträge, die wir haben durch kontinuierliche Anpassung dieser Leistungsverträge, die uns möglich war (...) im Abfallbereich. Wir haben die Gebühren 10 Jahre stabil gehalten. Jetzt vielleicht auch noch 2 Jahre, insgesamt 12 Jahre. ...Für den Bürger, denke ich hat sich nichts verändert, nicht verschlechtert, aber auch nichts verbessert. Wenn ich ganz unten einen Strich ziehen würde, würde ich sagen, dass sich nicht viel verändert hat, sondern nur, dass die Stadt ganz schön viel Geld verschenkt hat.“

Anders beurteilt ein Vertreter des Personalrats den Abwasserbereich: Die im Eigenbetrieb noch diskutierten Entwicklungs- und Innovationsmöglichkeiten des Betriebes wurden abgeschnitten. Die Hansewasser wurde im Interesse der steuernden Konzerne allein auf optimale Rendite getrimmt.

„Abwasserseitig waren die BEB mit Sicherheit ein „Goldesel“. Und das hat man genutzt. Durch diese absolut überhöhte Gebührenerhöhung von 3,95 DM auf 5,20

DM vor der Privatisierung, hat man sich genug Luft verschafft, um die steuerlichen Nachteile und die Gewinnentnahmen der Gesellschafter dadurch kompensieren zu können, ohne die Gebühr wieder direkt erhöhen zu müssen. ...

Das Programm, das ohnehin vor Privatisierung zur Effizienzsteigerung ausgearbeitet worden war, Abwasser 2000 hieß es, das hätte man als Anstalt des öffentlichen Rechtes ähnlich umgesetzt wie die Hansewasser Bremen GmbH. ... Nur wäre dies dem Gebührenzahler zugute gekommen, oder der Stadt, eben dadurch, dass diese Eigenkapitalrendite weiter an die Stadt gezahlt worden wäre von 37 Mio. DM. Das hat man vertan, diese Möglichkeit. Stattdessen fließen jetzt große Summen an die Gesellschafter der Hansewasser Bremen GmbH aus Bremen raus in Ruhrgebiet, nach Oldenburg und in die Niederlande. Diese Situation wird sich zuspitzen in den nächsten 20 Jahren.“

Nicht ganz so pessimistisch bewertet ein Interviewpartner des Umweltbetriebes die Lage.

„Man hat ja 98 politisch entschieden und einen 30jährigen Vertrag geschlossen. ... Der äußere Rahmen ist gesetzt worden. Es gilt, diesen Rahmen im Interesse der Bürger und Gebührenzahler möglichst effektiv auszufüllen.“

Da mit der seit 2008 wirksamen Entgeltreduktion die Chance zur Überprüfung bis 2028 drastisch reduziert wurde, sind die Gestaltungsmöglichkeiten allerdings begrenzt. Befragt, was man heute bei einem PPP-Modell anderes machen sollte als 1998, führte ein Interviewpartner aus der senatorischen Behörde vier Aspekte an:

„Damals gab es für uns keine Vorbilder aus Großstädten. Das war Neuland. Die Modelle aus den neuen Bundesländern waren für uns nicht nachahmenswert. Natürlich würde ich heute einiges anders machen. Im Kern geht es um die folgenden Punkte:

1. *Ich würde die Laufzeit der Verträge reduzieren – max. 25 Jahre – so zwischen 20-25 Jahre;*
2. *Statt einmaliger Erlöse würde ich anstreben, am normalen unternehmerischen Risiko teilzunehmen und eine Gewinnbeteiligung vereinbaren. Die Gewinne auf den städtischen Anteil von 25,1% sind gegenwärtig festgeschrieben. Die höheren Erträge des Betreibers sollte man für den Gebührenzahler nutzbar machen.*
3. *Keine Änderungen würde ich vornehmen bei der fachlichen Durchstrukturierung der Leistungspflichten für das Kanalnetz. Aber bessere Abspracheproze-*

duren zu Reinvestitionen in die Eigenanlagen des Betreibers, die halte ich für notwendig.

4. *Schließlich wäre heute auch eine steuerliche Optimierung des Modells bzgl. der Kredite auf Altanlagen angesagt. Schon bei der Privatisierung der Entsorgung in Bremerhaven haben wir dieses anders gemacht.“*

Den wesentlichen Vorteil des PPP-Modells für die freie Entscheidung der Stadt über eigenständige Übernahme des Betriebs bei Auslaufen der Verträge oder Neuausschreibung sieht der Gesprächspartner in den reduzierten Personalkosten.

3.4.3 ANWENDUNG DES KRITERIENKATALOGES

Bewertung PPP-Modell Stadt Bremen im Bereich Abfall	⊗	⊗	⊗	⊗
Bewertungskriterium	voll erfüllt	teilweise erfüllt	deutliche Mängel	nicht zu bewerten
Erfüllung kommunaler Umweltziele		⊗		
Know-how-Transfer		⊗		
Steuerung/Kontrolle der Aufgabenerfüllung	⊗			
Technisch-organisatorische Flexibilität		⊗		
Wirkung auf Entsorgungssicherheit		⊗		
Effizienzvorteile auch für Bürger, Mitarbeiter		⊗		
Regionale und soziale Folgen			⊗	
Bedeutung der Besteuerung für Organisation		⊗		
Finanzwirtschaftliche Nachhaltigkeit		⊗		
Auswirkungen auf die Gebühren		⊗		
Auswirkungen auf den kommunalen Haushalt			⊗	
Mitbestimmung, Bezahlung, Betriebsklima	⊗			
Anpassungsfähigkeit und Reversibilität des Modells	⊗			
Berichtspflichten		⊗		
Haftung, öffentliche Garantien und Nebenlasten	⊗			
Transparenz von Entscheidungen und vertraglichen Regelungen			⊗	
Überprüfung/Überprüfbarkeit durch unabhängige Instanzen			⊗	
Vorsorge für wieder eigenständige Aufgabenwahrnehmung			⊗	

Bewertung PPP-Modell Stadt Bremen im Bereich Abwasser	⊗		⊗			⊗	⊗
Bewertungskriterium	voll erfüllt		teilweise erfüllt			deutliche Mängel	nicht zu bewerten
Erfüllung kommunaler Umweltziele	⊗						
Know-how-Transfer			⊗				
Steuerung/Kontrolle der Aufgabenerfüllung		⊗					
Technisch-organisatorische Flexibilität						⊗	
Wirkung auf Entsorgungssicherheit			⊗				
Effizienzvorteile auch für Bürger, Mitarbeiter		⊗					
Regionale und soziale Folgen				⊗			
Bedeutung der Besteuerung für Organisation			⊗				
Finanzwirtschaftliche Nachhaltigkeit						⊗	
Auswirkungen auf die Gebühren						⊗	
Auswirkungen auf den kommunalen Haushalt						⊗	
Mitbestimmung, Bezahlung, Betriebsklima	⊗						
Anpassungsfähigkeit und Reversibilität des Modells				⊗			
Berichtspflichten	⊗						
Haftung, öffentliche Garantien und Nebenlasten					⊗		
Transparenz von Entscheidungen und vertraglichen Regelungen						⊗	
Überprüfung/Überprüfbarkeit durch unabhängige Instanzen					⊗		
Vorsorge für wieder eigenständige Aufgabenwahrnehmung						⊗	

3.5 FALLSTUDIE DORTMUND BEWERTUNG DES PPP–MODELLS STADT DORTMUND (ABFALLENTSORGUNG)

3.5.1 ENTWICKLUNG DES DORTMUNDER PPP-MODELLS

AUSGANGSSITUATION

Dortmund ist eine Stadt mit ca. 590.000 Einwohnern, die größte Stadt Westfalens und seit der Industrialisierung geprägt als Industriestandort. Die Abfallwirtschaft war seit Kriegsende als Regiebetrieb organisiert. Die Mitarbeiter der Müllabfuhr – so nannte man den Betrieb noch Anfang der 1990 er Jahre in Dortmund – kümmerten sich um die Entsorgung der privaten Hausmüllabfälle und der Gewerbeabfälle. Gegen 1990 zeichnete sich eine Umstrukturierung ab. Die Gründe werden in einem Urteil des Verwaltungsgerichtes Gelsenkirchen vom 15.12.1994, in dem der gesamte Privatisierungsprozess bewertet wurde, wie folgt zusammengefasst:

„Ausgangspunkt der Privatisierungsüberlegungen war vielmehr die schwierige Situation im Bereich der Abfallbeseitigung. Insoweit zeichnete sich bereits im Jahre 1991 ab, dass die beiden vorhandenen Deponien in Grevel und Huckarde in Kürze verfüllt sein würden und dass für die Sicherungsarbeiten erhebliche Beträge aufzuwenden sein würden (ca. 120 Mio. DM in einem Vierjahreszeitraum). Die bevorstehende Beendigung der Nutzungszeit machte es zugleich erforderlich, möglichst schnell eine neue Deponie zu errichten. Hierfür wurden Kosten in Höhe von ca. 350 Mio. DM veranschlagt. Da in der Zeit zwischen Verfüllung der bestehenden Deponien und Errichtung der neuen Deponien erhebliche Aufwendungen für einen „Müllexport" zu erwarten waren – tatsächlich fielen hierfür 1992 nach Angaben der Stadt 40 Mio. DM an, ergaben sich, nicht zuletzt im Interesse des Gebührenzahlers, unter Kostengesichtspunkten sachliche Zwänge für eine zügige Umsetzung des neues Deponiekonzeptes. Vor diesem Hintergrund ist die Einschätzung des Rates der Stadt, dass eine private Gesellschaft, in die die einzelnen Gesellschafter ihr auf den Gebieten Entsorgung, Versorgung und Umwelttechnik erworbenes Knowhow einbringen, zur Bewältigung der komplexen und zeitlich drängenden Aufgaben besser in der Lage sei, als der bisherige städtische Regiebetrieb, ohne weiteres nachvollziehbar. Der Rat, der bei Großprojekten der vorliegenden Art wegen der finanziellen Auswirkungen der zu treffenden unternehmerischen Entscheidungen auf den Haushalt der Stadt zur Entscheidung berufen wäre, besitzt zum einen nicht in gleichem Maße die erforderlichen Sachkenntnisse. Zum anderen würden

durch seine Einschaltung erhebliche Zeitverzögerungen entstehen, die –wegen der zwischenzeitlich erforderlichen Verbringung des Abfalls auf fremde Mülldeponien – mit der Entstehung zusätzlicher Kosten, möglicherweise aber auch darüber hinausgehender Nachteile gleichbedeutend gewesen wäre. Ein wichtiges Interesse für eine Privatisierung der Abfallbeseitigung kann nach alledem nicht ernsthaft in Frage gestellt werden."

Ehemalige Mitarbeiter der Stadt bestätigen die Einschätzung:

„Aber im Wesentlichen wurde bis 1990 auf zwei Hausmülldeponien der gesamte Abfall entsorgt, auch der Industrieabfall, der hier noch reichlich angefallen ist. Und diese beiden Deponien erschöpften sich in ihrer Kapazität um die Wende der 80er/90er Jahre. Dies war absehbar und die eingeleiteten Planungen von Seiten der Stadt kamen nicht richtig voran. Wir hatten damals sowohl in der Abfallgesetzgebung als auch im technischen Standard der Abfallentsorgungsanlagen Änderungen. Die wilde Abkipperei einfach auf großen Müllbergen neigte sich dem Ende zu, es kam die geordnete Entsorgung des Abfallgesetzes, das eine Abdichtung nach unten vorsah, und unsere Deponien hatten das nicht."

Ein anderer Zeitzeuge drückte es noch deutlicher aus:

„Deshalb gab es in Dortmund die fatale Situation einer Notentsorgung mit dem Ergebnis, dass der gesamte Dortmunder Abfall exportiert werden musste. Und zwar der der privaten Haushalte, aber auch der gewerblichen Wirtschaft. Das hatte eine katastrophale Kostenentwicklung zur Folge. Es entstand mit dem Export die Situation, dass die Kosten um das 10fache bis 11fache gestiegen sind. Und das hat natürlich dann zu hellem Aufruhr geführt."

ENTSCHEIDUNGSPROZESS

Die Beteiligten in der Stadtverwaltung einigten sich unter Einbeziehung des Personalrates auf die Einrichtung einer Projektgruppe zur Erarbeitung fachlicher Konzepte und zur Vorbereitung der notwendigen politischen Entscheidungen. Der Rat wurde frühzeitig darüber informiert, dass die Verwaltung im Zusammenhang mit der Neuorganisation der Abfallwirtschaft die Beratungskapazität der WIBERA aus Düsseldorf in Anspruch genommen hat.

Die WIBERA hat dann Mitte 1990 „Empfehlungen zur Neuorganisation der Abfallwirtschaft in der Stadt Dortmund" formuliert. Denkbare Gestaltungsformen im Rahmen einer Neuorganisation waren die eigenbetriebsähnliche Einrichtung und die handelsrechtliche Kapitalgesellschaft. Die WIBERA schlug im Ergebnis eine Kapitalgesellschaft vor und führte hierzu aus:

„Wir empfehlen eine privatrechtliche Unternehmensform in erster Linie deshalb, weil nur bei einer privatrechtlichen Gestaltung die spätere Beteiligung Dritter, z.B. privater Entsorgungsunternehmen, möglich ist. Eine solche Beteiligung kann aus abfallwirtschaftlichen Gründen sinnvoll oder erforderlich sein. Bedeutsam ist hier der Umstand, dass die Stadt Dortmund ihre Abfallwirtschaft zukünftig verstärkt auf den Einsatz stofflicher Verwertungsmaßnahmen aufbauen wird, deren wesentliches Problem in der Vermarktung der so gewonnenen Produkte und Wertstoffe liegt. Hier waren private Entsorgungsfirmen von Anfang an öffentlich – rechtlichen Körperschaften überlegen und sind heute absolut dominierend. Diese Entwicklung, die durch die strukturellen Schwächen der öffentlichen Hand einerseits und die hohe Flexibilität und Risikobereitschaft der meist mittelständischen Unternehmer andererseits sicher begünstigt wurde, ist heute als gegeben hinzunehmen. Für einzelne Kommunen dürfte es – auch aufgrund ihres vergleichsweise geringen Marktpotentials – praktisch ausgeschlossen sein, die im Wege stofflicher Verwertung gewonnenen Produkte ohne Beteiligung Dritter, sei es durch eine schuldrechtliche Vereinbarung, sei es durch gesellschaftsrechtliche Einbindung, angemessen zu vermarkten."

Die WIBERA weiter:

„Unseres Erachtens ist der Verbindung einer gemeinsamen Gesellschaft der Vorzug zu geben, obwohl dies für die Stadt Dortmund auch die Beteiligung am Risiko – z.B. falsche Auslegung der Anlagen, fehlende Absatzmöglichkeiten etc. – bedeutet. Eine schuldrechtliche Vereinbarung, die diese Risiken vollständig auf den Privatunternehmer verlagert, dürfte nicht verhandelbar sein; zumindest wird der Unternehmer alle übernommenen Risiken im Angebotspreis so berücksichtigen, dass die Stadt daran in erheblichen Maße beteiligt ist. Anders als in der Gesellschaft fehlt ihr dann allerdings die Möglichkeit der Steuerung."

Mit Datum vom 17.09.1990 ist der Rat der Stadt Dortmund diesem Vorschlag gefolgt. Er beschloss, für Aufgaben der Abfallwirtschaft eine GmbH zu gründen. An dieser Gesellschaft sollen sich private Dritte beteiligen, aber zur Sicherung der beherrschenden Stellung der Stadt zu höchstens 49 % der Anteile. Die Verwaltung wurde – so wörtlich – beauftragt,

„1. die Verhandlungen mit den potentiellen Beteiligten zügig zum Abschluss zu führen, damit zum 01.01.1991 die Gesellschaftsgründung erfolgen kann,

2. für die Novembersitzung des Rates Entwürfe eines Gesellschaftsvertrages und eines Entsorgungsvertrages vorzulegen."

In der Folge wurden auch mit den Gewerkschaften und Personalräten heftige Diskussionen geführt. Aus einer Dokumentation der Gewerkschaft zur Gründung der Entsorgung Dortmund GmbH ergibt sich, dass auf Initiative des Personalrates am 23.10.1990 eine Betriebsversammlung stattfand.

„Personalrat und Gewerkschaft ÖTV hatten für diese Sitzung der Verwaltung einen 26 Punkte umfassenden Forderungskatalog vorgelegt, der für die Regelung des Personalüberganges von Kolleginnen und Kollegen in die Gesellschaft Berücksichtigung finden sollte. Zwei Tage später beauftragte der Rat die Verwaltung, diese 26 Punkte bei den Gründungsverhandlungen zur Gesellschaft zu berücksichtigen."

Der Widerstand der Gewerkschaften gegen die vorgeschlagene Privatisierung hielt sich nach Einschätzung der Interviewpartner in Grenzen. Zum einen wurden die Rechte der Mitarbeiter weitgehend gewahrt, zum anderen fürchteten die Gewerkschaften eine weitergehende Privatisierung.

„Es hat intensive Diskussionen gegeben. Aber es ist von Anfang an in der Stadt Dortmund eigentlich eine enge Zusammenarbeit und Konsultation und Kommunikation mit den Gewerkschaften und auch mit den Arbeitnehmern gesucht worden. Und da für die Arbeitnehmer und Gewerkschaften klar war, dass es in Dortmund möglicherweise auf eine völlige Privatisierung, also in Reinkultur, hinauslaufen könnte, gab es von Seiten der Arbeitnehmer und auch von Seiten der Gewerkschaft eine große Bereitschaft, diesen neuen Weg zu gehen."

In der Ratssitzung vom 29.11.1991 sind die Verträge vom Rat der Stadt beschlossen worden. Der Rat entschied sich für die vorgesehene Form der Privatisierung, denn:

„Die Politik hatte kein Vertrauen mehr in das Leistungsvermögen eines Regiebetriebes der Verwaltung und vor allem auch der Verantwortlichen. Die Tatsache, dass der Umweltdezernent von seinen Aufgaben in diesem Bereich entbunden wurde, ist eindeutig."

Die Entsorgung Dortmund GmbH (EDG) wurde gegründet.

BESCHREIBUNG DES MODELLS

Das Modell orientiert sich an den vielfach beschriebenen Kooperationsmodellen:

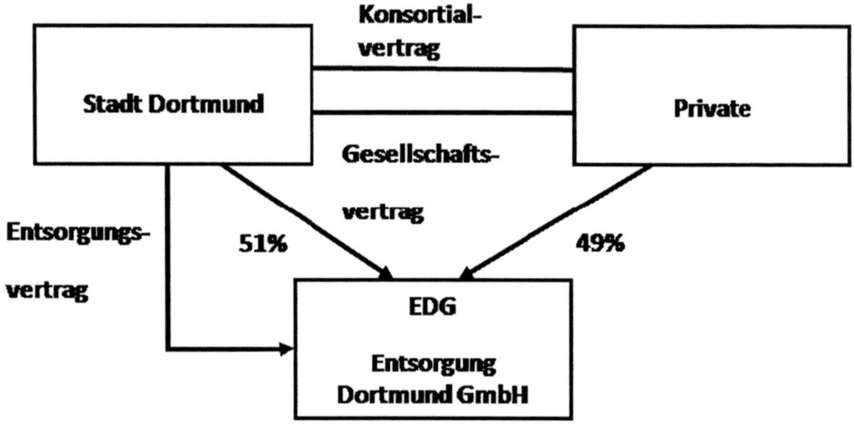

Abb. 14: Skizze der Kooperationsmodelle
Quelle: Eigene Darstellung nach Unterlagen der EDG

Es handelt sich im Ergebnis um mehrere miteinander verknüpfte Verträge, die die Beteiligten miteinander geschlossen haben.

Der Konsortialvertrag regelt die Grundsätze der Zusammenarbeit zwischen den Geschäftspartnern, während der Gesellschaftsvertrag die Anteile der Beteiligten festschreibt:

Stadt Dortmund	51%
Vereinigte Elektrizitätswerke Westfalen AG (VEW)	25,1%
Dortmunder Stadtwerke	11,95%
Ruhrkohle Umwelt AG	11,95%

Zugleich wurde der Entsorgungsvertrag zwischen der Stadt Dortmund und der EDG für einen Zeitraum bis zum 31.12.2010 abgeschlossen. Die Stadt beauftragt die EDG umfassend mit der Erledigung aller operativen Aufgaben im Bereich der Abfallwirtschaft. Alleine die öffentlich-rechtliche Entsorgungspflicht blieb unberührt.

TYPISIERENDE EINORDNUNG

Legt man als Raster für PPP-Typen die Klassifikation des BMWA zugrunde, so wurde im Modell Dortmund das Kooperationsmodell gewählt.

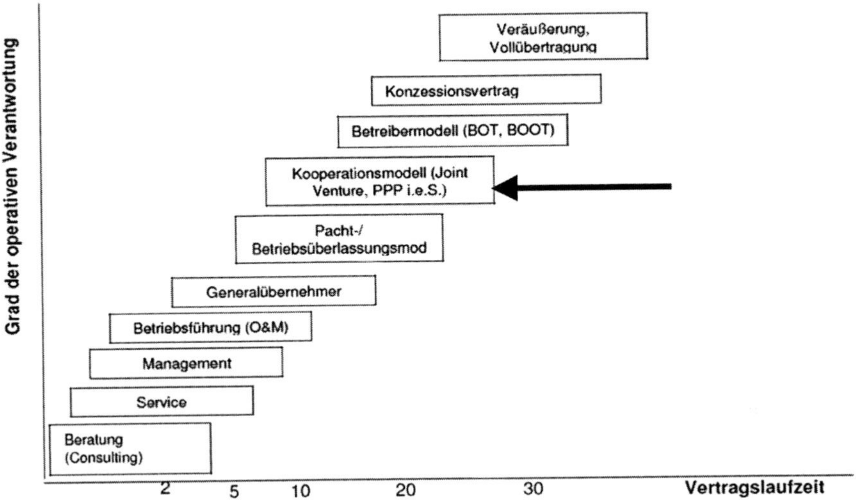

Abb. 15: PPP-Modell Dortmund
Quelle: Eigene Nachstellung

Der Grad der operativen Verantwortung wurde damit in hohem Maße auf den privaten Betreiber übertragen. Dies gilt insbesondere auch deshalb, weil der abgeschlossene Vertrag eine automatische Verlängerungsoption enthält. Die Stadt plante daher ersichtlich, die Aufgabenerledigung langfristig in Privatrechtsform zu belassen.

ENTWICKLUNG DES MODELLS UND KONFLIKTE

Die Umstrukturierungen werden von den Beteiligten überwiegend positiv bewertet. Es ist gelungen, aus der städtischen „Müllabfuhr" eine modern organisierte „Abfallwirtschaft" zu formen. Aus dem „Wegkippen" der Abfälle entwickelte sich eine „Ressourcenwirtschaft", so der Titel einer Broschüre der EDG aus dem Jahr 2009. Es galt, Entsorgungswege für die Beseitigung der Abfälle und Vertriebswege für die Wiederverwertung von Abfällen aufzubauen. In der Broschüre sind diese beispielhaft aufgezeigt:

1992: Beteiligung an der Dortmunder Recycling GmbH
1993: Beteiligung an der welge Entsorgung GmbH
1993: Beteiligung an der Dortmunder Mineralstoffverwertungs GMBH
1997: Beteiligung an den Hagener Entsorgungsbetrieben
1997: Beteiligung an der MHB (Müllverbrennung)
1997: Gründung der Dortmunder Gesellschaft für Abfall mbH
2002: Beteiligung an der Abfallentsorgungsgesellschaft des Märkischen Kreises mbH
2005: Gründung der Dortmunder Kommunale Entsorgung GmbH
2006: Gründung der Dortmunder Logistikgesellschaft mbH

Mit diesen Beteiligungen gelang es, die Wertschöpfungskette vom Sammeln über die Sortierung, die Beseitigung und Verwertung bis hin zur Vermarktung der Abfälle zu schließen.

Der 1990 drohende Entsorgungsnotstand konnte abgewendet werden. Die Phase zwischen 1990 und 2010 ist neben der kontinuierlichen Weiterentwicklung der Unternehmenssparten auch gekennzeichnet durch eine Umstrukturierung der Gesellschafteranteile an der EDG. Diese wurde Ende der 1990er Jahre ausgelöst durch die Fusion der RWE mit der VEW. Die VEW hielt zu diesem Zeitpunkt nach dem Erwerb Ruhrkohle Beteiligung von 11,95 % durch eine Tochterfirma insgesamt 37,05 % der Anteile an der EDG.

„Um die Genehmigung für die Fusion mit RWE zu bekommen, musste sich VEW nicht von Anteilen aus dem Energiegeschäft trennen. VEW hatte inzwischen die Firma Edelhoff gekauft und hatte deshalb doch auch erkleckliche Marktanteile im Abfallmarkt. Und da hat das Kartellamt zur Auflage gemacht, dass VEW sich von diesen Anteilen, unter anderem auch an der EDG, trennen möge, und auch von den Anteilen an der Müllverbrennungsanlage in Hamm. Und da sind wir, nachdem die EDG sich so gut entwickelt hat, ob das die Rentabilität, ob das der Vermögenswert des Unternehmens, ob das die Leistungsfähigkeit, die Entsorgungssicherheit, die wirtschaftliche Effizienz betrifft, auf den Rat zugegangen und haben ihn überzeugen können, dass es Sinn macht, die Anteile an der EDG zurück zu erwerben. Dieser Erwerb war nicht prinzipiell gegen das PPP-Modell gerichtet. Denn bei unseren Tochtergesellschaften, da haben wir private Anteilseigner, bis heute."

Die Stadt Dortmund hat die Anteile der VEW an der EDG nicht gekauft. Sie hat einen anderen Weg gefunden, den städtischen Einfluss auf die Abfallentsorgung zu sichern oder zu erhöhen. VEW hat die Anteile an der EDG – vereinfacht zusammengefasst – nicht an die Stadt Dortmund veräußert, sondern an die Stadtwerke Dortmund. Die Stadtwerke Dortmund haben im Gegenzug einen Teil ihrer Anteile an der Dortmunder Energie- und Wasserversorgung an die VEW (heute RWE) überschrieben. Die VEW verlor damit ihren Einfluss im Abfallbereich, erhöhte aber ihre Gesellschafteranteile im Dortmunder Energie- und Wassermarkt.

„Getauscht wurden Aktienanteile, das war eine elegante Lösung. Die Stadtwerke konnten von der Sinnhaftigkeit überzeugt werden. Sie haben dies auch nicht bereuen brauchen, denn die Ertragslage der EDG aufgrund unserer intensiven marktwirtschaftlichen Tätigkeiten war sehr gut."

Heute befindet sich das Unternehmen nach eigenen Vorstellungen nach der Gründungsphase (1991 – 1996), der Expansionsphase (1997 – 2007), der Konsolidierungsphase (ab 2008) in einem Prozess der Optimierung. Die EDG befindet sich nach eigenem Anspruch auf dem Weg zu einem Unternehmen, das „Shareholder Value" und „Citizen Value" miteinander verbinden will.

3.5.2 ERFAHRUNGEN

1) UMWELTZIELE

Anfang der 1990er Jahre konnte die Stadt Dortmund eine ordnungsgemäße Entsorgung des Hausmülls und der gewerblichen Abfälle nicht mehr gewährleisten. Bis dahin wurde der Müll auf zwei seit Kriegsende betriebenen Deponien abgelagert.

Vor diesem Hintergrund – dies wurde einleitend bereits beschrieben – suchte die Stadt nach Lösungen unter Einbeziehung privaten Know-hows, weil man es sich selbst nicht mehr zutraute, eine moderne, den gesetzlichen Vorgaben entsprechende Abfallwirtschaft aufzubauen. Die vorgenommene Privatisierung hatte damit ihr wesentliches Motiv darin, eine umweltgerechte Abfallentsorgung überhaupt erst zu ermöglichen.

Die EDG wurde in § 1 des Entsorgungsvertrages von der Stadt umfassend beauftragt alle operativen Aufgaben im Zusammenhang mit der Abfallentsorgung zu übernehmen. Das Misstrauen gegenüber der Leistungsfähigkeit der Stadt führte dazu, dass auch Planungsaufgaben der EDG übertragen wurden, z.B. die Erstellung der Abfallwirtschaftspläne.

Die Verwaltung und die Politik formulieren Umweltziele, dies aber weniger in formellen Beschlüssen oder in Form von Handlungsanweisungen. Umweltziele werden eher informell vermittelt:

„Es werden Forderungen in der Politik erhoben, und dadurch, dass die Gesellschaft (EDG) hier Bestandteil des öffentlichen Lebens ist, war es selbstverständlich, dass Anregungen sofort aufgegriffen werden. Wenn die von einer Mehrheitsfraktion oder einem Koalitionsbündnis kommen, wird von der Gesellschaft auch schon automatisch versucht, diese Erwartungen auch zu erfüllen. Darüber hinaus legt der Rat die Rahmenbedingungen und Umweltziele in einem eigenem Konzept fest, das regelmäßig an sich ändernde Bedingungen angepasst wird."

Die Erfüllung umweltrechtlicher Anforderungen war wesentliches Motiv für die Initiierung des PPP-Modells.

2) PRODUKTIVER KNOW-HOW-TRANSFER

In gleicher Weise stand der Transfer von Wissen vom Privaten an die Stadt im Mittelpunkt des Privatisierungsverfahrens. Die Stadt Dortmund war fachlich alleine nicht mehr in der Lage, die Abfallentsorgung auf hohem Niveau sicherzustellen. Nach der Privatisierung wird dagegen ein Wissenstransfer vom privaten Mitgesellschafter an die Stadt beobachtet. Die Stadt stellte in der EDG den Hauptgeschäftsführer, die VEW als größter privater Anteilseigner den kaufmännischen Leiter. Zwischen 1992 und 2006 entwickelte sich die EDG vom Müllentsorger zum umfassend tätigen Akteur in der Abfallwirtschaft. In jeder Entsorgungssparte wurden abfallwirtschaftliche Lösungen erarbeitet und jeweils privates Wissen und Kapital eingeworben. Dies illustriert ein Schaubild der EDG, das die Strategien und Maßnahmen zur Bildung von Entsorgungsketten von der Sammlung des Abfalls bis hin zur Vermarktung zeigt. In diesem Schaubild werden auch die Verflechtungen der unterschiedlichen Firmen deutlich. Nur weil es gelungen ist, die Entsorgungswege mit Hilfe des privaten Know-how differenziert zu organisieren, konnte die EDG sich vor Ort etablieren.

Ein Gesprächsteilnehmer fasst den Wissenstransfer wie folgt zusammen:

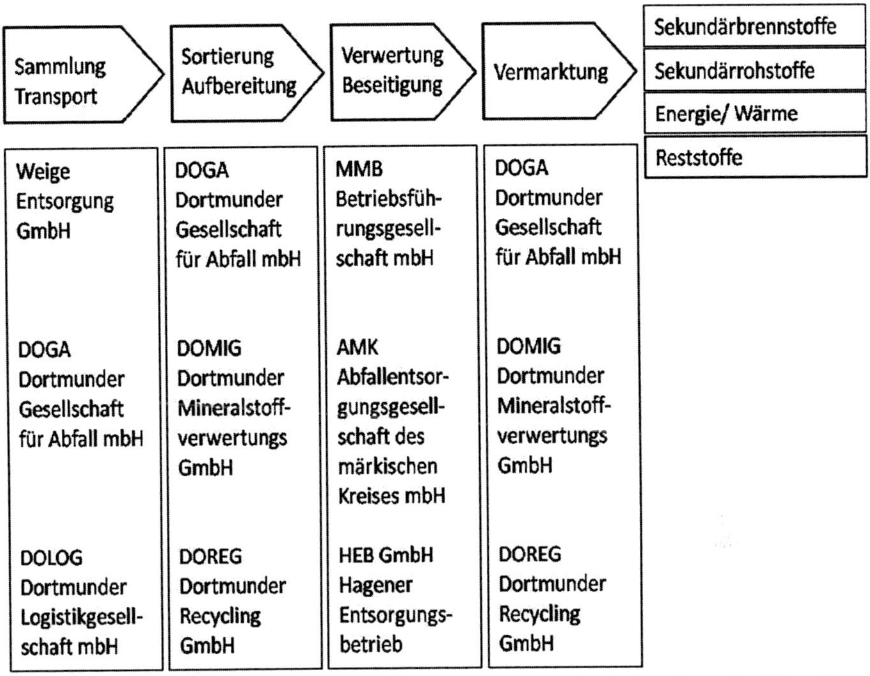

Abb. 16: Die Funktionen der Tochter- und Beteiligungsgesellschaft entlang der Wertschöpfungskette
Quelle: Eigene Darstellung nach Unterlagen der EDG

„Deshalb gibt es auch bei uns im Konsortialvertrag eine Festlegung, die ist damals bewusst getroffen worden, dass die Geschäftsführung sich zusammensetzt aus dem Sprecher oder Hauptgeschäftsführer, der von Seiten der Stadt kommt. Der wird auch durch den Rat gewählt, und VEW hatte ein Vorschlagsrecht, einen zweiten Geschäftsführer hineinzubringen. Mit der Maßgabe sogar, dass die Stadt sich verpflichtet im Konsortialvertrag, dass sie diesen Vorschlag unterstützen wird. Und der hatte die Aufgabe, bei der Gründung der EDG betriebswirtschaftliche Strukturen aufzubauen, die es bis dahin nicht gab. Wir hatten ja nicht mal einen Vertrieb. Dann haben wir den Einkauf, eine eigene Personalverwaltung, eine eigene EDV gegründet, da ist die VEW wirklich sehr wichtig gewesen.“

3) STEUERUNG UND KONTROLLE

Das Vertragscontrolling und das Beteiligungscontrolling folgen nicht schematischen Vorgaben. Das von den Beteiligten gewählte Kooperationsmodell ermöglicht es offenbar, die Steuerung und Kontrolle eher informell zu regeln. Es liegt auf Seiten der EDG ein sogenanntes Managementhandbuch des EDG Unternehmensverbundes vor.

Die Stadt hat die Beteiligungskontrolle und das Vertragsmanagement in der Kämmerei zusammengeführt.

„Hauptsächlich ist da ein Beteiligungscontrolling, eine Steuerung der Gesellschaft. Deswegen sitzt der Fachbereich Abfallwirtschaft auch hier bei der Kämmerei. Weil man gesagt hat, das verbinden wir an der Stelle mit der Steuerung der Gesellschaft.

Die gesamte Abwicklung des operativen Geschäfts musste sich einspielen im Laufe der Zeit. Und das ist inzwischen aber Routine und es macht eigentlich keine Probleme mehr, im Großen und Ganzen. Man muss sagen, das Beteiligungscontrolling der Stadt ist relativ gut aufgestellt. Die Kollegen sind alle extra eingestellt und waren vorher bei Wirtschaftsprüfern beschäftigt oder in der freien Wirtschaft. Wir wissen also durchaus, was eine Bilanz ist und können dann an der Stelle auch fundiert der Politik etwas dazu schreiben. In Einzelfällen, wo ein Gutachten erforderlich ist, da holen wir auch Hilfe dazu.“

Die EDG formuliert die Zusammenarbeit wie folgt:

„Der Wille des Rates war, das gesamte operative Geschäft eigentlich raus zu bringen aus der Verwaltung, sozusagen die Abfallwirtschaft in die selbstständige Verantwortung der EDG zu übertragen. Bis hin – und das ist ganz wichtig – zur Erstellung des Abfallwirtschaftkonzeptes, das heißt in den Verträgen mit der EDG ist auch die Erstellung des Abfallwirtschaftkonzeptes Bestandteil der Aufgabe. Natürlich, letztlich wird das Abfallwirtschaftskonzept durch den Rat verabschiedet, die Verwaltung bekam sozusagen von der EDG in den letzten Jahren immer Vorschläge dazu. Dann haben wir uns mit der Verwaltung zusammengesetzt und da hat es auch nie Probleme gegeben. Soviel zu dem operativen Teil.“

„Beteiligungscontrolling wird ja klassischerweise mehr von der Finanzsphäre aus betrachtet, wie kann man Unternehmen auch noch vernünftig begleiten? Dass man die nötige Transparenz hat, die unternehmerische Entscheidungen, die auf der Gesellschafterebene zu treffen waren, auch noch durchzuführen. Und natürlich auch, dass man darauf achtet, dass die Ziele, die im Abfallwirtschaftskonzept niedergelegt sind, dass diese dann auch entsprechend begleitet werden.“

Die Zusammenarbeit wird wie folgt zusammengefasst:

„Es gibt einen ständigen Kontakt zwischen Stadt und EDG. Jede Aufsichtsratssitzung, jede Gesellschafterversammlung und alle grundlegenden Bescheide werden immer mit der Stadt Dortmund im Vorfeld besprochen. Auch wenn es in diesen Bereichen Diskussionen gibt, das ist eigentlich eine sehr gute kooperative Zusammenarbeit."

Die Gründe für die unkomplizierte Zusammenarbeit liegen nach Angaben der Gesprächsteilnehmer in der Struktur des Kooperationsmodells. Die Interessen der Stadt und die der EDG decken sich, es gibt personelle Verflechtungen und gemeinsame Ziele.

4) KOOPERATIONEN MIT KOMMUNEN UND PRIVATEN

Das PPP-Modell ermöglichte eine intensivere Zusammenarbeit mit regionalen Kooperationspartnern. Die privatrechtlich als GmbH organisierte EDG ist in der Lage, nicht nur mit öffentlich-rechtlichen Zweckverbänden und Kommunen zu kooperieren, sondern auch mit privatrechtlich aufgestellten Entsorgern. Im Abfallbereich können so weitere Entsorgungswege erschlossen werden.

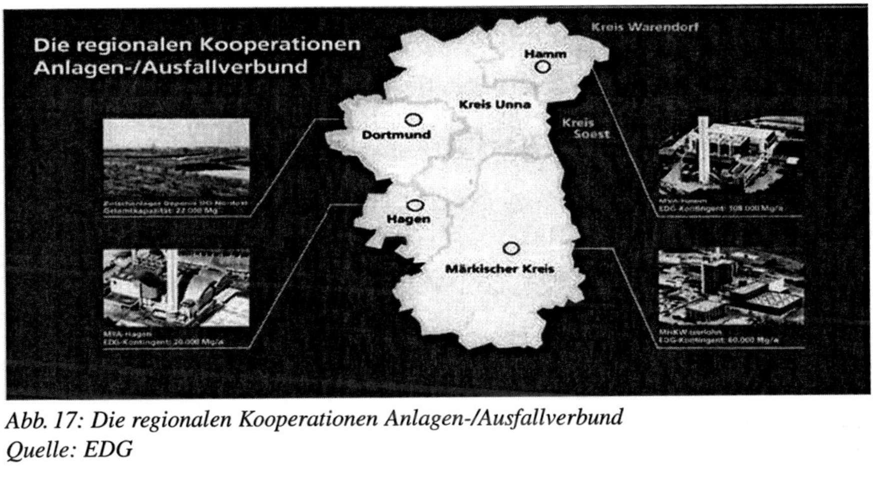

Abb. 17: Die regionalen Kooperationen Anlagen-/Ausfallverbund
Quelle: EDG

5) ENTSORGUNGSSICHERHEIT

Die Entsorgungssicherheit wurde durch die Privatisierung nicht gefährdet. Die Zusammenarbeit mit den Privaten diente gerade der Aufrechterhaltung der Entsorgungssicherheit.

6) ÖKONOMISCHE EFFIZIENZ/WIRTSCHAFTLICHKEIT

Der Entsorgungsvertrag zwischen der EDG und der Stadt sieht eine Erstattung der bei der EDG entstehenden Kosten nach dem Preisrecht vor. Diese 1990 getroffene Vereinbarung ist auch heute noch gültig. § 8 Ziffer des Vertrages lautet (Auszüge):

„Die Entgeltkalkulation (der EDG) hat den jeweils geltenden preisrechtlichen Vorschriften zu entsprechen. Sollte eine behördliche oder gerichtliche Überprüfung ergeben, dass die geforderten Entgelte preisrechtlich unzulässig sind, so gelten die preisrechtlich zulässigen Entgelte als vereinbart. Soweit die von der EDG berechneten Entgelte im Rahmen der Gebührenkalkulation der Stadt Dortmund nicht berücksichtigt werden dürfen, werden die Vertragspartner über eine Neugestaltung der Entgelte verhandeln."

Die Preisprüfung wird von den Beteiligten als sinnvoll angesehen.

„Jedes Jahr werden wir durch die Preisprüfung überprüft. Das heißt, wir haben nicht nur einen Wirtschaftprüfer, der allgemein die Ordnungsmäßigkeit unserer Rechnungslegung feststellt, sondern wir haben zusätzlich die Preisprüfung, um die Kostenansätze, die wir der Stadt in Rechnung stellen, zu prüfen, inwieweit sie korrekt und rechtlich einwandfrei sind. Kostenüberschreitungen wurden nicht festgestellt, es gab sogar Jahre, in denen der Stadt zu wenig in Rechnung gestellt wurde."

Dies führt – so die Einschätzung der Beteiligten – zu einem erhöhten Kostenbewusstsein und im Ergebnis zu angemessenen Entgelten und Gebühren:

„Sie haben vorhin das Benchmarking angesprochen. Benchmarking sind bei uns die Gebühren. Das heißt, wir müssen uns immer dem Gebührenvergleich stellen. Deshalb haben wir von uns selbst das Umland betrachtet. Da haben wir eine erfolgreiche Entwicklung gemacht. Am Anfang waren wir natürlich aus den Gründen, die ich eben beschrieben habe, ganz oben (Anmerkung: mit der Gebührenhöhe). Wir sind dann kontinuierlich runtergegangen. Bis in das letzte Drittel der Gebühren im Vergleich. Die Politik will beides. Die Politik will sowohl, sagen wir mal, eine grundsätzliche Entsorgungssicherheit nach dem Supergau, den wir in Dortmund hatten, die Politik möchte aber auch stabile Gebühren haben. Das haben wir erreichen können. Und die Politik möchte gerne Umweltpolitik im Rahmen

einer modernen Abfallwirtschaft. Und die EDG hat sich einen guten Ruf bei dem Bürger erworben, was die Leistungswerte und auch die Gebührenhöhe betrifft."

Ergänzend werden durch das Rechnungsprüfungsamt der Stadt Dortmund einzelne Kostenansätze der EDG überprüft. Eine solche Überprüfung findet nicht regelmäßig, sondern immer aus gegebenem Anlass statt, z.B. wenn die EDG eine größere Investition mit weit reichenden finanziellen Folgen und Risiken auch für die Stadt plant.

7) REGIONALPOLITISCHE BEDEUTUNG/SOZIOÖKONOMISCHE FOLGEN

Die Initiierung des PPP-Modells als Kooperationsmodell hatte auch den Sinn, Wissen und Arbeit vor Ort zu stärken. Gesucht wurden Kooperationspartner, die einen Bezug zum Standort Dortmund nachweisen konnten, abgelehnt wurde schon 1990 eine weitergehende Privatisierung ohne regionalpolitisches Konzept.

„Uns ging es darum, in Dortmund abfallwirtschaftliches und betriebswirtschaftliches knowhow zu nutzen. Da lag es also nahe, dass die Stadt Dortmund sich VEW als Partner sucht, um betriebswirtschaftliches knowhow und ein neues Geschäftsfeld aufzubauen. VEW heißt ja Vereinigte Elektrizitätswerke Westfalen. VEW war kein Dortmunder Unternehmen. Hatte zwar hier seinen Sitz, es war ein durch westfälische Kommunen geführtes Unternehmen."

8) BESTEUERUNG

Im Zusammenhang mit der Gründung der EDG wurden von der WIBERA auch die Fragen der Besteuerung, insbesondere im Zusammenhang mit der Umsatzsteuer, betrachtet.

„Probleme der Privatrechtsform liegen vor allem in der rechtsformbedingten Besteuerung. Diese Nachteile müssen wegen der Vorteile der vorgeschlagenen Beteiligung Dritter in Kauf genommen werden. Die Höhe der künftigen Steuerbelastungen hängt im Wesentlichen vom Aufgabenumfang und der Finanzierung der Investitionen ab."

Auch die befragten Zeitzeugen bestätigen die Diskussion der Steuerfragen.

„Es hat eine wesentliche Diskussion gespielt bei der Frage der Gründung. Und wir haben diesen Aspekt ja auch von der WIBERA durchleuchten lassen, das war na-

türlich wichtig, weil da konnte natürlich folgende Diskussion entstehen, die auch geführt worden ist: Wenn jetzt plötzlich die Dienstleistung besteuert wird, erhöhen sich die Gebühren. Jetzt sind wir in Anführungsstrichen in dem glücklichen Umstand gewesen, dass wir eigentlich nur noch eine rudimentäre Abfallwirtschaft hatten, die dem Stand der Technik überhaupt nicht entsprach. Das heißt, wir haben ein hohes Investitionsbedürfnis gehabt und die Umsatzsteuer ist die eine Seite der Medaille, die andere ist aber die Vorsteuerabzugsberechtigung. Und unsere Investitionen, die wir in Millionenhöhe getätigt haben, schafften auf der anderen Seite mit dem Vorsteuerabzug natürlich Luft. Sodass da eine liquiditätsmäßige Belastung bei der Umsatzsteuer durch den Vorsteuerabzug bei den Gebühren neutralisiert werden konnte. Das heißt also, wir konnten das ausgleichen. Im Laufe der Jahre konnten wir die steuerlichen Nachteile dann durch unsere Produktivitätssteigerung abfangen.“

Im Ergebnis haben sich die steuerlich bedingten Nachteile wegen der umfangreichen Investitionstätigkeit der EDG und der damit verbundenen Möglichkeit des Vorsteuerabzuges in Grenzen gehalten. Wäre die EDG 1990 bereits ein „vollständig ausgestatteter“ Betrieb gewesen, wäre der Nachteil durch die Umsatzsteuerpflicht signifikant gewesen. So reduzierten sich die Nachteile im Wesentlichen auf die investitionsunabhängige Umsatzsteuer auf den Personaleinsatz der EDG.

9) Finanzielle Struktur des Modells

Aussagen zur finanziellen Struktur des Modells liegen nicht vor.

10) Auswirkungen des PPP-Modells auf die Gebührenentwicklung

Unmittelbare Auswirkungen des PPP-Modells auf die Gebührenentwicklung lassen sich nicht feststellen. Mit der Gründung der EDG mussten die Gebühren erhöht werden. Die Bürger nannten die EDG daher zunächst auch „EDG = *E*rst *D*oppelte *G*ebühren“. Diese Gebührensteigerungen hatten ihre Ursache aber in der bis dahin völlig unzulänglichen Abfallentsorgung, die notwendigen Investitionen schlugen sich dann ab 1991 in den Gebühren nieder.

„Es gab massive Gebührensteigerungen Anfang der 90er Jahre, was aber alleine aus der Tatsache resultierte, dass die beiden alten Deponien erschöpft waren. Dort konnte man bis 1990 sehr günstig deponieren. Wir mussten dann andere Entsor-

gungswege entwickeln. Das hat natürlich erst einmal zu massiven Gebührensteigerungen geführt."

Nach dieser ersten Welle der Gebührenerhöhungen zur Refinanzierung einer ordnungsgemäßen Entsorgung konnten die Stadt und die EDG die Gebühren unterhalb der Inflationsrate stabil halten. Die Beteiligten betonen, dass die Gebühr mittlerweile im Vergleich zu den umliegenden Großstädten im unteren Bereich liegt, und verweisen auf den Gebührenvergleich einer 120 Liter Restabfalltonne:

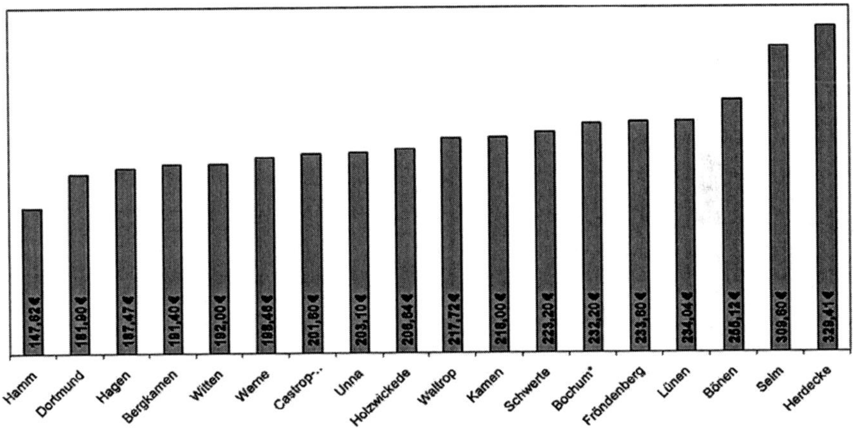

Abb. 18: Gebührenvergleich Dortmund und Umgebung (Jahresgebühr 120-Liter-MGB Graue Tonne (Restabfall))
Quelle: Eigene Darstellung nach EDG Servicezeitung 2004

11) HAUSHALTSAUSWIRKUNGEN

In diesem Zusammenhang sind zwei Wirkungen zu unterscheiden. Die EDG führt aus dem Betriebsergebnis einen Teil der Gewinne an die Stadt ab.

„Wir liegen jetzt bei Gewinnausschüttungen von ca. 6 Mill. Euro. Und das ist natürlich ordentlich. Die resultieren aber nicht aus diesem Entsorgungsvertrag mit der Stadt Dortmund. Sondern die resultieren im Wesentlichen aus den privatwirtschaftlichen Aktivitäten, wo wir mit anderen Entsorgern im Wettbewerb stehen."

Zum anderen ging es in Dortmund auch um die Frage, ob im Zusammenhang mit der Gründung der EDG oder nachfolgenden Umstrukturierungen Erlöse für den allgemeinen Haushalt generiert werden können. Zu diesen Veräußerungsgewinnen gibt es mittlerweile eine vielfältige Rechtsprechung, die ihren Ursprung in einem Gerichtsverfahren hat, das die Gründung der EDG betraf. Hierzu später mehr.

12) MITBESTIMMUNG/PERSONALVERTRETUNG/TARIFRECHT

Gegenstand der Gründung der EDG war auch ein Mitarbeiterkonzept. So verständigte sich die Stadt mit den Beschäftigen auf einen weit gehenden Bestandsschutz. Aus dem Bericht der Gewerkschaft zur Umstrukturierung aus dem Jahr 1991:

„Als wichtigste Errungenschaft ist festzuhalten, dass niemand beim Wechsel in die EDG um die Sicherheit seines Arbeitsplatzes und die Höhe des Einkommens zu fürchten braucht. Um eine vollständige Absicherung zu erreichen, war es erforderlich, für den Fall, dass das Experiment EDG wider Erwarten misslingt, für alle Mitarbeiter/innen einen Arbeitsplatz zu mindestens gleichen Bedingungen wie heute bei der Stadt Dortmund zu sichern."

Auch nach 20 Jahren berichten die Gesprächspartner, dass die Mitarbeiter zufrieden mit den Arbeitsbedingungen bei der EGD sind.

13) FLEXIBILITÄT/ANPASSUNGSFÄHIGKEIT DES MODELLS

Das Kooperationsmodell wird in der jetzigen Form als sehr flexibel bewertet. Es bietet Möglichkeiten der Kooperation mit anderen privatrechtlich organisierten Entsorgungsfirmen. Durch die beherrschende Stellung der Stadt in der EDG können aber auch alle notwendigen Anpassungen und Änderungen ohne weiteres erfolgen.

14) BERICHTSPFLICHTEN

Über Berichtspflichten ist nichts bekannt.

15) HAFTUNGSFRAGEN/STAATLICHE GARANTIEN UND NEBENLASTEN

Die Stadt Dortmund haftet weiter für die Entsorgung der Abfälle. Diese öffentlich-rechtlich fixierte Aufgabe wird nicht auf einen Dritten übertragen. Der Dritte ist lediglich mit der Erfüllung der Beseitigungspflicht vertraglich gebunden.

Bei der Stadt sind insbesondere alle Pflichten im Zusammenhang mit der Rekultivierung der Deponien verblieben.

„Das war auch ein Grund dafür, dass die Deponien nie ins Eigentum der EDG übergegangen sind, sonst hätte der Handelsrichter sofort sagen müssen, ihr seid schon überschuldet bei eurer Gründung. Die Deponie wird auch heute noch im Eigentum der Stadt Dortmund geführt und die Genehmigungsbescheide gehen noch auf die Stadt und nicht auf die EDG. Die Genehmigung der Deponien geht auf das Konto der Stadt."

16) ENTSCHEIDUNGSPROZEDUR/INFORMATIONSPFLICHTEN/ TRANSPARENZ

Die Entscheidungsprozedur wurde einleitend beschrieben. Es handelte sich hiernach um einen Prozess, der von der Verwaltungsspitze gesteuert wurde und in den alle weiteren Beteiligten – Verwaltungsmitarbeiter, Ratsmitglieder, Parteien, Gewerkschaften, Personalräte – einbezogen wurden. Dies wurde von den Gesprächspartnern positiv bewertet.

17) STAATLICHE ÜBERPRÜFUNG

Bereits in den ersten Jahren nach Gründung der EDG wurde das PPP-Modell einer verwaltungsgerichtlichen Überprüfung unterzogen. Die Stadt Dortmund erhöhte Anfang der 1990er Jahre die Gebühren, weil es nicht mehr möglich war, die Abfälle in Dortmund zu deponieren. Der Export des Mülls in ortsfremde Anlagen verteuerte die Entsorgung. Diese Notentsorgung fiel zeitlich zusammen mit der Gründung der EDG.

„Der Haus- und Grundbesitzerverein hat dann eine Aktion gestartet und-das war schon erfolgreich – Politik mit anderen Mitteln betrieben. Gegen den Gebührenbescheid, ich glaub es war 1992, hat es von 85.000 Gebührenbescheiden rund 70.000 Widersprüche gegeben. Die dann alle im Detail hätten geprüft werden müssen. Wir haben das reduziert und daraus drei Musterprozesse gemacht."

Das Oberverwaltungsgericht Münster hat am 15.12.1994 entschieden. Das Urteil betrifft viele Facetten der Privatisierung. Die Überlegungen der Stadt zur Gründung der EDG wurden gebilligt. Das Gericht akzeptierte die Berechnung der Entgelte zwischen der Stadt und der EDG auf Grundlage des

Preisrechtes. Auch das allgemeine Unternehmerwagnis und der hiernach zulässige kalkulatorische Gewinn können in die Gebührenbedarfsberechnung einbezogen werden. Das Urteil hat aber vor allem deswegen bundesweit Aufmerksamkeit erfahren, weil es zugleich die Grenzen für die Verwendung von Veräußerungsgewinnen aufzeigte. Das OVG stellt fest:

„Überträgt eine Gemeinde Anlagevermögen, das sie bisher für Aufgaben der Straßenreinigung und Abfallbeseitigung eingesetzt hat, auf eine Gesellschaft privaten Rechts, müssen Veräußerungsgewinne, die den buchmäßigen Restwert des Vermögens übersteigen, dem Gebührenhaushalt gutgebracht werden, und zwar im Jahr des Entstehens. Diese Bewertung beruht auf der allgemeinen Überlegung, das Gegenstände, die ihre buchmäßige Nutzungsdauer bereits erreicht oder überschritten haben und damit vollständig abgeschrieben sind, häufig noch eine Zeit lang weiter genutzt werden können und daher einen realen Wert darstellen. Dieser Wert (stille Reserven) wäre bei einem Fortbestand des bisherigen städtischen Regiebetriebes den Gebührenzahlern zugute gekommen. Wird Anlagevermögen, das bereits vollständig abgeschrieben ist, gleichwohl aber noch einen Nutzwert besitzt, veräußert, stehen dem Gebührenhaushalt die Veräußerungsgewinne zu.“

Die EDG und die Stadt äußern sich über 15 Jahre nach dem Urteil hierzu wie folgt:

„Wenn Sie ein Auto kaufen als selbstständiger Unternehmer oder Freiberufler gilt folgendes: Es wird abgeschrieben und dann steht es in der Bilanz noch mit dem Buchwert. In der Regel ist der Marktpreis höher. Beim Verkauf erzielt man daher in der Regel einen höheren Erlös als den Buchwert. Bei uns war natürlich das Problem, dass wir in Gänze diesen Fuhrpark von der Stadt in die EDG überführt haben. Deshalb haben wir ein Gutachten fertigen lassen, nicht auf Buchwertbasis, sondern auf Zeitwertbasis. Denn das, was wir in die EDG als Stadt hereingeben, das sollte so behandelt werden, wie wenn wir an irgendeinen Privaten verkaufen. Die Richterin meinte, dass die Differenz zwischen Buchwert und Vertragswert die Bürger über die Gebührenkalkulation schon bezahlt hätten. Deshalb ist diese Differenz dem Bürger zu erstatten.“

Der so berechnete Veräußerungsgewinn wurde nach dem Urteil als Gutschrift in den Gebührenhaushalt überführt. Weitere gerichtliche Entscheidungen zur Abfallgebühr hat es – jedenfalls im Hinblick auf das PPP-Modell – in den Folgejahren nicht mehr gegeben.

18) MÖGLICHKEITEN DER REKOMMUNALISIERUNG

Im Jahr 2000 hat die Stadt die Anteile der VEW an der EDG mit Anteilen der Stadt an der Dortmunder Energie- und Wasserversorgung GmbH getauscht. Dieser Vorgang wurde einleitend bereits beschrieben. Aus Sicht der Stadt handelt es sich um einen strategisch richtigen Schritt, um wesentliche Elemente der Daseinsvorsorge weiter in kommunaler Hand zu halten. Die Stadt entschied sich gegen die Veräußerung weiterer Anteile an der EDG an einen privaten Investor, selbst wenn die Zahlungen zur Entlastung des allgemeinen Haushaltes geführt hätten.

„Deshalb; das Verkaufen einer Gesellschaft ist ordnungspolitisch begründbar. Nur, dann verzichten Sie natürlich auch auf die dauerhaften Möglichkeiten, die ein Unternehmen in kommunaler Hand eigentlich bieten sollte.“

Die Gründe hierfür liegen nicht nur in den jährlichen Gewinnen, die die EDG an die Stadt abführt. Eher mittel- und langfristige Perspektiven werden für die Kommunalisierung angeführt:

„Weil man unternehmerische Zielkonflikte sah, die man nicht eingehen wollte. Man hatte wirklich die Sorge, die kommunalen Zielsetzungen können dabei unter die Räder geraten. Also wenn Sie in der Gesellschaftersitzung jemanden sitzen haben von der privaten Entsorgungswirtschaft, der seine berechtigten Ziele verfolgt, dann liegt der Zielkonflikt auf der Hand. Also bestimmte Entwicklungen hätten hier nie stattgefunden.“

Zielkonflikte sahen die Beteiligten vor allem bei den Renditezielen der privaten Wirtschaft.

„Dies sollte nicht nur unter Renditegesichtspunkten, sondern unter dem Gesichtspunkt der Entsorgungssicherheit für alle Zeiten nach diesen fürchterlichen Erfahrungen Anfang der 90erJahre erfolgen und der Gebührenstabilität. Lieber Gebühren runter und Rendite nicht so hoch. Das waren alles Überlegungen, die den Rat dazu veranlasst haben, zu sagen, wir wollen eigentlich kommunal bleiben. Und auch die Umweltpolitik des Rates war so ausgelegt, dass man eigentlich der Überzeugung war, dass das unter kommunaler Eigentümerschaft leichter umzusetzen ist als unter privater. Zum Beispiel die Kompostsituation: Das Kompostwerk, was wir gebaut haben für die braune Tonne, das ist ein solches Beispiel. Uns ist wichtig, dass die Anlage wirklich auf dem besten technischen Standard ist. Ein Privater denkt da eher an sein eingesetztes Kapital. Der hat da eben eine andere Sicht der

Dinge. Und das war auch der Grund, weshalb hier in Dortmund auch wegen der Entwicklung der EDG gesagt wurde, lasst uns das alleine machen, wir kommen weiter.“

Diese Politik wird von den Bürgern akzeptiert. Eine weitergehende Privatisierung steht derzeit nicht auf der Tagesordnung:

Soll die EDG privatisiert werden?

Auf die Frage nach der Wunschkonstellation für die Zukunft der EDG sprechen sich in der aktuellen Befragung fast zwei Drittel der Dortmunder Bürger dafür aus, diese Besitzverhältnisse beizubehalten. Einer weiteren Privatisierung wird eine deutliche Absage erteilt. Nur 6 % der Befragten – die zumindest eine Teilprivatisierung bevorzugen – sprechen sich für eine hundertprozentige Privatisierung der EDG aus.

Die Organisation der Abfallwirtschaft in Dortmund in öffentlicher und privater Patenschaft ist ein Erfolgsmodell, das Entsorgungssicherheit und Gebühren garantiert.

Sollte die EDG privatisiert werden?	
nein	64 %
weiß nicht	8 %
ja zu 100 %	6 %
ja zu 50 %	16 %
ja zu 25 %	6 %

Abb. 19: Soll die EDG privatisiert werden?

3.5.3 ANWENDUNG DES KRITERIENKATALOGES

Bewertung der Rekommunalisierung in Dortmund im Bereich Abfall	⊗	⊗	⊗	⊗
Bewertungskriterium	voll erfüllt	teilweise erfüllt	deutliche Mängel	nicht zu bewerten
Erfüllung kommunaler Umweltziele	⊗			
Know-how-Transfer	⊗			
Steuerung/Kontrolle der Aufgabenerfüllung		⊗		
Technisch-organisatorische Flexibilität	⊗			
Wirkung auf Entsorgungssicherheit	⊗			
Ökonomische Effizienz		⊗		
Regionale und soziale Folgen	⊗			
Bedeutung der Besteuerung für Organisation			⊗	
Finanzwirtschaftliche Nachhaltigkeit				⊗
Auswirkungen auf die Gebühren		⊗		
Auswirkungen auf den kommunalen Haushalt		⊗		⊗
Mitbestimmung, Bezahlung, Betriebsklima	⊗			
Flexibilität des Modells	⊗			
Berichtspflichten zu nachhaltigem Wirtschaften				⊗
Haftung, öffentliche Garantien und Nebenlasten		⊗		
Transparenz von Entscheidungen und vertraglichen Regelungen	⊗			
Überprüfung/Überprüfbarkeit durch unabhängige Instanzen	⊗			
Vorsorge für wieder eigenständige Aufgabenwahrnehmung	⊗			

3.6 FALLSTUDIE DÜSSELDORF BEWERTUNG DER PRIVATISIERUNG DER DÜSSELDORFER ABFALLENTSORGUNG

3.6.1 ENTWICKLUNG DES DÜSSELDORFER PPP-MODELLS

AUSGANGSSITUATION

Der Regierungsbezirk Düsseldorf umfasst eine Fläche von fast 5.300 qkm. Mit ca. 1.000 Einwohnern pro qkm ist er der dichtest besiedelste und einwohnerstärkste Regierungsbezirk in Deutschland.[19] Die Einwohnerzahl des Regierungsbezirkes entspricht in etwa der Zahl der drei Stadtstaaten Berlin, Hamburg und Bremen zusammen.

Die kreisfreie Stadt Düsseldorf ist eine von mehreren kreisfreien Städten des Regierungsbezirkes. Sie umfasst eine Fläche von ca. 217 qkm bei einer Einwohnerdichte von 2.696 im Jahr 2007. Die Einwohnerzahl ist in den vergangenen Jahren relativ konstant gewesen und betrug 2007 585.054 Einwohner.[20]

Für die Fallstudie erwähnenswert ist die politische Entwicklung in der Stadt Düsseldorf ab dem Wahljahr 1994. Die folgende Tabelle verdeutlicht, dass mit der Wahl im Jahr 1999 eine Veränderung der gewählten Parteivertreter insofern erfolgte, als u. a. SPD und Grüne Parteisitze zugunsten der CDU abgeben mussten.

Ämterverteilung in den Behörden ist immer verbunden mit den politischen Verhältnissen, der Proporz zwischen der Parteizugehörigkeit leitender Angestellter ist in Zusammenhang mit der Anzahl der politischen Vertreter im Stadtrat zu sehen und zu beurteilen. Von daher muss in der Bewertung der Fallstudie die Verschiebung der politischen Verhältnisse im Jahr der Privatisierung des Abfallbereiches Berücksichtigung finden.

Abfälle aus privaten Haushalten sind gem. Kreislaufwirtschafts- und Abfallbeseitigungsgesetz (KrW-/ AbfG) den Kommunen zu überlassen. Die (kreisfreien) Städte sind sowohl für die Einsammlung als auch für die weitere Entsorgung der in ihrem Gebiet anfallenden Abfälle zuständig. Pro Jahr

---

19 Abfallwirtschaftsplan Siedlungsabfälle für den Regierungsbezirk Düsseldorf 2004, S. 27

20 Amt für Wahlen und Statistik Düsseldorf

Partei	Stimmen in Prozent		Anzahl der gewählten Vertreter(innen)	
	1999	zum Vergleich: 1994	1999	zum Vergleich: 1994
SPD	**35,2**	41,5	**29**	37
CDU	**49,4**	39,7	**40**	35
GRÜNE	**7,1**	12,7	**6**	11
FDP	**4,3**	3,8		
Rep.	**1,5**	1,8		
PDS	**2,3**	-		
sonstige	**0,2**	0,7		

Quelle: Amt für Wahlen und Statistik Düsseldorf, http://www.duesseldorf.de/wahlen/die_wahlen/kommunalwahl/ergebnisse.shtml#wahlerg1, letzter Zugriff: 05.11.2011

werden in Düsseldorf ca. 500.000 Tonnen Abfälle entsorgt, davon ca. 30% Restmüll und 25% Wertstoffe.

Die Abfallentsorgung und Stadtreinigung war in der Stadt Düsseldorf bis 1998 ein Aufgabenbereich der Behörde. Das Amt für Abfallwirtschaft und Stadtreinigung wurde mit Wirkung zum 01.01.1999 aus der Stadtverwaltung ausgegliedert und firmiert seitdem unter dem Namen AWISTA als eine eigenständige GmbH. Die AWISTA Gesellschaft für Abfallwirtschaft und Stadtreinigung mbH wurde am 18.02.1998 gegründet, nachdem 1997 das KrW-/ AbfG in Kraft trat. Gleichzeitig wurde die MVA an die Stadtwerke AG verkauft, die auch die Mehrheit an der AWISTA GmbH übernahm. Die Stadtwerke AG war bis dahin nur der Betreiber der MVA. Die Stadt gab damit das Risiko der Auslastung der MVA an die damals noch öffentliche Gesellschaft als Betreiberin ab.

Mit dem Outsourcing beauftragte die Stadt gemäß §16 (1) KrW-/AbfG die AWISTA, Leistungen im Bereich Entsorgung, Stadtreinigung sowie KFZ-Reparaturen zu übernehmen, und übertrug die Verantwortung für die Entsorgung von Gewerbe und Industrie im Sinne des §16 (2) KrW-/AbfG an das Unternehmen. Hierzu wurden diverse Verträge geschlossen.

ENTSCHEIDUNGSPROZESS

Der Entscheidungsprozess zur Privatisierung wurde verwaltungsintern und mit dem zuständigen Fachausschuss 1997 vorbereitet und 1998 im Rat beschlossen.

Die Verträge zur Privatisierung wurden zwischen der Stadt und den neuen Eigentümern unter Einschaltung der WIBERA vorbereitet.

BESCHREIBUNG DES MODELLS

Die heutige Struktur des Düsseldorfer PPP-Modells der AWISTA GmbH ergab sich aus mehreren Entwicklungsstufen.

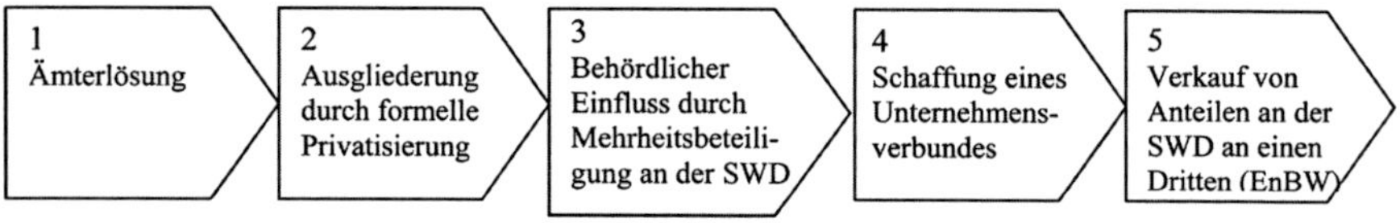

Die Stadtwerke Düsseldorf AG, deren Haupteigentümerin die Düsseldorfer Stadtwerke Gesellschaft für Beteiligungen mbH, Düsseldorf ist, wurde Mehrheitsgesellschafterin der AWISTA (51%). Weitere 29,9% der Gesellschaftsanteile der Stadtwerke Düsseldorf AG gehörten der EnBW En-Hol Beteiligungsgesellschaft, Karlsruhe und die verbleibenden 20% der RWE Plus Beteiligungsgesellschaft Mitte mbH.[21]

In der Ausgründungsphase aus dem „Konzern Stadt" und der Bildung einer eigenständigen GmbH wurde durch den Antrag auf Beleihung des Unternehmens im Sinne des §16 (2) KrW-/AbfG für gewerbliche Abfälle auch die Entsorgung der gewerblichen Abfälle übernommen. Damit wurden die Düsseldorfer Gewerbetreibenden zum Privatkunden der AWISTA. Für die Gewerbekunden bedeutete dies, dass sie nunmehr keine Gebührenzahler mehr waren, sondern als Privatkunden die gezahlte Mehrwertsteuer als Vorsteuer ausweisen konnten. Eine Beleihung beim Hausmüll konnte wegen anderer politischen Vorgaben der Landesregierung nicht erreicht werden.

Ein nächster strategischer Schritt war die Suche nach privaten oder kommunalen Partnern. Eine Analyse der Wertschöpfungskette der AWIS-

[21] Vgl. Geschäftsbericht 2003 der AWISTA: Beteiligungen 31.12.2003, S. 28

TA hatte ergeben, dass Verwertungsanlagen zur Sortierung und Verwertung von Abfällen fehlten.[22] Durch die Partnerschaft mit der ATG & Rosendahl GmbH & Co. KG konnte die AWISTA sich den Zugriff auf Verwertungs- und Sortierungsanlagen sichern und gleichzeitig die MVA besser auslasten durch die zur Verfügungstellung entsprechender Kontingente an die ATG & Rosendahl. Diese Partnerschaft entstand durch eine Überkreuzbeteiligung der beiden AWISTA Gesellschafter Stadtwerke Düsseldorf AG und RWE Umwelt AG (RWE Plus bei Gründung), wobei die Stadtwerke 49% der ATG & Rosendahl und die RWE Umwelt AG 49% der AWISTA übernahmen.[23]

Im Jahr 2006 kam es zur Zerschlagung der RWE Umwelt AG. Die RWE beabsichtigte ihre Anteile an einen Dritten zu veräußern. Damit war der Weg frei für den Einstieg der REMONDIS AG, mit der die strategische Partnerschaft fortgesetzt wurde. Die Stadtwerke Düsseldorf AG übernahm 49% der Rhein-Wupper GmbH & Co. KG und die REMONDIS Kommunale Dienste Rheinland GmbH 49% der AWISTA.

REMONDIS ist eines der weltweit größten Unternehmen der Wasser- und Kreislaufwirtschaft.[24] Mit über 473 Standorten ist REMONDIS in 25 Ländern und auf drei Kontinenten präsent. Ihre Hauptaufgaben sieht REMONDIS in Dienstleistungen zur wirtschaftlichen und effizienten Nutzung natürlicher Ressourcen. REMONDIS arbeitet insbesondere in den Bereichen der Wasserversorgung und Wasseraufbereitung, der Rohstoffgewinnung und der Entwicklung von Recyclingprodukten.

Im Gegensatz zu Zeiten vor der Privatisierung ist die AWISTA mit ihrem strategischen Partner REMONDIS Rhein-Wupper GmbH & Co. KG weit über Düsseldorf hinaus tätig. So zählt das Bergische Land zum unmittelbaren Einzugsgebiet für kommunale und gewerbliche Dienstleistungen. Innerhalb des Konzerns werden Verbrennungs- und Kompostierungskapazitäten angeboten, das Entsorgungszentrum Düsseldorf-Reisholz ist für Sonderabfälle zuständig und der Zugriff auf weitere Sortier- und Entsorgungsanlagen ist gesichert. Das Kerngeschäft der AWISTA ist jedoch die kommunale Dienstleistung in der Abfallwirtschaft und Stadtreinigung.

---

22 Ebenda, S. 11

23 Ebenda, S. 29

24 Vgl. http://www.awista-duesseldorf.de/de/standard/98/Wirueberuns.htm

Insgesamt werden rund 500.000 Tonnen Abfälle pro Jahr aus Düsseldorf entsorgt, davon 144.000 Tonnen Restmüll und 27.000 Tonnen Sperrmüll aus privaten Haushalten sowie 125.000 Tonnen Wertstoffe über die Recyclinghöfe und diverse Sammlungen. Gemeinsam mit der REMONDIS Rhein-Wupper GmbH & Co. KG und den Beteiligungsunternehmen werden rund 1 Million Tonnen Abfälle pro Jahr behandelt.

In Düsseldorf arbeiten rund 450 Mitarbeiter in der Müllabfuhr bei rund 8 Millionen Behälterwechseln pro Jahr, die Belegschaft der Straßenreinigung (280 Mann) reinigt 152.000 Kilometer Straßen und Gehwege im Jahr und transportiert ca. 18.000 Tonnen Straßenkehricht in die Müllverbrennungsanlage.[25]

Die AWISTA arbeitet im Unternehmensverbund mit mehreren Partnern zusammen:

- REMONDIS Rhein-Wupper GmbH & Co. KG als Partner für die Entsorgung von Gewerbeabfall
- Stadtwerke Düsseldorf AG als Betreiber der Müllverbrennungsanlagen
- IDR-Entsorgungsgesellschaft mbH als Betreiber des Sonderabfallentsorgungszentrum Düsseldorf-Reisholz
- Kompostierungs- und Vermarktungsgesellschaft Stadt Düsseldorf/Kreis Mettmann mbH KDM als Betreiber von Kompostierungsanlagen
- Zentraldeponie Hubbelrath GmbH
- MOWA (Mobile Waschanlagen GmbH) unterhält Fahrzeuge und feste Stationen für Behälterreinigung
- EWR Entsorgungs- und Wertstoff-Rückgewinnungs-Gesellschaft Düsseldorf mbH unterhält eine Baustellenabfall-Aufbereitungsanlage in Düsseldorf-Hubbelrath

Die folgende Grafik zeigt den Unternehmensverbund mit Stand vom 31.12.2007.

TYPISIERENDE EINORDNUNG

Gemäß der Klassifikation für PPP-Typen des BMWA wurde im Düsseldorfer Fall eine Veräußerung/Vollübertragung realisiert.

Das Amt für Abfallwirtschaft und Stadtreinigung wurde aus der Verwaltung ausgegliedert und in die AWISTA GmbH überführt, also voll priva-

[25] Ebenda

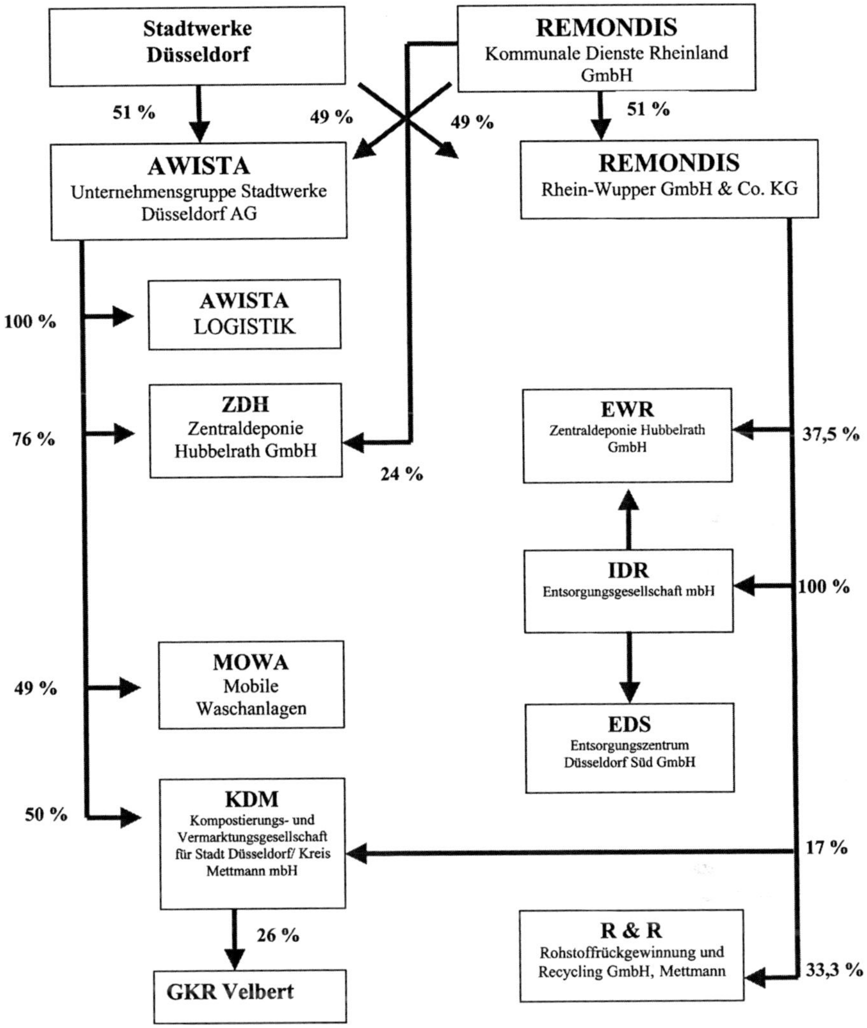

Abb. 20: Unternehmensverbund mit Stand vom 31.12.2007.
Quelle: Eigene Darstellung nach Awista GmbH Geschäftsbericht 2007

tisiert. Die MVA wurde an die Stadtwerke AG veräußert. Insofern wurden keine Zwischenschritte wie z.B. ein Betriebsüberlassungs- oder Betreibermodell gewählt.

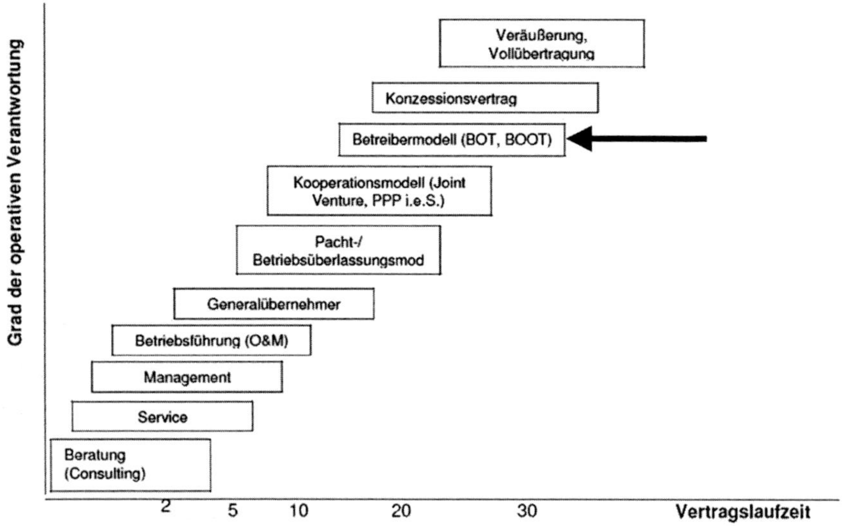

Abb. 21: PPP-Modell Düsseldorf
Quelle: Eigene Nachstellung

ENTWICKLUNG DES MODELLS UND KONFLIKTE

Nach der Privatisierung des Amtes für Abfallwirtschaft und Stadtreinigung lief das operative Geschäft offensichtlich problemlos weiter. Nach der Privatisierung wurden die Leistungsentgelte nach den Leitsätzen zur Ermittlung von Selbstkostenpreisen kalkuliert und diese für die Folgejahre indiziert. Für die privaten Kunden kam es zu einer deutlichen Gebührenerhöhung. Da der Erfolg einer Privatisierung u.a. an der Gebührenentwicklung gemessen wird, blieb zumindest aus Sicht der privaten Kunden der Erfolg aus.

Inwieweit im Entscheidungsprozess zur Privatisierung auch alternative Modelle eine Rolle gespielt haben, ist mangels interner Informationen nicht zu beurteilen. Insofern wäre zumindest die Intransparenz des politischen Entscheidungsprozesses zu problematisieren. Ohne Einblick in entsprechende Gutachten, Ratsvorlagen u. a. lässt sich hier kein abschließendes Urteil fällen, insofern ist die Privatisierung nur am – wirtschaftlichen – Erfolg zu messen. Die Betrachtung der Finanzseite zeigt, dass die Privatisierung offensichtlich erfolgreich durchgeführt wurde.

3.6.2 ERFAHRUNGEN

1) UMWELTZIELE

Gemäß KrW-/AbfG beruht die Abfallwirtschaft auf den Grundsätzen der Kreislaufwirtschaft. Zunächst sind Abfälle zu vermeiden, in zweiter Linie zu verwerten und, soweit nicht verwertbar, gemeinwohlverträglich zu beseitigen.

Im Abfallwirtschaftsplan des Regierungsbezirkes Düsseldorf wurden auf dieser Grundlage verschiedene Ziele formuliert, die einen umweltgerechten Umgang mit Abfall im Sinne der Kreislaufwirtschaft einfordern.[26] Das Ministerium für Umwelt und Naturschutz, Landwirtschaft und Verbraucherschutz des Landes NRW fordert als weiterreichendes umweltpolitisches Ziel, die Abfall- und Kreislaufwirtschaft in den kommenden Jahren zu einer Stoffstromwirtschaft weiterzuentwickeln.[27] Hier spielen neben dem politisch gewünschten Kurs auch andere Aspekte für die Zielerreichung eine entscheidende Rolle: die Entwicklung des Abfallmarktes (Abfallaufkommen u. a.), die Entwicklung und Anwendung adäquater Technologien, die Reaktionsgeschwindigkeit des Entsorgers auf sich verändernde Märkte usw.. Es ist zu vermuten, dass ein privater Betreiber sich eher flexibel an neue Marktgegebenheiten anpassen kann, dies war im Rahmen der geführten Interviews zu verifizieren. Das Düsseldorfer PPP-Modell ist insofern u. a. daran zu messen, ob der private Betreiber nur die gesetzlichen Vorgaben erfüllt oder die Umweltpolitik des Regierungsbezirkes respektive des Landes NRW mit trägt.

Durch die Privatisierung kam es zunächst zu keiner Systemänderung oder Qualitätsänderung in der Abfallwirtschaft. Die Gestaltungsflexibilität im Hinblick auf die Erfüllung neuer kommunaler Wünsche ist laut dem privaten Entsorger aber gegeben. So wurde z.B. die Papiertonne eingeführt und dafür die zentralen Container abgebaut, und auf Wunsch der Kommune hat die AWISTA die getrennte Altholzsammlung eingeführt. Die AWISTA würde auch auf weitere umweltpolitisch gewollte Änderungen im Rahmen des Vertrages reagieren, wie z.B. Vergärung statt Kompostierung einfüh-

---

26 Vgl. Abfallwirtschaftsplan des Regierungsbezirkes Düsseldorf 2004, S. 9ff

27 Die Abfallwirtschaft in NRW, S. 10f, Broschüre des Ministeriums für Umwelt und Naturschutz, Landwirtschaft und Verbraucherschutz des Landes NRW

ren, weist aber darauf hin, dass die möglichen ökonomischen Konsequenzen von der Kommune verursacht werden und nicht von der AWISTA zu verantworten sind.

Die AWISTA kann auch aus eigenem Antrieb zum Beispiel im Bereich Klimaschutz entsprechende Änderungen vornehmen, sofern dies vertragskonform ist (z.B. Fahrzeuge mit weniger CO2-Ausstoß).

2) Produktiver Know-how-Transfer

Der Know-how-Transfer ist innerhalb des Konzernverbundes gegeben. Die Überkreuzbeteiligung hat auch für den Informationsfluss Vorteile.

3) Steuerung und Kontrolle

Die Stadt ist im Aufsichtsrat der AWISTA stärker vertreten als dies den Eigentumsanteilen an der GmbH entspricht. Insofern erscheinen die Kontroll- und Steuerungsmöglichkeiten der Stadt indirekt gegeben zu sein.

Ein Preiscontrolling ist für die Stadt direkt wie auch über die Wirtschaftsprüfer möglich. Dies ergibt sich aus der Abrechnung nach LSP, aus der sich eine Verteilung der Gemeinkosten im Hinblick auf LSP-Konformität überprüfen lässt. Inwieweit es zu Mischkalkulationen kommt, z.B. durch Verrechnung von Gemeinkosten aus dem gewerblichen Abfallbereich mit dem Siedlungsabfallbereich, wird sich vermutlich aber nicht endgültig feststellen lassen.

Eine konkrete Leistungsbeschreibung fehlte in den Verträgen. Es bedurfte eines fünfjährigen Prozesses, um die Beziehungen zum Auftragnehmer AWISTA von einem Globalauftrag zu einem anhand von Leistungsmerkmalen strukturierten Auftraggeber-Auftragnehmer-Verhältnis umzugestalten.

Der Gebühreneinzug liegt bei der AWISTA, die die Einnahmen verbucht und an die Stadt weiterleitet. Die Veräußerung der MVA an die Stadtwerke erfolgte nicht aufgrund von Steuerungsfragen, sondern diente der Risikoverlagerung und der Entschuldung.

4) Kooperationen mit Kommunen und Privaten

Kooperationsmöglichkeiten ergeben sich für AWISTA innerhalb des Konzernverbundes. Laut AWISTA sind alle notwendigen Anlagen zur Abfallentsorgung und energetischen oder stofflichen Verwertung im Konzernverbund verfügbar, so dass die technisch-organisatorische Flexibilität gegeben ist. Damit kann durch die Überkreuzbeteiligung im Konzern eine Optimierung des Stoffstrommanagements flexibel gestaltet werden. Eine Erweiterung der Aktivitäten in der Region erfolgt i. d. R. über eine Beteiligung an Ausschreibungen, jedoch nicht durch den Erwerb von Beteiligungen.

Aus Sicht der Kommune ist die Gestaltungsflexibilität beim privaten Entsorger nur eingeschränkt gegeben. Insbesondere grundlegende Änderungen im Entsorgungssystem seien während der 20-jährigen Vertragslaufzeit nicht realisierbar, da es einen Zwang zur Neuausschreibung gäbe. Dies bedeute z.B. im Hinblick auf die umweltpolitischen Ziele, dass sich diese auf die Einhaltung gesetzlicher Rahmenvorgaben oder zusätzlicher freiwilliger Maßnahmen des Entsorgers reduzierten.

Insgesamt ist in der Bewertung also zu unterscheiden zwischen der eher kurz- bis mittelfristigen Betrachtung der Flexibilität und der langfristigen Betrachtung, zu der insbesondere die grundlegenden Investitionstätigkeiten in Hinblick auf Anlagen zu zählen sind.

5) ENTSORGUNGSSICHERHEIT

Die Vertragslaufzeit zwischen Behörde und der AWISTA beträgt 20 Jahre. Das im Abfallwirtschaftsplan formulierte fünfte Ziel, dass nämlich eine 10-jährige Entsorgungssicherheit zu gewährleisten sei, ist damit erfüllt.

Negative Auswirkungen der Privatisierung auf die Entsorgungssicherheit gab es in Düsseldorf offensichtlich nicht. Der Geschäftsbericht 2007 weist allerdings auf Erfahrungen mit unseriösen Wettbewerbern (überregional) hin, die eine überregionale Ausschreibung statt der AWISTA gewonnen hatten, die Entsorgungssicherheit aber nicht gewährleisten konnten. Der verloren gegangene Auftrag soll inzwischen wieder von AWISTA durchgeführt werden, da der Wettbewerber Umsetzungsprobleme hatte, wodurch die Entsorgungssicherheit wieder hergestellt wurde. Insofern ist die Entsorgungssicherheit durch die AWISTA gegeben.

6) ÖKONOMISCHE EFFIZIENZ/WIRTSCHAFTLICHKEIT

Nach Auslaufen von Verlustvorträgen aus der Startphase befindet sich die AWISTA nach eigenen Angaben im Bereich zufriedenstellender Eigenkapital-Renditen. Die Konzernvorgaben zu Umsatzrenditen werden jedoch nicht erreicht. Um nach dem Auslaufen der Verträge bei einer Neuausschreibung wettbewerbsfähiger zu sein, wird die AWISTA weitere Rationalisierungsbemühungen unternehmen.

Hier könnte sich eine Entwicklung wie in Bremen herauskristallisieren: Ein Teil der Belegschaft arbeitet zum alten Tariflohn – ENO, ein anderer Teil, der die gleichen Aufgaben erfüllt, zum Mindesttarif – RNO. Ökonomische Effizienz wird also mit Hilfe einer Zweiklassenbelegschaft „erkauft".

Konkrete Aussagen über die ökonomische Sinnhaftigkeit und ökonomische Nachhaltigkeit der Privatisierung lassen die vorliegenden Jahresabschlüsse der AWISTA (2005 ff) nicht zu. Hintergrund ist insbesondere, dass aufgrund der Konzernverschachtelung eine tatsächliche Zuordnung bestimmter Bilanzbewegungen auf die Kosten und Gebühren der AWISTA für Abfallentsorgung nicht nachvollziehbar ist.

Ein weiteres Problem der ökonomischen Beurteilung besteht darin, dass die AWISTA Leistungen, die sie gegenüber der Stadt abrechnet, nicht immer selbst erbringt, sondern von verbundenen Konzernunternehmen durchführen lässt und den Unternehmen die Kosten für diese Dienstleistungen erstattet. Inwieweit die Zahlungen an Konzernunternehmen korrespondieren mit den Entgelten, die die AWISTA der Stadt in Rechnung stellt, wird im Rahmen der LSP-Kalkulation an die Stadt weiterberechnet und kann von dort geprüft werden.

Das Unternehmen weist konstant steigende Umsätze von zuletzt 167 Mio. € auf, wobei sich das Betriebsergebnis überproportional auf 15 Mio. € verdoppelte und mit nunmehr 9% Umsatzrendite (bezogen auf das operative Ergebnis) ein für ein Dienstleistungsunternehmen fast gutes Ergebnis erreicht. Stark gestiegener Zinsaufwand und erhebliche Steuernachzahlungen ließen allerdings den Jahresüberschuss bei rund 6 Mio. € stagnieren.

Deutlich günstiger hat sich trotz dieser Belastungen der Cashflow von 10 Mio. € (2005) auf 18 Mio. € entwickelt. Er ermöglicht neben Ausschüttungen von rund 6 Mio. € bzw. 16% auf das Eigenkapital notwendige Sachinvestitionen, eine Zunahme des Finanzpolsters auf mittlerweile 14 Mio. € und eine Verringerung der von 2005 auf 2006 verdoppelten Kreditverbindlichkeiten (32 Mio. €) auf nunmehr 27 Mio. € oder 27% der Bilanzsumme. Diese ließen sich theoretisch unter Nutzung der flüssigen Mittel und des Cashflow in weniger als einem Jahr zurückführen.

Diese gegenüber Dritten hervorragende Finanzstruktur muss allerdings um die gestiegenen langfristigen Rückstellungen und die im gleichen Maße gestiegenen Netto-Forderungen gegenüber verbundenen Unternehmen ergänzt werden, die saldiert das Fremdkapital um weitere rund 15 Mio. € erhöhen.

Die betriebswirtschaftlichen Kernwerte von AWISTA (Umsatz, Betriebsergebnis und Cashflow) sind gut und konstant steigend. Die Sachinvestitionen sind sprunghaft und offensichtlich von unmittelbarem Bedarf bestimmt. Offensichtlich von Bilanzpolitik und Bedürfnissen der Eigentümer bestimmt sind hingegen die erheblichen Finanzflüsse innerhalb des Konzerns.

7) REGIONALPOLITISCHE BEDEUTUNG/SOZIOÖKONOMISCHE FOLGEN

Wurde nicht näher thematisiert

8) BESTEUERUNG

Zum Zeitpunkt der Privatisierung wurde der steuerliche Nachteil der GmbH-Lösung als AWISTA-Problem gesehen. Die steuerliche Belastung durch Umsatz- und Körperschaftsteuer war aufgrund von Verlustvorträgen bei der AWISTA in den ersten Jahren jedoch nicht erheblich. Die Verluste ergaben sich in den ersten Jahren aufgrund hoher Abschreibungen.

„Wir hatten in den ersten Jahren Verluste. Wir haben erstmal sehr grob abgeschrieben und haben erstmal Verluste aufgehäuft, rund 20 Mio. DM über 5 Jahre weg. Und die hat natürlich dazu geführt, dass sie in der Bilanz noch drin waren und die Besteuerung war natürlich niedriger. .... bis auf die Hälfte der Verlustvorträge jährlich wurden von Steuern abgezogen – von dem Gewinn abgezogen. Das ist jetzt zu Ende und deswegen haben wir von 2006 auf 2007 deutlich höhere Besteuerung gehabt.“

Zur Zeit ist eine Aufgabenwahrnehmung durch die öffentliche Hand steuerlich begünstigt. Der Fortbestand dieser Begünstigung ist offen. Aus heutiger Sicht wäre jedoch eine Anstalt des öffentlichen Rechts aus Sicht eines Behördenvertreters die bessere Alternative gewesen. Eine Rekommunalisierung nach Ablauf des Vertrages wäre aber unter den derzeitigen politischen Rahmenbedingungen in Düsseldorf nicht möglich.

Die steuerliche Belastung der GmbH kann bei einer erneuten Ausschreibung bedeutsam werden, wenn die AWISTA mit denen konkurrieren muss, die den Mindestlohn zahlen. Der Mindestlohn ist aber für die AWISTA kein Thema, weil die Stadt selbst an einer hohen Entsorgungs- und Reinigungsqualität interessiert sei, die über den Mindestlohn nicht zu realisieren sei.

„Ich kann mir nicht vorstellen, wie 400 Mann mit Mindestlohn diese Stadt sauber bekommen würden– mit dem Besen. Ich weiß nicht, wie das gehen soll.

Wer Mindestlohn bekommt, ist permanent dabei, seinen Job zu wechseln. Wie soll das gehen? Das funktioniert nicht. Wir kennen das von Wettbewerbern, die es mit grenzniedrigen Löhnen versuchen und dann mit dem Bürgermeister nur Theater kriegen, weil die Abfuhr nicht funktioniert."

9) Finanzielle Struktur des Modells

Die Privatisierung der Düsseldorfer Abfallwirtschaft und Stadtreinigung hatte primär nicht die Erzielung von Verkaufserlösen zum Ziel, sondern andere Ziele wie die Gewinnung von Marktanteilen beim Gewerbemüll, die Neubesetzung von Dezernentenstellen usw.. Die Haushaltssanierung spielte erst später beim Verkauf der Stadtwerke eine Rolle. Der ehemalige Oberbürgermeister setzte sich zum Ziel, die Stadt schuldenfrei zu machen und Mittel für Prestigeobjekte wie das Rheinstadion zu akquirieren. Die finanziellen Konditionen dieses Verkaufes berühren den Entsorgungsbereich nur indirekt, da die AWISTA eine Tochtergesellschaft der Stadtwerke ist.

10) Auswirkungen des PPP-Modells auf die Gebührenentwicklung

Zunächst wurden nach der Privatisierung die Leistungsentgelte nach den Leitsätzen zur Ermittlung von Selbstkostenpreisen kalkuliert, die für die Folgejahre indiziert wurden.

Aus Sicht der Kunden hat sich die Privatisierung vor allem für die Gewerbetreibenden gelohnt. Diese entsorgen ihren Restmüll im direkten Vertragsverhältnis mit einem privaten Entsorger und können den Vorsteuerabzug geltend machen, ohne sich an den indirekten Kosten der Restmüllentsorgung (Recycling, Sperrmüll usw.) zu beteiligen. Die Gewerbebetriebe rechnen Sperrmüll etc. mit der AWISTA separat ab. Dies soll aber nichts mit der Ausgründung zu tun haben, sondern mit einem Rückgang des Behältervolumens im Bereich der Restmülltonne bei unveränderter Gebührenstruktur.

Die Restmüllentsorgung wird nunmehr von den privaten Kunden allein getragen. Der Privatisierung folgten zwei Gebührenerhöhungen um 20% und 25%.

Das Gebührenniveau in Düsseldorf liegt im oberen Segment:

„Wir sind mit Sicherheit kein billiger Laden.... Es kommt hinzu, dass wir eine bestimmte Erreichbarkeit in den Call-Centern garantieren...... Es hat vor Jahren ein Gebührengutachten gegeben des Vereins für Abfallwirtschaft hier im Raum. Da gehören die gesamten Kommunen und Kommunalunternehmen des Regierungsbezirks dazu. Das sind 10 oder 12 Kommunen mit 5 Mio. Einwohnern. Da hat man sich auch die dahinter stehenden Leistungen anguckt. Das ist immer das Hauptproblem. Ich weiß nicht, ob die das gemacht haben. Die Leistungen, die hier erbracht werden, sind sehr hoch. Vergleichsweise, diese Stadt hat den Anspruch absolut sauber zu sein. Maßstab ist Singapur. Den werden wir nicht erreichen, aber sind kurz davor."

11) HAUSHALTSAUSWIRKUNGEN

Dieser Aspekt wurde nicht näher thematisiert, weil eine Haushaltssanierung nicht im Mittelpunkt der Privatisierung stand.

12) MITBESTIMMUNG/PERSONALVERTRETUNG/TARIFRECHT

Hierzu gab es mündlich eine Auskunft. Die entsprechenden schriftlichen Regelungen wurden angefordert, aber nicht übergeben, so dass sich insgesamt keine Bewertung ableiten lässt. AWISTA bezahlt nach TVöD-E. Alle Beteiligungsunternehmen sind ebenfalls tariflich gebunden, im Wesentlichen im BDE-Tarif.

13) FLEXIBILITÄT/ANPASSUNGSFÄHIGKEIT DES MODELLS

AWISTA befindet sich in einem Konzernverbund, in den diverse Unternehmen integriert sind, die Leistungen im Bereich der Abfallbeseitigung und Wiederaufbereitung anbieten. Das Leistungsprofil erscheint von daher relativ flexibel. Alle Entsorgungsleistungen können konzernintern angeboten werden. Auf Entsorgungswünsche der Behörde kann laut AWISTA jederzeit flexibel reagiert werden. Durch die überregionale Verankerung ist der Verbund in der Lage, seine Kapazitäten, wie insbesondere die MVA, vernünftig auszulasten. Aus Sicht der Stadt wird das Modell hinsichtlich möglicher Flexibilität als suboptimal eingestuft. Die Stadt habe nach der Privatisierung und der neuen politischen Konstellation viel Zeit gebraucht, um Handlungsfähigkeit in diesem Geschäftsbereich zu gewinnen. Analog zur Gestaltbarkeit von Umweltzielen ist eine Flexibilität in Bezug auf organisatorische oder andere Maßnahmen kaum gegeben, weil es bei grundlegenden Änderungen des Leistungsangebotes einen Zwang zur Neuausschreibung gibt.

14) BERICHTSPFLICHTEN

Wurden nicht näher diskutiert

15) HAFTUNGSFRAGEN/STAATLICHE GARANTIEN UND NEBENLASTEN

Wurden nicht näher diskutiert. Entsprechende Papiere wurden schriftlich erbeten, aber nicht ausgehändigt.

16) ENTSCHEIDUNGSPROZEDUR/INFORMATIONSPFLICHTEN/ TRANSPARENZ

Eine ausreichende Transparenz des Entscheidungsprozesses, der zur Privatisierung geführt hat, ist nicht gegeben. Die Verträge sind nicht öffentlich. Da die Stadt an den Aufsichtsgremien der AWISTA über die verbliebenen Eigentumsanteile hinaus beteiligt ist, ist eine Transparenz für die Stadt über die laufenden Geschäfte über die LSP-Prüfung hinaus im allgemeinen aber zu vermuten, auch wenn dies in konkreten Teilbereichen wie dem Controlling nicht der Fall ist.

Die Transparenz der Jahresabschlüsse ist ungenügend; selbst die schon minimale Gliederung der Positionen des Jahresabschlusses 2005 ist in den Folgejahren weiter eingeschränkt worden. Die sachlichen Inhalte der erheblichen „sonstigen Aufwendungen“ und der damit vermutlich verbundenen Bildungen von Rückstellungen sind nicht erkennbar, ebenso wenig die der gewichtigen Überkreuzverbindlichkeiten und -forderungen.

17) STAATLICHE ÜBERPRÜFUNG

Wie oben dargestellt, ist eine Controlling-Möglichkeit für die Stadt grundsätzlich über die LSP-Prüfung oder durch Wirtschaftsprüfer realisierbar. Ob dies in der Praxis tatsächlich geschieht, kann hier nicht beurteilt werden. Ohne eine Überprüfung sind z.B. Quersubventionierungen innerhalb der AWISTA nicht nachzuvollziehen, da die AWISTA zu ca. einem Drittel (gewerblicher Bereich) nicht kommunal gebunden ist.

18) MÖGLICHKEIT DER REKOMMUNALISIERUNG

Eine Vorsorge bezüglich der Rückkehr von Mitarbeitern in die öffentliche Verwaltung vonseiten der Kommune besteht nicht. Ansonsten wurde dieses Thema nicht näher diskutiert.

Die Stadt Düsseldorf zeigt, wie politische Veränderungen und personelle Erfordernisse zu einer Privatisierung hoheitlicher Aufgaben führen können. Es liegen keine Informationen darüber vor, dass aufgrund haushaltlicher Schieflagen eine Privatisierung unbedingt erforderlich gewesen wäre.

Schuldenfreiheit oder Abwälzung eines unternehmerischen Risikos (wie die Übertragung der MVA auf die Stadtwerke) allein können nicht ausschlaggebend und nicht immer ökonomisch sinnvoll sein bei der Privatisierung eines vielleicht ertragreichen Bereiches der öffentlichen Aufgabenerfüllung. Auch ist nicht ersichtlich, dass es durch die Privatisierung zu einer Besserstellung der (privaten) Kunden gekommen wäre. Im Gegenteil mussten die privaten Kunden nach der GmbH-Gründung erhebliche Gebührensteigerungen in Kauf nehmen.

Über die Prüfung von Alternativmodellen liegen keine Informationen vor. Angesichts des relativ kurzläufigen Verfahrens lässt sich vermuten, dass die politischen und personellen Rahmenbedingungen tatsächlich zu einer schnellen (GmbH-) Lösung geführt haben. Die Tatsache, dass die Stadtwerke Düsseldorf AG als zukünftige Mehrheitsgesellschafterin die Verträge zur Privatisierung mitgestaltet hat, lässt ebenfalls nichts anderes vermuten. Bleibt zu hoffen, dass aufgrund des nicht vereinbarten Rückkehrrechtes der Mitarbeiterinnen und Mitarbeiter die AWISTA die nächste Ausschreibung im Jahr 2018 gewinnen wird.

3.6.3 ANWENDUNG DES KRITERIENKATALOGES

Bewertung PPP-Modell Stadt Düsseldorf im Bereich Abfall	⊗	⊗	⊗	⊗
Bewertungskriterium	voll erfüllt	teilweise erfüllt	deutliche Mängel	nicht zu bewerten
Erfüllung kommunaler Umweltziele	⊗			
Know-how-Transfer	⊗			
Steuerung/Kontrolle der Aufgabenerfüllung		⊗		
Technisch-organisatorische Flexibilität		⊗		
Wirkung auf Entsorgungssicherheit	⊗			
Ökonomische Effizienz		⊗		
Regionale und soziale Folgen				⊗
Bedeutung der Besteuerung für Organisation		⊗		
Finanzwirtschaftliche Nachhaltigkeit		⊗		
Auswirkungen auf die Gebühren			⊗	
Auswirkungen auf den kommunalen Haushalt				⊗
Mitbestimmung, Bezahlung, Betriebsklima				⊗
Flexibilität des Modells		⊗		
Berichtspflichten zu nachhaltigem Wirtschaften				⊗
Haftung, öffentliche Garantien und Nebenlasten				⊗
Transparenz von Entscheidungen und vertraglichen Regelungen			⊗	
Überprüfung/Überprüfbarkeit durch unabhängige Instanzen			⊗	
Vorsorge für wieder eigenständige Aufgabenwahrnehmung				⊗

3.7 FALLSTUDIE ROSTOCK BEWERTUNG DES ROSTOCKER PPP-MODELLS IM BEREICH WASSER- UND INSBESONDERE ABWASSERWIRTSCHAFT

3.7.1 ENTWICKLUNG DES ROSTOCKER PPP-MODELLS

AUSGANGSSITUATION

Die Privatisierung der Wasserwirtschaft in Rostock ist eines der ersten PPP-Beispiele für den Einstieg internationaler Wasserkonzerne in die deutsche Wasserver- und Abwasserentsorgung, die in Westdeutschland klassisch kommunal strukturiert war und ist. Das Modell war zu Beginn vor Ort umstritten, dient heute allerdings vor allem überregional als Referenzprojekt für die Funktionstüchtigkeit von PPP im untersuchten Bereich. Die Motive der Wasser- und Abwasserprivatisierung lagen im Jahre 1993 nicht in der Erzielung einmaliger Einnahmen. Später, mit immer deutlicheren Haushaltsengpässen, wurde in der Hansestadt Rostock auch der Abfallbereich in der Form eines gemischtwirtschaftlichen Unternehmens mit dem Alba-Konzern in ein PPP-Modell umgewandelt. Die Erfahrungen mit diesem Modell werden in dieser Fallstudie nicht ausgewertet. Relevant und überregional bedeutsam hieran ist allerdings der Konflikt um die Zulässigkeit einer dauerhaften Auftragsvergabe an das Abfallunternehmen im Wege der marktorientierten Direktvergabe (vgl. Anlage1 zum Fallbeispiel).

Das PPP-Modell der Wasser- und Abwasserwirtschaft für Rostock wird überregional gelobt. Es ist allerdings kaum untersucht.[28] Es lag daher für die Gewinnung breiterer Erfahrungen nahe, auch das Rostocker Modell einer näheren Betrachtung zu unterziehen, soweit dieses die veröffentlichten und zugänglichen Informationen zulassen.

---

[28] Größere Aufmerksamkeit hat das Rostocker PPP-Modell durch die Privatisierungsstudie von Weizsäckers dort nicht erfahren (v. Weizsäcker, E. U.; Young, O.R.; Finger, M. (Hrsg.), Grenzen der Privatisierung, Stuttgart 2006, S. 49f.). Die hier referierten positiven PPP-Ergebnisse basieren jedoch ausschließlich auf einer Kurzbeschreibung in der Broschüre des Unternehmerinstituts zur gleichen Thematik (Unternehmerinstitut: Der Weg aus der Schuldenfalle, Konzepte und Beispiele für eine umfassende Privatisierung, Berlin 2003, S. 19f.).

Die Wasserwirtschaft in der DDR war im Rahmen der früheren Bezirke überregional organisiert. Mit der Wiedervereinigung ergab sich mit der Übertragung wasserwirtschaftlicher Aufgaben auf die kommunale Ebene eine neue Situation mit erheblichen ökologischen und organisatorisch-wirtschaftlichen Anforderungen. Dies bedeutete für Rostock insofern besondere Problemstellungen, als das Trinkwasser der Großstadt aus der fließenden Welle der Warnow gewonnen wurde und für seine problematische Qualität bekannt war. Die Abwasserbehandlung war aus Gründen des Umweltschutzes, der Einhaltung bundesgesetzlicher Vorgaben und den Verpflichtungen der Helsinki-Konferenz von 1985 zum Schutz der Ostsee deutlich zu modernisieren. Hieraus entstand erheblicher Investitionsbedarf zur Sanierung und zum Ausbau der vorhandenen Anlagen. Zur Wahl standen nach den verfügbaren Veröffentlichungen und den Aussagen der befragten Gesprächspartner in dieser Situation einmal die realisierte Übertragung der operativen Aufgaben auf einen privaten Partner und zum anderen die Realisierung über eine Spartenlösung im Rahmen der Stadtwerke Rostock.

Materiell ging es darum, die Wasserversorgung und Abwasserentsorgung nicht nur in der Stadt Rostock mit ihren ca. 200.000 Einwohnern zu realisieren, sondern für zeitgerechte Ver- und Entsorgungsinfrastrukturen auch das ländliche Umland Rostocks mit knapp 60.000 Einwohnern in 36 Kommunen einzubinden. Rostock selbst ist mit 1.107 Einwohnern/km^2 für eine Großstadt eher gering besiedelt. Dieses Ergebnis folgt allerdings eher aus der Durchschnittsbildung mit ländlich strukturierten Randbereichen. Die Siedlungsstruktur der Kernstadt ist demgegenüber durch eine erhebliche Anzahl von Großwohnanlagen geprägt und für die materielle Infrastruktur somit nicht überdurchschnittlich kostenintensiv. Die Einwohnerzahl Rostocks hat sich in den vergangenen Jahren stabilisiert und sogar leicht positiv entwickelt. Die Einwohnerdichte im Rostocker Umland liegt nach dem Maßstab des Landkreises Bad Doberan mit 87 Einwohnern/km^2 leicht über dem Landesdurchschnitt Mecklenburg-Vorpommerns, aber deutlich unter dem Bundesdurchschnitt. Maßgeblichen Einfluss auf die wirtschaftliche Entwicklung des Betriebes hatte zudem die mit der Einführung kostendeckender Gebühren stark sinkende Menge des Wasserverbrauchs pro Einwohner.

So hat das modernisierte Wasserwerk Rostock eine tägliche Förderkapazität von 90.000 m^3, die aber beim derzeitigen Verbrauch an Trinkwasser durchschnittlich nur zu etwa einem Drittel benötigt werden. Zusätzlich unterhält der Verband 11 kleinere Wasserwerke im Landkreis Bad Doberan. Die ebenfalls modernisierte Zentrale Kläranlage Rostock hat eine Kapazität von ca. 400.000 Einwohner. Daneben werden im Verbandsgebiet 14 weitere Kläranlagen betrieben, da nicht in allen Fällen eine Zentralisierung im Netz wirtschaftlich sinnvoll ist. Informationen zum Anschlussgrad, zur Netzqualität und der Größenverteilung der Anlagen enthalten die folgenden Abbildungen.

Im Einzugsbereich des Warnow-Wasser- und Abwasserverbandes wird das Abwasser von 255.509 Einwohnern entsorgt und behandelt. Zum Ende des Berichtzeitraumes waren 246.604 Einwohner an die zentrale Schmutzwasserentwässerung angeschlossen. Das entspricht einem Abschlussgrad im gesamten Verbandsgebiet von 96,5%. Im Vergleich zum Vorjahr erhöhte sich der Anschlussgrad um 0,2%. Die folgende Grafik zeigt die Entwicklung des Anschlussgrades seit 1993.

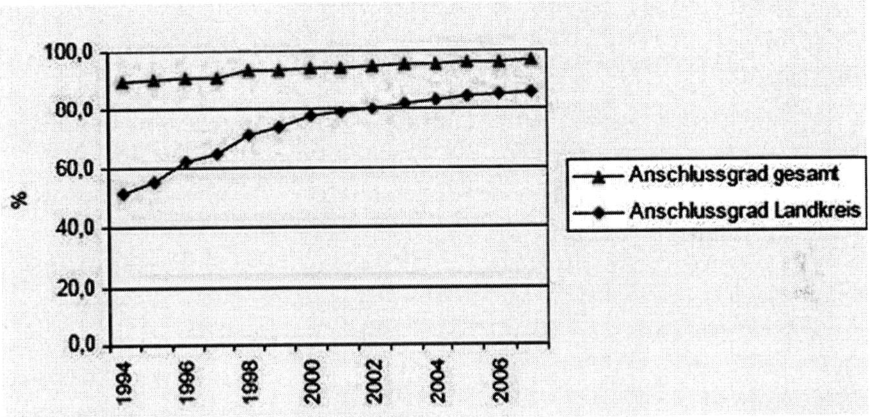

Abb. 22: Entwicklung des Anschlussgrades seit 1993

ENTSCHEIDUNGSPROZESS

Die Ausgangssituation für die Rostocker Entscheidung ergab sich in der Nachwendezeit daraus, dass im Wasser- und Abwasserbereich auf die Kommunen eine neue Aufgabenstellung zukam. Fachliches Know-how aus dem

Zustands-klasse	Länge km	Anteil am Ges. Netz %
ZK 0	59,1	4,9
ZK 1	135,8	11,2
ZK 2	118,3	9,8
ZK 3	159,0	13,1
ZK 4	509,5	42,1
ZK 9	10,8	0,9
nicht befahren	218,6	18,0
Gesamt	1.211,1	
Bewertetes Netz	981,7	81,06

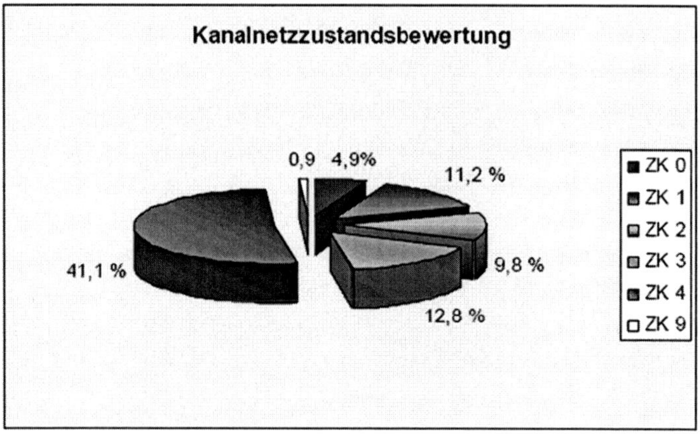

Dabei bedeuten:

- Zustandsklasse 0 sofortiger Handlungsbedarf
- Zustandsklasse 1 kurzfristiger Handlungsbedarf
- Zustandsklasse 2 mittelfristiger Handlungsbedarf
- Zustandsklasse 3 langfristiger Handlungsbedarf
- Zustandsklasse 4 kein Handlungsbedarf
- Zustandsklasse 9 befahren, aber nicht bewertet (Befahrung abgebrochen).

Abb. 23: Kanalzustandsbewertung

Vorläuferbetrieb gab es in Rostock. Zentrale Gründe für die Entscheidung bestanden in dem Interesse, Belastungen für den Haushalt zu vermeiden, und der Angst vor deutlichem Arbeitsplatzverlust bei Alternativlösungen.

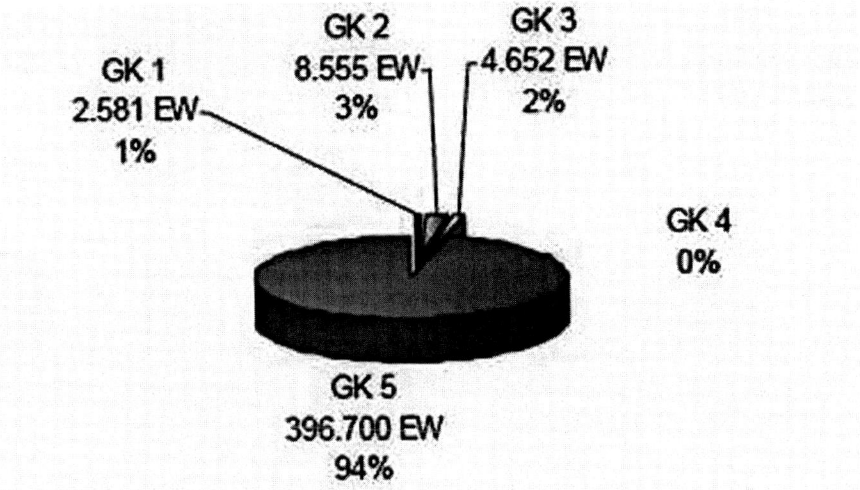

Abb. 24: Verteilung Größenklasse Kläranlagen bezogen auf Einwohner
Quelle: Eurawasser Nord GmbH: Bericht Geschäftsjahr 2007, S. 15ff.

„Wir hatten sowohl im Trinkwasserbereich als auch im Abwasserbereich nach der Wende eine schwierige Situation. Die Trinkwasseraufbereitung in Rostock ist nicht vergleichbar mit der Trinkwasseraufbereitung aus Grundwasser in anderen Regionen. Bei uns ist es technisch eine sehr aufwendige Geschichte, technologisch auch, weil wir Oberflächenwasser aus der fließenden Welle der Warnow nehmen; dieses ist nicht vergleichbar mit der Fernwasserversorgung Leipzig. Da haben sie im Harz die großen Stauseen. Das sind stehende Gewässer und da ist es einfacher, das Wasser aufzubereiten. Wir entnehmen hier aus der fließenden Welle der Warnow. Diese ist auch ein sehr organisch belasteter Fluss gewesen – mittlerweile geht es. Wenn Sie sich unser Wasserwerk anschauen, sind das riesige Anlagen, weil das Rohwasser durch verschiedene Filter muss. Wir hatten 1992 eine Trinkwasserqualität, die so gerade am Rande dessen war, was rechtlich möglich war, um die Trinkwasserverordnung einzuhalten. Vor allen Dingen musste sehr viel gechlort werden. Rostock hatte einen richtig schlechten Ruf durch das gechlorte Wasser. Da bestand die Herausforderung darin, Technologien zu finden, die das Chlor vermeiden. Zusätzlich hatten wir dabei auch einen enormen Investitionsbedarf, weil die Anlagen alt und verschlissen waren. Eine Abwasserentsorgung war vorhanden. Wir sind am Standort der Kläranlage, die auch zum Zeitpunkt der Wende da war (mechanische Kläranlage), d.h. der Vorfluter ist die Warnow, die an unserer Anlage entlang fließt. Da gab es eine riesige Schmutzfahne, die Abwasserreinigung war völlig unzureichend und da tat es Not, die Anlage zu erweitern und umzurüsten, um

die Ziele der Helsinkier Konvention einzuhalten; biologische Stufen einbauen und dazu brauchte man knowhow. Vor dieser Situation stand man. Man brauchte Geld und knowhow zu dem Zeitpunkt. Was nicht gleichbedeutend ist, dass ein Privater kommen muss.“

Frage: „Jetzt hat es in der Startphase oder in der Entscheidungsphase wohl die Alternative gegeben, dass die Stadtwerke das übernehmen. Hatte man das denen nicht zugetraut?“

„Richtig. Bei den Stadtwerken war es so, dass sehr viele Mitarbeiter hätten entlassen werden müssen. Die Stadtwerke hatten die Strukturen für Kundenabrechnung bei sich. Eine wichtige Forderung der kommunalen Seite war, wenn jemand hierher kommt oder wenn jemand das Geschäft übernimmt, soll das nicht mit Massenentlassungen einhergehen. Die Stadtwerke hatten ein Konzept gemacht und vorgelegt, aber die ganze Abrechnung, der kaufmännische Bereich und teilweise auch die Ingenieure hätten entlassen werden müssen. Mindestens 1/3 oder mehr Mitarbeiter hätten bei dieser Lösung entlassen werden müssen.“

Nach Abschluss des Entscheidungsprozesses wurde dieses Ergebnis in fachlicher Hinsicht kritisiert, auf Umweltrisiken, die lange Laufzeit sowie die Gefahr einer hohen Eigenkapital- und Umsatzrendite des Betreibers als Folge der vertraglichen Konstruktion hingewiesen.[29] Da die Angebote und ihre Bewertung durch eine Wirtschaftsprüfungsgesellschaft für den Rostocker Senat nicht vorliegen, kann hierzu keine Aussage getroffen werden. Auf den Finanzierungsaspekt des Modells ist noch einzugehen. Interessant ist in jedem Fall, dass in Rostock Mitarbeiterinteressen für die Privatisierungsentscheidung von Bedeutung waren. Dieses spiegelt sich auch in der Begründung der Bürgerschaftsentscheidung vom 26.11.1992 (Antrag 331/1992) wider, in der auf die Betriebsratsunterstützung der Nordwasser GmbH für das Eurawasser-Konzept verwiesen wird.

Über das gewählte PPP-Modell und seine schrittweise Entwicklung bis zum heutigen Stand ist im folgenden Abschnitt zu berichten.

---

[29] Vgl. von Bosse, A.: Die kommunaleigene Wasser/Abwasser-GmbH – eine effektive Alternative zum privaten Betreibermodell unter besonderer Berücksichtigung des Rostocker Betreibermodells, in: Wasser – Abwasser Nr. 3, 1994, S. 149 – 155

BESCHREIBUNG DES MODELLS

Die heutige Struktur des PPP-Modells des Rostocker Wasser- und Abwasserbetriebs ergab sich aus mehreren Entwicklungsstufen und Umwandlungsschritten.

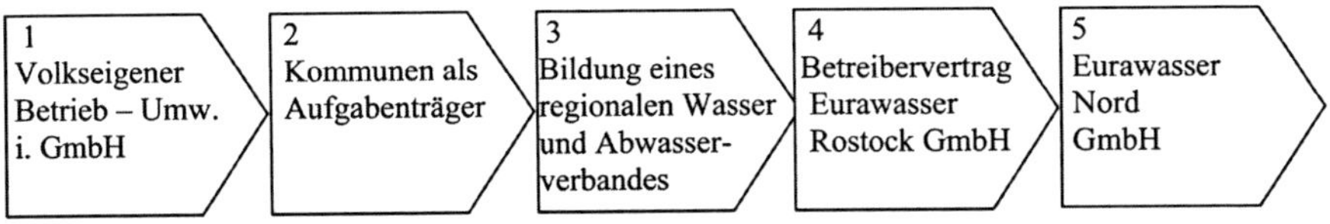

Vor der Wende wurden die Ver- und Entsorgungsaufgaben im Wasserbereich vom VEB WAB Rostock wahrgenommen. Dieser wurde in die Nordwasser GmbH umgewandelt. Zum 1.4.1993 gingen deren Aufgaben – insbesondere hinsichtlich der Entsorgung – auf die Hansestadt Rostock und den von 41 damaligen Umlandgemeinden gegründeten Zweckverband Wasser-Abwasser Rostock-Land über. Angesichts der erforderlichen Sanierungs- und Ausbauinvestitionen schien eine Lösung, die das Finanzierungsrisiko auf einen privaten Betreiber übertrug, haushaltswirtschaftlich vorteilhaft. Die Hansestadt Rostock und der Zweckverband Wasser-Abwasser Rostock-Land gründeten darum gemeinsam den Warnow-Wasser- und Abwasserverband (WWAV). Als Ergebnis einer Ausschreibung und zweieinhalbjähriger Verhandlungen entschied sich die Hansestadt Rostock unter den Alternativen Eurawasser – Betreibermodell, Eurawasser – gemischtwirtschaftliche Gesellschaft und Stadtwerke Rostock AG für das Betreibermodell. Hierfür waren vorher Gutachten aus wirtschaftlicher, technischer und rechtlicher Sicht eingeholt worden, die nicht öffentlich zugänglich sind. Der Rostocker Vergabeentscheidung schloss sich der Umlandzweckverband an. Der gemeinsame Wasser- und Abwasserverband ist nun Vertragspartner im Betreibermodell. Der Vertrag wurde mit dem 1.4.1993 wirksam und hat eine 25-jährige Laufzeit.

TYPISIERENDE EINORDNUNG

Klassifikation für Rostock

Legt man als Raster für PPP-Typen die Klassifikation des BMWA zugrunde, so wurde im Rostocker Fall ein Betreibermodell realisiert.

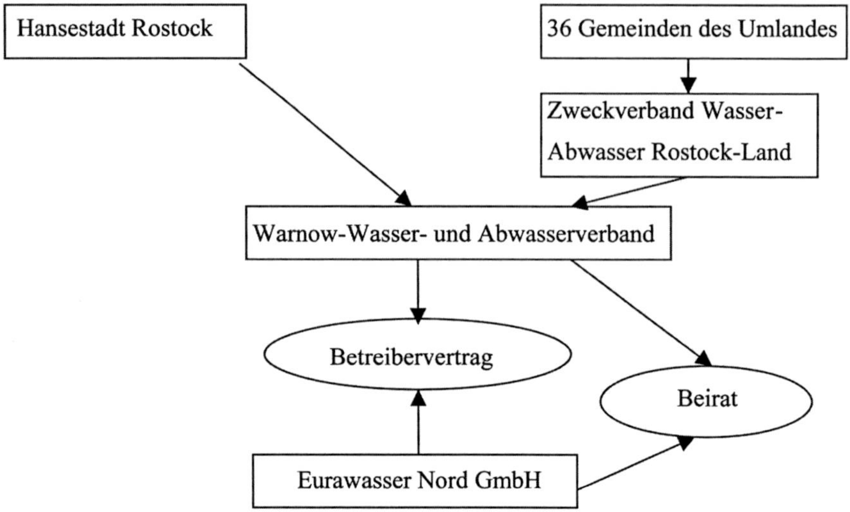

Abb. 25: Strukturen nach dem aktuellen Stand
Quelle: eigene Darstellung nach WWAV

Im Abwasserbereich ist das Rostocker Modell ein Betreibermodell, bei dem der Vertragspartner WWAV für die öffentlich-rechtlichen Aufgaben und das Vertragscontrolling aus Sicht der beteiligten Städte und Gemeinden zuständig ist. Demgegenüber erfüllt die heutige Eurawasser Nord GmbH als 100 prozentige Tochtergesellschaft der EURAWASSER Aufbereitungs- und Entsorgungs GmbH Berlin alle operativen Aufgaben, einschließlich des Gebühreneinzugs und der Investitionsfinanzierung. Während in der Startphase des Modells die Investitionsfinanzierung ausschließlich in privater Hand lag, wurde mit einer der nicht öffentlich verfügbaren Vertragsanpassungen auf ein System von Forfaitierungskrediten umgestellt, um die Kreditkonditionen der Eurawasser dem Kommunalkredit anzunähern. Für die von Eurawasser getätigten Investitionen ist für einen Fall der Rekommunalisierung bei Auslaufen der Verträge 2018 eine Restwertentschädigung zu leisten.

ENTWICKLUNG DES MODELLS UND KONFLIKTE

Als generelle Einschätzung lässt sich zum Fallbeispiel Rostock formulieren, dass es sich um eine gelungene regionale PPP-Lösung handelt, bei der

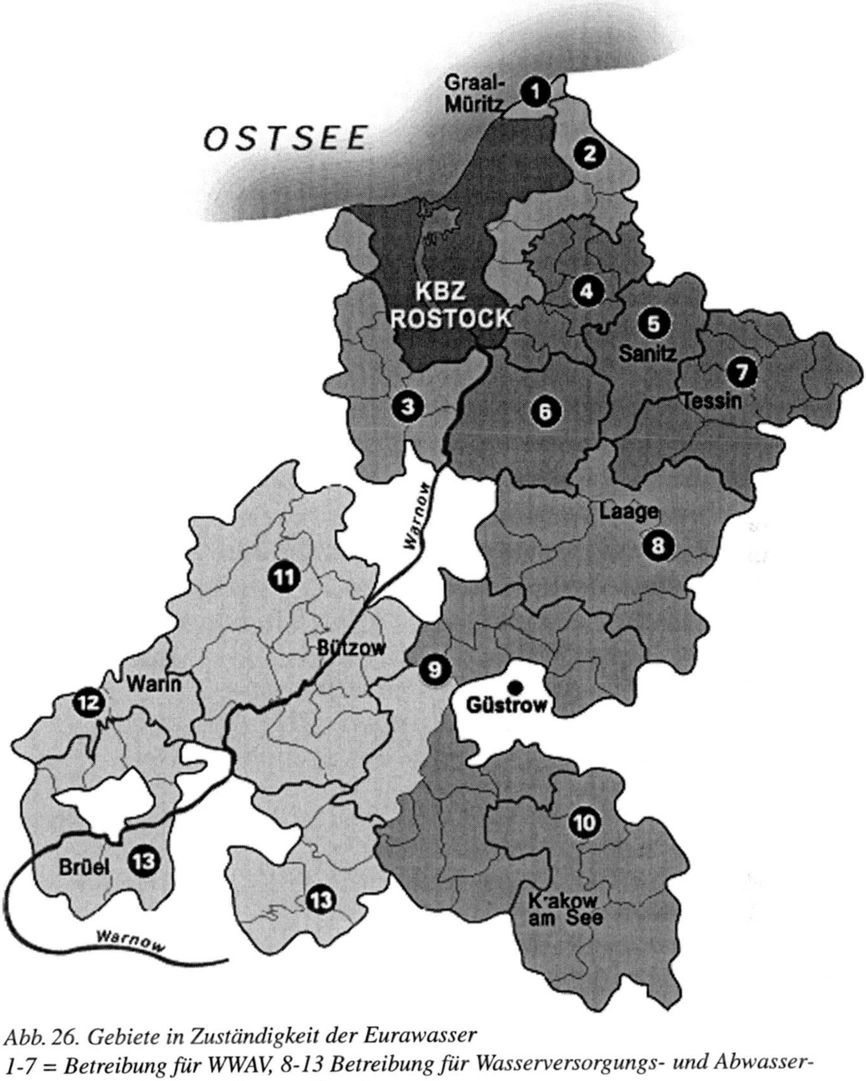

Abb. 26. Gebiete in Zuständigkeit der Eurawasser
1-7 = Betreibung für WWAV, 8-13 Betreibung für Wasserversorgungs- und Abwasserzweckverband Güstrow-Bützow-Sternberg
Quelle: http://rostock.eurawasser.de

die erforderlichen Ver- und Entsorgungsleistungen nach aktuellem Stand zuverlässig erbracht werden. Wenn die häufig beschworenen Synergieef-

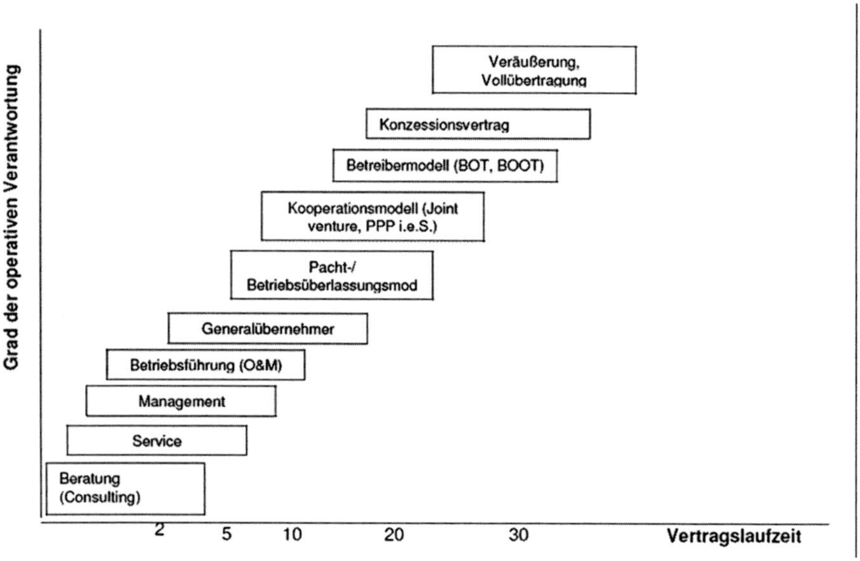

Abb. 27: PPP-Modell Rostock
Quelle: Eigene Nachstellung

fekte aus einer Verbindung der Wasserversorgung mit der Abwasserentsorgung tatsächlich eine Rolle spielen sollten – hierfür müsste ergänzend ein Leistungs- und Kostenvergleich mit einer anderen Stadt unter Einschluss der Wasserversorgung vorgenommen werden–, so ließen sich diese im Rostocker Beispiel realisieren. Als positiver Aspekt muss ferner hervorgehoben werden, dass die Hauptmotivation des PPP-Modells nicht aus dem Stopfen akuter Haushaltslöcher mit den üblichen Instrumenten vorfristiger Einnahmegenerierung stammt. An einem Hauptmotiv, der Übertragung von Risiken der Investitionsfinanzierung auf den privaten Betreiber, sind allerdings in der Umsetzung deutliche Zweifel anzumelden. Mit Fortschreibung des Vertrages wurden später dann doch Forfaitierungskredite eingeführt. Dieses kann auch als Beleg für kommunale Finanzierungsvorteile bei der Investitionsfinanzierung gelten. Positiv ist wieder Rücklagenbildung für den Vertragsendzeitpunkt anzumerken. Dieses Verfahren erhöht die Entscheidungsautonomie der Kommune und sichert das Machtgleichgewicht der Vertragspartner. Dem steht allerdings, worauf noch einzugehen ist, eine erhebliche Gebührenbelastung für die Bürger gegenüber. Ein relatives

Unikat bildet Rostock in der PPP-Modellwelt dadurch, dass hier eine eigenständige Lösung mit einem privaten Betreiber als Sicherung gegen Personalabbau genutzt wurde.

3.7.2 ERFAHRUNGEN

1) UMWELTZIELE

Die Umweltziele der Wasser- und Abwasserwirtschaft in der Region Rostock waren in der Zeit nach der Wiedervereinigung stark durch die Anpassung der Qualitätsstandards und die Einhaltung rechtlicher Normen geprägt. Investitionsbedarf entstand insbesondere für:

- die Verbesserung der Trinkwasserqualität,
- die Sanierung alter Kanalnetzteile im Abwasserbereich,
- die Verbesserung der Abwasserbehandlung und
- die Notwendigkeit, ländliche Siedlungsgebiete an die Ver- und Entsorgungssysteme anzuschließen.

Diese Investitionsbedarfe trafen auch westdeutsche Kommunen seit Mitte der 1970er Jahre. Der Anpassungsprozess streckte sich hier jedoch über einen längeren Zeitraum und er betraf eine seit Gründung der BRD kommunale Aufgabe. Als eine Erklärung für die Organisationsentscheidung Rostocks – neben dem allgemein-politischen Privatisierungstrend in Wendezeiten – kann daher die Vorsicht bei der Übernahme erheblicher Investitionslasten durch die neu mit der Aufgabe betraute kommunale Ebene eingestuft werden.

Frage: „Welche Rolle hat Eurawasser gespielt für die Lösung der Probleme sowohl auf der Trinkwasserseite als auch bei der Aufrüstung im Klärbereich?"

„Da muss man zum Anfang der 90er zurückgehen. Eigentlich sogar noch weiter zurückgehen, denn Deutschland ist der Helsinki-Konvention zur Reinhaltung der Ostsee beigetreten und hat sich dazu bekannt. Das war in den 80er Jahren. Auch schon zu DDR-Zeiten, in den 80er Jahren, hat sich Rostock Gedanken darüber gemacht. Das ist nicht so, als wenn man von 0 auf 100 gegangen wäre. Rostock hat zwei Besonderheiten. Das eine ist natürlich die Lage an der Warnow für die Trinkwasserversorgung. Rostock hat kein Grundwasser. D.h. die Warnow ist die einzige Möglichkeit, Rostock zu versorgen. Das hat schon immer zu Problemen geführt hinsichtlich der Desinfektion. Das Rostocker Wasser war für den starken Chlorgeschmack und -geruch bekannt. Das war die eine Seite. Die andere Seite ist, dass es

hier nur eine mechanische Abwasserreinigung gab zu DDR-Zeiten. D.h., die Kläranlage von Rostock war auch einer der größten Umweltverschmutzer. Vor diesen zwei Themen stand die Stadt. Auf der einen Seite gab es zwingende Verpflichtungen hinsichtlich der Abwasserreinigung. Das war so. Es gab auch Terminstellungen. Auf der anderen Seite gab es die Verpflichtung, endlich den Rostockern vernünftiges Wasser zu liefern. Es waren mehr die technischen Komponenten und dann kam die Zeitkomponente hinzu.“

In materieller Hinsicht wurden diese Umweltziele erreicht. Investitionspläne wurden zwischen dem WWAV und Eurawasser abgestimmt und realisiert. Die Ziele des 1996 verabschiedeten und 2004 aktualisierten Abwasserbeseitigungskonzepts (insbesondere Erweiterung der zentralen Kläranlage und erstmalige Erschließung von Umlandgemeinden, deutliche Erhöhung des Anschlussgrades) konnten wie geplant bis Ende 2006 realisiert werden. Zur Minderung des betriebsbedingt hohen Energieverbrauchs werden zudem aktuell Investitionen in eine eigene Energieerzeugung durch ein Blockheizkraftwerk getätigt. Eurawasser wird daher auch vom gegenwärtigen Umweltdezernenten der Hansestadt als ein in ökologischer Hinsicht aktives Unternehmen eingestuft.

„Thema Energiekosten: Die sind explodiert. Insbesondere im letzten Jahr sind sie so explodiert. Wir sind energielastig hier, gerade mit den großen Anlagen. Da kann ich mich nicht hinstellen und jedes Jahr sagen, weil die Energiekosten so hoch sind, will ich eine Anpassung haben. Brauche ich nicht drüber diskutieren, also müssen wir uns um Alternativen kümmern, und die Alternative ist, dass wir gesagt haben, wir bauen hier ein BHKW. Das bauen wir hier als Eurawasser selber. Das finanzieren wir auch selber, um die Energiekosten als Betreiber in den Griff zu bekommen. Das ist außerhalb des Vertrages. Da gibt es ziemlich harte Verhandlungen. Das eine ist der Vertrag, was man bekommen kann und das andere … Was ist den Bürgern zumutbar?“

2) PRODUKTIVER KNOW-HOW-TRANSFER

Wie bereits einleitend zur Entscheidungssituation dargestellt, gab es einen Know-how-Transfer sowohl in kaufmännisch-finanzwirtschaftlicher Hinsicht als auch bezüglich der speziellen Ausgangsbedingungen für die Trinkwasseraufbereitung und die Abwasserbehandlung.

3) STEUERUNG UND KONTROLLE

Die Entscheidungsfindung im WWAV erfolgt im Konsens zwischen Stadt und Umland. Politische Aufmerksamkeit hat in der jüngeren Vergangenheit insbesondere die Höhe des Wasserpreises erregt. Demgegenüber liegt die Phase deutlich steigender Abwassergebühren insbesondere in der Zeit bis 2002. Die Wahrnehmung von Steuerungs- und Kontrollaufgaben des Verbandes gegenüber Eurawasser Nord ist durch ein enges Abstimmungsverhältnis (wöchentliche Absprachen, örtliche Konzentration) und eine offensichtlich funktionstüchtige Beiratskonstruktion geprägt. Die Äußerungen der Beteiligten hierzu vermitteln den Eindruck eines ausgewogenen Kräfte- und Interessengleichgewichts. Dieses scheint auch abseits vertraglicher Regelungen, deren Anpassung an neue Umstände bereits mehrfach erfolgte, zu funktionieren.

„Das ist der Umsatz aus dem vereinbarten Innenpreis. Er ist vertraglich zugesichert für Eurawasser und gliedert sich in Aufwand und Gewinnzuschlag. Dieses Verhältnis kenne ich nicht. Zu Beginn des Vertrages ist das mal bewertet worden. Ist das angemessen? Ja oder nein? Ich kenne dann die Veränderung insgesamt und kann sagen ja oder nein. Ich weiß, dass Eurawasser niemals Renditen von 15 % hat. Die Renditen liegen im geringeren Bereich, aber dafür sicher und langfristig. Das ist der Unterschied dabei. Wenn Eurawasser kommt und möchte ein Stück mehr, weil die Energiekosten gestiegen sind und wir sagen, wir sind am Ende der Fahnenstange und es geht nicht durch die Gremien durch, was nutzt mir dann eine Beschlussvorlage? Wenn die Bürgermeister sagen, wir können nicht. Wir beschließen nicht, das nutzt mir gar nichts. Also sage ich: Eurawasser, versuche mal hier gleich zu bleiben mit dem Preis. Der Aufwand ist gestiegen durch Energiekosten, würde im Prinzip bedeuten, die Marge sinkt für Eurawasser. Da müssen sie gucken, wie sie die Marge gleich behalten. Da muss man am Aufwand drehen."

Frage: „Wenn Sie sich allein auf den Vertragsstandpunkt stellen würden und sie haben sowohl von der Menge her im Korridor als auch ansonsten indexiert, hätten Sie vermutlich, ich weiß nicht, ob es eine Schlichtungskommission gibt (...) Sie würden dann ein Anrecht haben auf Anpassung des Leistungsentgeltes?"

„Sie glauben doch nicht, dass ich so ein Anrecht einklagen würde?"

4) KOOPERATIONEN MIT KOMMUNEN UND PRIVATEN

Im Quervergleich der Fälle erweist sich die bezirklich–regional organisierte Wasserwirtschaft der DDR als Entwicklungsvorteil gegenüber dem in Westdeutschland häufig anzutreffenden Kirchturmdenken. Die regionale Stadt-Umland-Kooperation der Rostocker Wasserwirtschaft ist insofern Folge gewachsener Strukturen und nicht des Betreibermodells. Andererseits war das Betreibermodell für die Weiterentwicklung dieser regionalen Strukturen auch nicht hinderlich und hat dazu geführt, dass weitere Landgemeinden den WWAV für öffentliche Aufgabenerfüllung nutzen und Eurawasser mit der Durchführung operativer Aufgaben beauftragen. Der Verband hat durch die Beteiligungsrechte des Beirates hinreichende Einflussmöglichkeiten auf die Auftragsvergabe sowie die Beteiligung Dritter am operativen Geschäft hinsichtlich Planung und Bau von Anlagen.

„Ostdeutsche verstehen das eher. Die Wasserwirtschaft in Ostdeutschland war sehr zentral organisiert. Eine große Einheit pro Bezirk. Und es war immer der Grundsatz: Wasser und Abwasser zusammen. Das war auch sehr wichtig, weil die Beziehungen zwischen den beiden Medien auch sehr eng sind. Es war Anfang der 90er dann schon sehr schnell klar, überall da, wo es in die Stadtwerke überging, war Wasser nur noch eine untergeordnete Sparte. Wasser hat in Stadtwerken nie das Gewicht gehabt. Das ist einfach so. Das kennt man dann auch später hier. Ich war zwischenzeitlich auch vier Jahre in Schwerin. Deshalb weiß ich, welche Bedeutung Wasser dann hatte. Das ist das eine und was man hier auch immer versucht hat: Die Einheit für die Stadt und das Umland so groß wie möglich zu halten. Damit beide von den Vorteilen auch profitieren können und Nachteile anders ausgeglichen werden können. Das zeigte sich dann auch, wie wichtig es ist. Im Laufe der folgenden Jahre ist es zu einem Einwohnerschwund in der Stadt gekommen. Teilweise haben sich diese aber im Umland dann wieder angesiedelt. 75 % der Wegzügler haben wir dadurch aufgefangen, dass das Umland auch unser Verbandsgebiet ist.“

5) ENTSORGUNGSSICHERHEIT

Die Entsorgungssicherheit im Rostocker Abwassersystem wurde durch die vorgenommenen Ausbau- und Sanierungsinvestitionen im Vergleich zur Ausgangssituation deutlich gesteigert. Hiermit ergibt sich allerdings noch keine Aussage zu der Frage, ob das PPP-Modell für die verbesserte Leistungssicherung besonders förderlich gewesen ist. Die getätigten Investitionen waren wegen der Ausgangslage notwendig, sie hätten auch in einer öffentlich-rechtlichen Organisationsform realisiert werden müssen. Bedeutung mag hier gehabt haben, dass in der gewählten Konstruktion Investitionsprojekte ggf. rascher realisiert werden konnten. Hierauf deutet zumindest für die Startphase des Projektes auch öffentlich geäußerte Kritik an der Vergabepraxis der Eurawasser hin.

6) ÖKONOMISCHE EFFIZIENZ/WIRTSCHAFTLICHKEIT

Wie bereits einleitend erwähnt, war ein treibendes Motiv des Rostocker Betreibermodells ein Schutz gegen Personalabbau im Wasser- und Abwasserbetrieb. Dessen ungeachtet hat eine Kostenreduktion durch Personalabbau im operativen Betrieb stattgefunden. Dem stand allerdings insbesondere in den ersten Jahren der Geschäftstätigkeit eine drastische wirtschaftliche Belastung durch die Umsatzeinbrüche im Wasserverkauf gegenüber. Die verkauften Wassermengen haben hierdurch wieder das Niveau der 1950er Jahre erreicht.

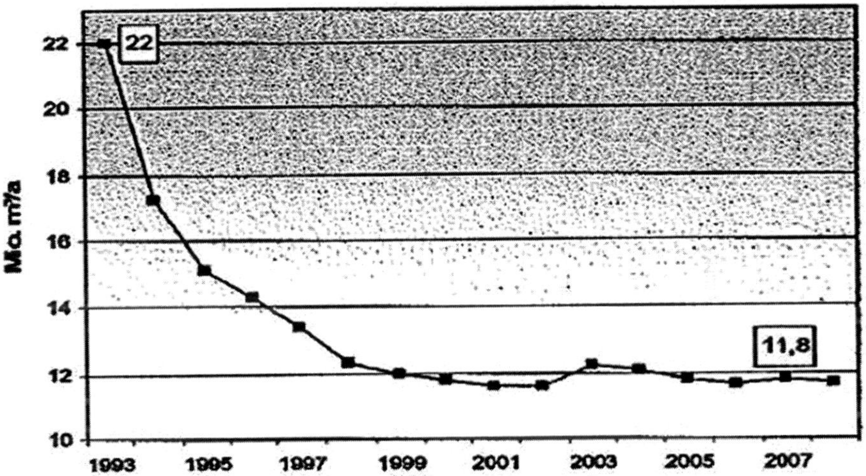

Abb. 28: Entwicklung der verkauften Trinkwassermengen im WWAV
Quelle: Gödke, K.: Das Rostocker Betreibermodell, unveröffentliches Typoskript

Da die Abwassergebühr zu erheblichen Teilen vom Frischwasserverkauf abhängig ist, führte dieses zu erheblich steigenden Kosten pro Kubikmeter Abwasser. Ursache ist hier – neben den Kosten für den Netzausbau und dessen Sanierung – auch die starke Fixkostenbelastung eines jeden Abwasserbetriebes. Diesem Merkmal trägt als Rostocker Spezialregelung die Einführung einer Grundgebühr für Abwasser Rechnung, was den Gebührenvergleich erschwert. Ob und in welchem Ausmaß Synergieeffekte durch den integrierten Betrieb von Wasserversorgung und Abwasserentsorgung für die wirtschaftliche Aufgabenerfüllung eine Rolle spielen, müsste durch einen Vergleich mit etwa gleich strukturierten, aber getrennt betriebenen Einrichtungen geprüft werden. In anderen Fallstudien, die allerdings von der Größe und dem Einzugsbereich nicht unmittelbar vergleichbar sind, haben die oft behaupteten Synergieeffekte zwischen diesen Bereichen offenbar nur eine sehr begrenzte praktische Bedeutung gehabt. Weitere Synergieeffekte durch PPP hat man sich oft durch Auftragsakquisition am freien Markt versprochen. Diese ist nach Auskunft der Gesprächspartner bei Eurawasser nicht bedeutungslos, aber auch kein entscheidendes Element für wirtschaftlichen Betrieb, sondern eher eine zusätzliche Dienstleistung für die regionale Wirtschaft.

Frage: „Das war, wenn ich das mit Hansewasser vergleiche, auch so ein Traum. Die haben gedacht: ‚Wir werden dann der große Dienstleister in der Region, wir machen auch mit der Planungsabteilung und den Ingenieuren Beratung und ähnliches.‘ Hat sich das realisiert?“

„Die erste Ansage war immer: Personalabbau sozialverträglich.

Das war immer die erste Ansage, um sich so runterzuschrumpfen auf ein Niveau, das man immer berechnet hat. Es gibt auch Faustformeln. Das andere war dann natürlich, zu gucken, welche Leistung kann ich vernünftig erbringen. Wir sind kein Konkurrent zu Tiefbaufirmen. Wir sind kein Bauunternehmen. Wir bauen Hausanschlüsse, aber mehr auch nicht und machen kleinere Maßnahmen, wenn die nötig sind. Aber wir sind keine Konkurrenz zu Bauunternehmen. Wir sind auch keine Konkurrenz zu Planungsbüros. Es gibt Planungsleistungen, die sind in einem Umfang, die machen wir selber. Es gibt Planungsleistungen, die natürlich vergeben werden. Es wird jeweils eine Betrachtung gemacht: Was kann ich wirtschaftlich erbringen mit dem Personal, das vorhanden ist? Aber wir sind hier kein Konkurrenzunternehmen. Jeder hat seine Berechtigung und wir kaufen diese Leistungen dann ein. Ich glaube auch nicht, dass es Ziel der Eurawasser war, schon damals mit dem Einstieg hier ins Geschäft zu sagen, ich suche mir noch andere Geschäfts-

felder, neben Wasserversorgung und Abwasserbeseitigung, weil mit dem Auftrag haben wir eigentlich genug zu tun. Es gibt heute angrenzende Punkte, wo wir uns verstärkt darum kümmern. Das ist richtig. Aber das sind auch Punkte, die in unser Geschäft fallen. Das ist das Thema Besonderheiten von Industriekunden. Das hat nichts mit kommunalen Kläranlagen zu tun, aber da merken wir zunehmend, dass das ein Punkt ist, wo an uns herangetreten wird und gesagt wird, löst uns unser Problem. Die haben tatsächlich Probleme. Wir haben eine kommunale Kläranlage, aber Industriekunden haben Abwässer, die dazu nicht passend sind, sodass es heißt, was müssen wir tun, damit wir diese Abwässer entweder abnehmen können oder wir suchen die Entsorgungswege. Das ist so ein Bereich, der sich im Nachgang aufgetan hat. Das gab es 1992 nicht. Da ist die Industrie eingebrochen. Die Entwicklungen, die jetzt mit dem Hafen passieren, die geben Eurawasser die Möglichkeit, im Industriekundenbereich tätig zu werden, außerhalb unseres Vertrages. Damit haben wir überhaupt nichts zu tun. Das ist eine privatrechtliche Geschichte.

...

Vom Umfang her ist es nicht so viel. Wir haben einen kleinen Betrieb gewerblicher Art im Abwasser, wie viele andere Abwasserentsorger mittlerweile auch. Man hat den Hoheitsbetrieb und nebenher so ein zwei kleine Sachen, wo man im Jahr auf 5.000,00 € Umsatz kommt. Da ist Eurawasser Vertragspartner, dann der Kunde, der das Abwasser bringt und wir als Eigentümer als Anlage. Dann zahlt der Kunde einen Preis an Eurawasser und davon bekommen wir einen Teil ab als Eigentümer der Anlage, den

Anteil Abschreibung, Zinsen, also heruntergebrochen auf diese Leistung da.“

Zur Bewertung der ökonomischen Effizienz des PPP-Modells wurden ergänzend die verfügbaren Geschäftsberichte und Bilanzen des WWAV (2006 und 2007) sowie der Eurawasser Nord GmbH (nach GENIOS Datenbank 2006 im Vergleich zu 2005) ausgewertet:

7) AUSWERTUNG WWAV

SUBSTANZERHALTUNG, SCHULDEN UND MITTELVERWENDUNG 2006 UND 2007

a) Das *Betriebsergebnis* (d.h. vor Entnahmen und Zinsen) fiel von 1.450 T€ 2006 (3,5% Umsatzrendite) auf 1.126 T€ 2007 (2,7%). Erhebliche Zinsbelastungen und Sondereinflüsse, besonders 2006, drückten das Ergebnis der Gewinn- und Verlustrechnung (GuV) von 470 T€ 2006 (1,1%) nach -1.200 T€ 2007. Sowohl das Betriebsergebnis als auch der Saldo der GuV zeigen die eher am Kostendeckungsprinzip orientierte wirtschaftliche Zielsetzung des öffentlich-rechtlichen Verbandes.

b) Der *finanzwirksame Cashflow* (d.h. das Ergebnis vor Abschreibung und Bildung von Rückstellungen) liegt mit rd. 7.500 T€ (2007) bzw. 8.400 T€ (2006) deutlich über den Sachinvestitionen von 3.500 T€ in 2007 (3,6% des Anlagevermögens). Vorjahr (2006): 1.760 T€ (1,7%). Die Investitionsquote erscheint mit rd. 50% bzw. 25% der Abschreibungen sehr niedrig. Die Ursache liegt darin, dass der WWAV nur für Investitionen im Bereich Regenwasser, für Grundstückskäufe und Anschaffungen für die Geschäftsstelle zuständig ist. Die weit höheren Zugänge durch Investitionen/Sanierungen im Trink- und Schmutzwasserbereich erfolgen bei Eurawasser. Entnahmen in nennenswerter Höhe sind nicht zu erkennen.

c) Die *Vermögensstruktur* weist ein außerordentliches Finanzpolster auf, zu erkennen an rund 38.000 T€ flüssigen Mitteln (mehr als 25% der Bilanzsumme!) 2006, die zur Hälfte in Finanzanlagen umgeschichtet wurden. Die Ursache ist u.a. die Bildung liquider Rücklagen für die mögliche Ablösung der Betreiberinvestitionen zum Vertragsende.

d) Dank *niedriger und weiter reduzierter Verbindlichkeiten*, die durch die flüssigen Mittel und Finanzanlagen komplett abgelöst werden könnten, erscheint die Substanz des WWAV außerordentlich gesund und stabil gegenüber der gerade ausgeglichenen Ertragslage. Das Potential für eventuell nachzuholende Sachinvestitionen oder den Rückkauf ist ungefährdet, wenn weiterhin die Mittel im Verband verbleiben.

ENTWICKLUNG

Im mitgelieferten Vierjahresvergleich zeigen sich stetig sinkende Umsatzerlöse und stark schwankende, letztlich deutlich sinkende Überschüsse. Relativ niedrige Sachinvestitionen ermöglichen dennoch eine stetige Kräftigung der Finanzstruktur, sodass die Schulden auf einen Wert unterhalb der liquiden Mittel (inklusive Finanzanlagen) gesunken sind. Mit anderen Worten: Das gesamte betriebsbedingte Vermögen ist durch Eigenkapitel gedeckt. Der Verband ist faktisch schuldenfrei.

TRANSPARENZ

Für die Bewertung der wirtschaftlichen Lage im Betreibermodell Wasser und Abwasser Rostock sind die unterschiedlichen Ebenen zu beachten. Hier wurde zunächst das Prüfergebnis des Jahresabschlusses WWAV ausgewertet. Generell gibt der Prüfungsbericht gute Erklärungen zu den einzelnen Werten. Vermisst wird allerdings jeglicher Hinweis, in welche Art von Finanzanlagen 20 Mio. Euro der erheblichen Liquidität investiert wurden. Nach Auskunft des WWAV erfolgten die Finanzanlagen gemäß § 20 der Gemeindehaushaltsverordnung Mecklenburg Vorpommern. Ergänzend ist über den WWAV öffentlich ein Geschäftsbericht der Eurawasser GmbH verfügbar. Dieser berichtet über die Aktivitäten zur Vertragserfüllung, enthält aber keinen Jahresabschluss des Unternehmens.

8) AUSWERTUNG EURAWASSER NORD GMBH, ROSTOCK

Vorbemerkung zur Datenlage: Diese Auswertung erfolgte Anfang April 2010; der zu diesem Zeitpunkt letzt verfügbare Abschluss wurde über die GENIOS Datenbank erworben und betrifft das Jahr 2006, mit Vergleichswerten zu 2005.

SUBSTANZERHALTUNG, SCHULDEN UND MITTELVERWENDUNG 2005 UND 2006

a) Während der Umsatz nur geringfügig auf 63,4 Mio. € in 2006 stieg, zeigt das *Ergebnis der gewöhnlichen Geschäftstätigkeit* vor Zinsen, Steuern und Entnahmen (entspricht dem EBIT[30]) eine Zunahme von 5.867 T€ (9,3% Umsatzrendite) auf 6.814 T€ (10,7%) 2006. Bei Herausrechnung periodenfremder und einmaliger Verbuchungen (Auflösung von Rückstellungen und geänderter Verrechnungspreise) würde sich allerdings ein deutlicher Rückgang des EBIT („ordentlichen" Betriebsergebnisses im Sinne der Rechnungslegung bis 1986) um rund 3 Millionen € auf rund 6% Umsatzrendite errechnen.
b) Der *finanzwirksame Cash Flow* (d.h. das Ergebnis vor Abschreibung und Bildung von Rückstellungen) liegt 2006 mit rund 14 Mio. € knapp unter den *Sachinvestitionen von 15 Mio.* € (wie im Vorjahr rund 8% des Anlagevermögens und das Doppelte der Abschreibung).

30 EBIT = Earnings Before Interests and Taxes

Theoretisch hätten die deutlich die Abschreibungen übersteigenden Investitionen also aus eigenen Mitteln finanziert werden können. Tatsächlich wurden für rund 7 Mio. € weitere Forfaitierungsdarlehen aufgenommen, so dass der Bilanzgewinn von 4,6 Mio. € (Vorjahr 2,4 Mio. €) in voller Höhe an die Gesellschafterin (die EURAWASSER Aufbereitungs- und Entsorgungs GmbH Berlin) abgeführt werden konnte.

c) Das *Vermögen* von 268 Mio. € weist für ein Wasser-/Abwasserunternehmen typischerweise einen Schwerpunkt in Sachanlagen (194 Mio. €) auf. Der bilanziell sehr niedrigen Liquidität von 3 Mio. € sind die hohen kurzfristigen Ausleihungen an die Muttergesellschaft in Höhe von über 47 Mio. € gegenüberzustellen. Verrechnet man diese Forderungen mit den *Verbindlichkeiten* von 65 Mio. €, verbleiben Nettoschulden von lediglich rund 18 Mio. € bzw. 7% des Vermögens.

ZUSAMMENFASSUNG

Die Substanz des Unternehmens ist somit als außerordentlich gesund und stabil zu beurteilen; ähnliches gilt für die Finanzkraft, die grundsätzlich für die hohen Investitionen ausreichen würde. Tatsächlich ist die Bilanz- und Finanzierungspolitik stark auf möglichst hohe Auszahlungen an die Muttergesellschaft ausgerichtet.

TRANSPARENZ

Der Jahresabschluss, obwohl nur über den Handelsregisterauszug erhältlich, hält sich an die gesetzliche Gliederung und gibt voll zufriedenstellende Erklärungen. Die komplexe PPP-Konstruktion beeinträchtigt allerdings stark die Transparenz auf die tatsächliche Vermögens- und Finanzlage. Hier würde eine Kapitalflussrechnung (Cash Flow Statement) als freiwillige Ergänzung auch einem weniger kundigen Leser erst ein realistisches Bild vermitteln können.

9) REGIONALPOLITISCHE BEDEUTUNG/SOZIOÖKONOMISCHE FOLGEN

Der Rostocker Wasser- und Abwasserbetrieb hat aus den DDR-Zeiten des VEB offensichtlich personelle Überkapazitäten übernommen, die in der Wendezeit im Rahmen der Nordwasser GmbH nicht verändert wurden. Die

Anpassung des Personalbedarfs erfolgte nicht auf der Ebene des von Beginn an relativ schlanken WWAV, sondern im operativen Bereich. Die summarische Personalentwicklung wird in dem folgenden Schaubild aus dem Eurawasser Jahresbericht 2007 dargestellt.

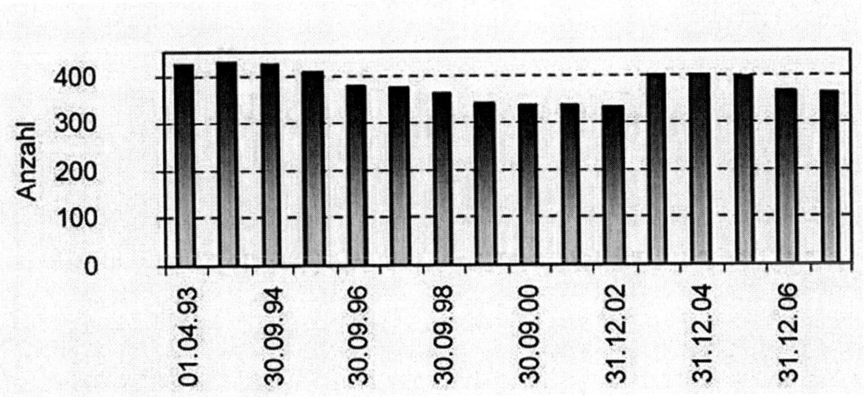

Abb. 29: Personalentwicklung
Quelle: Eurawasser Nord GmbH: Bericht Geschäftsjahr 2007 an den Warnow-Wasser- und Abwasserverband, S. 37

Die Anzahl der Mitarbeiter seit 2003 bezieht sich auf das Gesamtunternehmen. Der Zugang von rund 80 Beschäftigten resultiert aus der Fusion mit der EURAWASSER Mecklenburg GmbH. Insgesamt sind im Unternehmen 360 Mitarbeiter beschäftigt.

Der zu beobachtende Personalabbau von knapp 25% in den zehn Jahren von 1993 bis 2003 scheint der Entwicklung in privatisierten Betrieben auch in Westdeutschland zu entsprechen. Wie weit er somit nur die Entwicklung des technischen Fortschritts der Branche spiegelt oder ob er auch aus den vermuteten Überkapazitäten resultiert, ist nicht zu beantworten. Zur Realisierung des Personalabbaus gab es bei Eurawasser Rostock und auch im fusionierten Unternehmen Eurawasser Nord keine betriebsbedingten Kündigungen.

„Eurawasser hat keine betriebsbedingten Kündigungen vorgenommen. Der Betreibervertrag sah auch vor, dass das Personal möglichst 5 Jahre nicht betriebsbedingt gekündigt wird. Das war die Forderung und auch danach hat Eurawasser nie

betriebsbedingt gekündigt, sondern sie haben Mitarbeiter abgebaut durch Nutzung der Altersteilzeit-Regelung, Vorruhestandsregelung usw."

Ein weiterer im Rahmen von Privatisierungsmodellen geäußerter Kritikpunkt betrifft die Erwerbervorteile durch Verflechtung bei den Vorleistungen. Ergeben sich überproportionale Ertragsmöglichkeiten nicht aus dem laufenden Betrieb, so können sie sich aus dem Einfluss auf Investitions- und Vergabeentscheidungen ergeben, wenn der Erwerber gleichzeitig Anbieter im Anlagenbau oder für Bau und Wartung des Systems ist. Auf öffentliche Kritik hierzu in der Startphase wurde oben hingewiesen. Die Gesprächspartner sahen in dieser Hinsicht keine Wettbewerbsbehinderung und keine Nachteile für die regionale Wirtschaft und verwiesen auf die Beteilungsrechte des WWAV bei der Vergabe.

„90 % der Bauleistungen hier für die Kläranlage blieben in der Region. Das war damals Bedingung dafür, dass hier gebaut werden konnte. Die Bauleitung hatte Philip Müller. Da können Sie auch in die Presse von damals gucken usw. Der Unternehmerverband hatte auch dazu Stellung genommen. Da wurde drauf geguckt. Woher kommen die Autos, die auf die Kläranlage fahren? Welche Firmen sind gebunden? 90 % der Leistungen sind durch die Region erbracht worden, außer die Spezialgeschichten. Was man bestellen muss usw., d. h. bestimmte Aggregate, Membrane usw. Das ist das Prinzip, was generell durchgehalten wurde. Auch jetzt, wenn wir hier bauen, dann mit regionalen Firmen. Die Aggregate an sich, die müssen wir einkaufen. Die Bauleistungen kommen aber immer aus der Region. Wir machen Ausschreibungen ganz klassisch und wir haben hier gute Baufirmen. Das war hier für die Entwicklung der Wirtschaft ganz wichtig. In der Vergabe sind sie dann frei. Sie können nachverhandeln z.B. Da hat man im öffentlich-rechtlichen Bereich nicht so viele Möglichkeiten. Eurawasser kann nachverhandeln. Da gibt es aber einen Passus im Vertrag, dass die Vorteile aus der Nachverhandlung zu 50% dem Verband zustehen.

Mit den Vergabevorschlägen ist das so: Bis 100.000,00 € entscheidet Eurawasser. Bei Investitions- oder Sanierungsmaßnahmen über 100.000,00 € entscheidet die Geschäftsführung des Verbandes. (...) Bei Maßnahmen über 400.000,00 € muss ich in den Beirat gehen. Denn weil das größere Sachen sind, wird noch mal über die Maßnahmen berichtet, aber auch warum, weshalb, weswegen. Dann muss der Beirat zustimmen. Das ist auch Bestandteil des Vertrages."

10) BESTEUERUNG

Die Versorgung der Bevölkerung mit Trinkwasser ist unabhängig von der Rechtsform des Leistungserbringers als wirtschaftliche Betätigung einer Kommune steuerpflichtig. Die Entsorgung und Behandlung des Abwassers wird dagegen unverändert als hoheitliche Aufgabenstellung im Rahmen öffentlich-rechtlicher Organisationsformen nicht steuerlich belastet. Diesem Vorteil der öffentlich-rechtlichen Leistungserbringung stehen allerdings auch Nachteile gegenüber. So ist mit der Umsatzsteuerpflicht die Möglichkeit zum Vorsteuerabzug für bezogene Leistungen verknüpft. Ferner hängt hieran die Möglichkeit, staatliche Subventionen wie Investitionszuschüsse zu erhalten. Welche Organisationslösung steuerlich im Einzelfall vorteilhaft ist, kann somit nur nach den konkreten Bedingungen entschieden werden. Die vorteilhafte Organisation kann zudem wechseln, wenn z.B. für mehrere Jahre bei Investitionsspitzen der steuerliche Vorteil des Vorsteuerabzugs auf bezogene Leistungen die Nachteile der Umsatzsteuerpflicht auf der Absatzseite übertrifft. Im Rostocker Fall hat die Besteuerung für die konkrete Organisationsentscheidung eine geringe Bedeutung gehabt. Der weiterhin bestehende steuerliche Nachteil der Organisationslösung wird zudem als begrenzt und verkraftbar eingeschätzt. Die spezifischen Ursachen hierfür liegen einmal darin begründet, dass bereits 1990 für den Wasserbetrieb eine privatrechtliche Organisation mit Steuerpflicht gewählt wurde. Ferner ergibt sich ein besonderer Nachteil einer Privatisierungslösung in steuerlicher Hinsicht, wenn erhebliche Investitionen für die Kanalnetzsanierung und Anlagenertüchtigung in öffentlich-rechtlicher Form ohne Vorsteuerabzug bereits erfolgten. Dieses war in Rostock nicht der Fall. Kommt dann noch als Privatisierungsziel die Gewinnung von Veräußerungserlösen hinzu (Fälle Braunschweig und Bremen), so kumuliert sich der steuerliche Nachteil (Fall Bremen). Dieses lässt sich für die Gewinnung liquider Mittel aus dem alten Anlagevermögen nur durch öffentlich-rechtliche Konstruktionen vermeiden (Fall Braunschweig). Diese Aspekte hatten für den Abwasserbereich der Rostocker Lösung keine Bedeutung, da das Anlagevermögen im Eigentum des Verbandes blieb und 1993 – wohl auch, weil die strukturellen Haushaltsprobleme Rostocks erst später gravierende Bedeutung erhielten – Veräußerungserlöse kein Motiv bei der Entscheidung für das Betreibermodell waren.

Frage: „Dagegen bin ich bei öffentlich-rechtlicher Organisation für den Abwasserbereich nicht steuerpflichtig. ... Bei Ihrer Konstruktion jetzt, wo Eurawasser über das Entgelt auch die Kreditkosten mit finanzieren muss, zahlen Sie praktisch auf die Verzinsung noch die Mehrwertsteuer. Hätten Sie es in einer öffentlich-rechtlichen Konstruktion, wäre das draußen."

„Nein, wäre es nicht. Am Beispiel einer Maßnahme: Wir würden eine Investition durchführen in der Höhe von 100.000 € als Verband Eurawasser komplett raus. Wir müssten den Planer bezahlen und die Baufirma. An die müssten wir bezahlen als Verband 100.000 € plus Umsatzsteuer. Es kostet mich 119.000 €. Das aktivieren wir und müssen wir auch finanzieren. Sie wollen darauf hinaus, auf diesen ungünstigen Faktor, dass man beim privaten Modell (dem Betreibermodell) eine Mehrumsatzsteuer hat. Die gibt es, aber ausschließlich nur auf die Personalkosten, nicht auf den Investitionsbereich. Als Verband muss ich mir das Geld bei der Bank borgen. Und zwar 119.000,00 €, weil die 19.000,00 € kann ich nicht als Vorsteuer ziehen. Das sind komplett meine Kosten als Verband. Also gehe ich zur Bank und sage, gebt mir bitte einen Kredit für 119.000,00 € und darauf zahle ich dann den Zins (bei 4% =4.760€/a). Jetzt kommt das private Modell, Investitionen. Eurawasser zahlt ebenfalls 119.000,00 €, zieht jedoch die Vorsteuer. Also braucht Eurawasser nur für die 100.000,00 € zur Bank gehen und den Kredit beantragen. Dann sagt Eurawasser aber darauf, wenn wir 4 % haben, dann sind das 4.000,00 € pro Jahr + Umsatzsteuer also insgesamt 4.760 €. Oder das geht ein in den sogenannten Innenpreis Eurawassers und darauf zahle ich Umsatzsteuer. Hier ist im Zinsanteil ein Zinsanteil für Umsatzsteuer drin und dort auch. Bei der Investition im Abwasserbereich ist es unerheblich, ob ich es selber mache oder ob ich einen privaten Betreiber habe. Der Nachteil, den das private Modell hat, ist eben, dass wir Umsatzsteuer zahlen müssen auf die Personalkostenanteile, die im Preis der Eurawasser sind. Das ist der einzige Nachteil. Den Nachteil möchte der Private wett machen durch Effektivitätsvorsprung."

11) FINANZIELLE STRUKTUR DES MODELLS

Das vorrangige Ziel des Rostocker Betreibermodells bestand in finanzwirtschaftlicher Hinsicht darin, hohe Finanzierungsrisiken vom öffentlichen Haushalt der beteiligten Kommunen abzuwenden und diese nach Möglichkeit auf private Investoren zu übertragen. Da gerade ostdeutsche Kommunen, denen die Aufgaben des Wasserbereichs relativ frisch übertragen worden waren, in dieser Hinsicht nur begrenzte Erfahrungen hatten, sind die Bedenken im Grundsatz nachvollziehbar. Viele ostdeutsche Kommunen, die sich von unseriösen Beratern oder interessierten Investoren zu überdimensionierten Entsorgungsinvestitionen haben verleiten lassen, hatten erhebliche finanzielle Konsequenzen zu tragen (wie im Fall Bodenniederung). Bürger haben sich verständlicherweise gegen überhöhte Abwassergebühren als Folge dieser Fehlentscheidungen gewehrt. Wie bereits oben dargestellt ist das Ziel, die Ausbau- und Sanierungsinvestitionen nach Bedarf in einem begrenzten Zeitraum realisieren zu können, materiell erfüllt worden. Vom Modell, alle Finanzierungsrisiken durch den privaten Betreiber tragen zu lassen, musste man sich auch in Rostock nach fünfjähriger Vertragslaufzeit 1998 trennen. Seit 1998 werden Investitionen durch Eurawasser auf dem Wege der Entgeltforfaitierung finanziert. Dies bedeutet, dass der WWAV als öffentlich-rechtlicher Aufgabenträger im Abwasserbereich gegenüber den Banken mit den Entgeltverpflichtungen aus dem Vertrag unmittelbar für den Schuldendienst haftet (Einredeverzichtserklärung). Nur hierdurch ist es für Eurawasser möglich, Kredite der Banken ohne einen Risikoaufschlag, d.h. zu Konditionen eines Kommunalkredites zu erhalten. Zu diesem Zeitpunkt wurden auch die bis 1998 von Eurawasser zur Investitionsfinanzierung aufgenommenen Kredite umgeschuldet und mit einer Forfaitierung abgesichert. Rostock hatte bei Vertragsabschluss das Ziel, alle Investitionen in der 25-jährigen Vertragslaufzeit abzuschreiben, um zum Ende eine neue Organisationsentscheidung ohne finanzielle Verpflichtungen aus dem PPP-Modell treffen zu können. Auch hiervon hat man sich unter dem Druck einbrechender Wasserumsätze und der Notwendigkeit zur Gebührensteigerung getrennt. Heute besteht das finanzwirtschaftliche Ziel darin, zur Investitionsfinanzierung auflaufende Darlehen und die jeweiligen Investitionsrestwerte in einer angemessenen Balance zu halten und zugleich für die Ablöseverpflichtungen zum Ende der Vertragslaufzeit hinreichende Finanzanlagen als Liquiditätsreserve zu bilden. Damit entspricht die Lösung dem Kriterium der Nachhaltigkeit im Unterschied zu anderen Fällen, denn die Investitionslasten werden nicht in die Zukunft verschoben. Ob diese Gleichzeitigkeit hoher Kredite beim Betreiber Eurawasser und hoher Liquiditätsreserven beim WWAV finanzwirtschaftlich sinnvoll ist, bleibt aber eine näher zu prüfende Frage.

12) AUSWIRKUNGEN DES PPP-MODELLS AUF DIE GEBÜHRENENTWICKLUNG

Gebührenvergleiche im Entsorgungsbereich sind in ihrer Methodik und ihren Aussagen hochgradig umstritten. Im Hausmüllbereich macht insbesondere der stark heterogene Leistungsumfang Gebührenvergleiche problematisch. Im Abwasserbereich spielen demgegenüber Faktoren wie die Siedlungsdichte, der Wasserverbrauch und die Topographie eine wichtige Rolle für Gebührendifferenzen. Aussagen zum Einfluss von PPP-Modellen auf die Gebühr dürfen daher nicht allein die Gebührenhöhe als Maßstab nutzen. Von ebenso großer Bedeutung ist die Gebührenentwicklung. Im Idealfall sollte die Gebührenentwicklung bei Eigenleistung (Regiekostenrechnung) mit den Organisationsalternativen transparent vergleichbar sein. Dieses ist allerdings in den untersuchten Fällen kaum gegeben.

Für den Gebührenvergleich 2008 wird Rostock auf Platz 85 aller 100 Vergleichsstädte eingeordnet.[31] Auch im eigenen Quervergleich ist Eurawasser unter den teuersten Abwasserentsorgern.

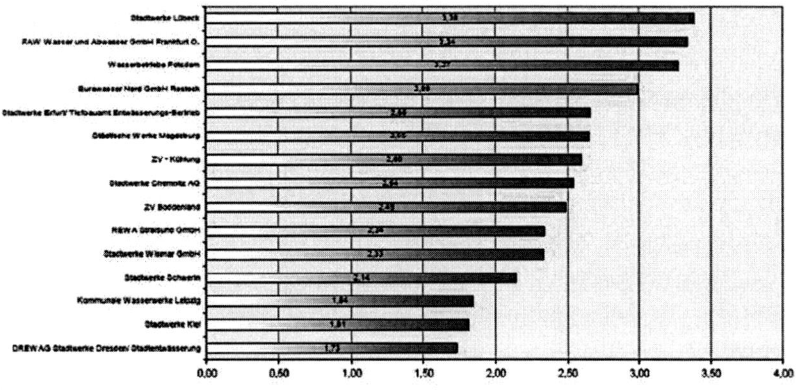

Abb. 30: WWAV-Vergleich Schmutzwassergebühren für 2007 nach BGW Methodik in €/qm Quelle: Eurawasser Nord GmbH: Bericht Geschäftsjahr 2007 an den Warnow Wasser- und Abwasserverband, S. 33

---

[31] Vgl. Institut der deutschen Wirtschaft Köln Consult: INSM Abwassermonitor 2008, S. 13

Ergänzend wurde die Schmutzwassergebühr sowohl auf die nach dem Anschlussvolumen (Nennleistung des Wasserzählers) gestaffelte Grundgebühr als auch auf die nach verbrauchtem Frischwasser erhobene Zusatzgebühr zum 1.1.2009 um 4% erhöht.

Die Grundgebühr für Schmutzwasser liegt jetzt je nach Anschlussvolumen zwischen 7,46 € und 222,48 € pro Monat. Hinzu kommt ein Betrag von 2,86 €/m^3 pro verbrauchten Kubikmeter Trinkwasser. Als Besonderheiten für einen Gebührenvergleich ist für Rostock zu berücksichtigen, dass für Kanalinvestitionen keine Beiträge erhoben werden. Falls bei untersuchten Städten Beiträge erhoben wurden, sind diese allerdings nach der INSM-Studie mit dem Faktor 1 zu 30 in die Gebühr eingerechnet worden. Ferner erlaubt die Gebühr dem WWAV eine Rücklagenbildung. Das Rostocker Modell ist somit eher mit Städten zu vergleichen, die aus der Gebühr auch den Substanzerhalt finanzieren, als mit PPP-Modellen, die zum Ende der Laufzeit hohe Restschulden bewirken. Schließlich erhebt Rostock für das gesamte Verbandsgebiet einheitliche Gebühren. Wieweit durch die Mitberücksichtigung des weniger verdichteten Umlands die Gebühr ansteigt bzw. ob durch die gesplittete Gebühr Bürger der Kernstadt bei gleichem Verbrauch durchschnittlich weniger bezahlen, bedürfte einer separaten Analyse. Unstrittig ist, dass durch das PPP-Modell kosten- und gebührensteigernde Effekte nicht, im Vergleich zu einer öffentlich-rechtlichen Organisation, aufgefangen werden konnten.

Unsere Interviewpartner vertraten zu Gebührenvergleichen eine eher distanzierte Position. Sie stuften den INSM Abwassermonitor allerdings als relativ aussagekräftig ein.

Frage: „Jetzt liegen Sie, wenn ich diese Vergleichstabellen nehme, immer noch relativ an der Spitze der Großstädte mit der Gebühr."

„Richtig. Dazu muss ich gleich wieder sagen, dass man da 1.000 Fußnoten ranmachen muss, an die Gebühr. Wir refinanzieren komplett alle Investitionen über die Gebühren. Wir haben keine einmaligen Anschlussbeiträge bei uns, ganz wichtig. Wir haben jetzt einen Trinkwasserverbrauch von (der ist in den letzten Jahren wieder ein kleines bisschen gesunken) 88 l/EW und Tag. Bundesdeutscher Durchschnitt sind 125 l/EW und Tag. Das wirkt sich natürlich auf meine Gebührenkalkulation aus. Die Kosten bleiben gleich...fast. Wir haben 85 % Fixkosten in unserer Branche und wenn ich die Kosten durch die Menge teile, und die Menge immer

wieder sinkt, dann belastet das mich und meine Einsparpotentiale, die wir im Verband haben, aber die auch hauptsächlich Eurawasser hat, ... die sind irgendwann zu Ende. Und dann wirken sich eben Kostensteigerungen über die Gebühr aus, wie Sie sagen. Kostendeckende Gebühr. Wir haben z. B. auch über 150 B-Plan-Gebiete in unserem Verbandsgebiet realisiert und haben da den Erschließungsträgern die Anlagen bezahlt. Das war eine Geschichte, die Sie sonst so nicht finden. Sonst ist es meistens so, in anderen Verbänden, dass für B-Plan-Gebiete die Erschließungsträger selbst den Bau der Schmutzwasserleitung finanzieren und sich über den Kaufpreis der Grundstücke refinanzieren. Wir haben in diesem Fall ein bisschen Wirtschaftsförderung betrieben, das sind auch immer politische Entscheidungen. Was will man im Verband? Was wollen die Kommunen? Die wollten Gewerbe ansiedeln und die wollten Wohngebiete für ihre Einwohner erschließen und da haben wir über 150 B-Plan-Gebiete mitbezahlt. Das ist natürlich alles in der Gebühr mit drin. D.h., die Infrastruktur, so wie sie jetzt da ist, die wird komplett über die Gebühr finanziert. Da sag ich immer, das muss man immer mit drunter schreiben, wenn man uns vergleicht mit anderen Städten.“

13) HAUSHALTSAUSWIRKUNGEN

Das Rostocker Betreibermodell hatte als eine Kernmotivation, Belastungen aus den in ihrem Ausmaß schwer abschätzbaren Investitionsverpflichtungen für den kommunalen Haushalt zu vermeiden. Dieses sollte einerseits durch die regionale Verbandslösung als öffentlich-rechtlichem Aufgabenträger und andererseits durch die private Investitionsfinanzierung erreicht werden. Betrachtet man die erzielten Ergebnisse, so kann dieses Ziel mit deutlichen Einschränkungen als erfüllt angesehen werden. Kommunale Haushalte werden nicht durch laufende Zuschüsse für die Erfüllung der Aufgaben der Wasserversorgung und Abwasserentsorgung belastet. Auf der Ebene des WWAV werden Defizite im Wassergeschäft durch moderate Überschüsse des Abwasserbereichs ausgeglichen. Ausschüttungen an die Eigentümergemeinden finden nicht statt. Das Risiko der Investitionsfinanzierungen tragen – mit dem Ziel relativer Gebührenstabilität und Kreditkonditionen auf Kommunalkreditniveau – die Gemeinden als Träger des Verbands. Sie verzichten allerdings auch auf die in vielen Städten möglichen und realisierten dauerhaften Liquiditätszuflüsse aus einer angemessenen Eigenkapitalverzinsung bzw. auf die möglichen temporären Liquiditätszuflüsse aus erwirtschafteten und noch nicht zur Reinvestition erforderlichen Abschreibungen. Dieser Verzicht wird nicht durch besonders niedrige Gebühren oder Wasserpreise kompensiert. Allerdings sieht das Modell durch die Rücklagenbildung beim Verband die Möglichkeit vor, zum Vertragsende ohne erhebliche kommunale Neuverschuldung das Betreibermodell in eine öffentliche Lösung zu überführen. Es eröffnet somit zumindest künftige Handlungsoptionen.

14) MITBESTIMMUNG/PERSONALVERTRETUNG/TARIFRECHT

Informationen zur betrieblichen Situation bei der Umwandlung der VEB in die Nordwasser GmbH wurden nicht erhoben. Aufgrund der geltenden rechtlichen Rahmenbedingungen des Betriebsverfassungsgesetzes hat sich an der Mitbestimmung im Betreibermodell nichts geändert. Die Bezahlung erfolgt nach einem Haustarif. Von Mängeln, die in anderen Betrieben der Entsorgungsbranche die Einführung eines Mindestlohnes nach dem Entsendegesetz erforderlich machten, ist für Eurawasser nichts bekannt. Aufgrund der regionalen Arbeitsmarktbedingungen liegt die Priorität der Arbeitnehmervertretungen sicherlich immer noch auf der Beschäftigungssicherung bei angemessener Entlohnung. Die Reduktion der Beschäftigung im dargestellten Umfang erfolgte nicht durch betriebsbedingte Kündigungen. Das Unternehmen engagiert sich schließlich auch in der Aus- und Weiterbildung.

„Es gibt einen Haustarif für die Eurawasser mit entsprechendem Tarifpartner. Tarifpartner ist die IGBCE. Unser Haustarif liegt im Vergleich nicht über dem öffentlichen Dienst, sondern in Bereichen sogar unter dem Tarifwert des öffentlichen Dienstes. Das hat geschichtliche Gründe. Das hat aber auch Gründe, dass man gesagt hat, man möchte hier flexibel sein. D.h., in Zeiten, wo es nicht so angemessen ist, hier das im Rahmen halten. Es gab ein sogenanntes Bündnis für Arbeit. D.h., die Mitarbeiter haben auf Tarifsteigerung verzichtet. Das ist aber ausgehandelt worden und zwar unter dem Aspekt, dass Auszubildende länger übernommen werden. Deshalb auch Haustarif, weil man da einfach viel besser gestalten kann. Den gab es schon seit Beginn an.“

Frage:“ Wenn ich die beiden Sparten im Entsorgungsbereich wieder vergleiche, spielte dann die Tarifflucht im Abwasserbereich eine ähnliche große Rolle wie beim Müll? Oder war im Abwasserbereich dann eher die Frage: Bekommt man noch günstigere Stadtwerketarife als Haustarif? Eine Zielvorstellung, weshalb viele Mitarbeiter aus dem öffentlichen Dienst gerade raus wollten oder aus der Nor-

malbezahlung. Oder gibt es sogar Leistungszulagen? Haben Sie solche Modelle auch?"

„Wir haben bestimmte Modelle. Wir führen schon seit vielen Jahren Mitarbeitergespräche. Auch leistungsbezogene Mitarbeitergespräche mit allen, d.h. es gibt ein entsprechendes System bis hin zum Kanalarbeiter. Das wird dann einmal im Jahr nach einem Bewertungsmodus abgestimmt mit dem Betriebsrat. Aus einem Leistungstopf wird die entsprechende Leistungsvergütung an alle Mitarbeiter ausgeschüttet. Das ist gestaffelt zwischen dem Führungspersonal, das höhere Leistungsbestandteile hat als reine Angestellte oder gewerbliches Personal. Das zweite, was es gibt, ist ein sogenanntes Beförderungssystem. D.h., es gibt keine automatische Beförderung. Man steigt nicht automatisch irgendwo hoch. Auch nicht über die Jahre, sondern das muss durch den Leiter unter bestimmten Kriterien beantragt werden. Es gibt einen Beförderungstopf, der pro Jahr ausgeschüttet wird. Dort gibt es Kriterien wie es zu einer Beförderung kommen kann. Es gibt keinen Automatismus mehr. Leistungsvergütung und Beförderungstopf sind über die Jahre auch angewachsen. Angewachsen meine ich insofern, dass die Bestandteile, die den Leistungs- oder Beförderungstopf ausmachen, prozentual größer werden als die tariflich vereinbarte Grundvergütung."

Frage: „Wie weit trifft Sie das mit der Mindestentlohnung? Spielt das auch eine Rolle?"

„Nein. Wir haben alles Tarifmitarbeiter."

15) Flexibilität/Anpassungsfähigkeit des Modells

Wenn sich mit PPP-Modellen die Erwartung einer Neuordnung der sehr kleinteiligen deutschen Wasserwirtschaft verbindet, so trifft diese Erwartung in den neuen Bundesländern auf eine andere Ausgangssituation. Zumindest in der Region Rostock haben sich ausgehend von einer bezirklichen Wasserwirtschaft in der DDR die regionalen Strukturen der Branche erhalten. Die Kooperation findet hier allerdings sowohl auf der öffentlich-rechtlichen Ebene der Zweckverbände als auch auf der operativen Ebene des beauftragten Privatunternehmens statt.

Die Privatisierung kann insoweit weder als Katalysator für leistungsfähigere betriebliche Strukturen eingestuft werden noch hat sie sich hierfür als hinderlich herausgestellt. Im Vergleich zu anderen Fällen kann dieses positive Ergebnis sicher auch darauf zurückgeführt werden, dass ungeachtet der wirtschaftlichen Probleme durch rückläufige Wasserverbräuche die Region Rostock nicht noch zusätzlich durch starke Wanderungsverluste belastet wurde. In den letzten Jahren war sogar wieder ein leichter Bevölkerungszuwachs zu verzeichnen.

16) Berichtspflichten

Die Berichtspflichten zum WWAV sind durch die Leistungsverträge geregelt. Der Informationstransfer wird durch die örtlich konzentrierte Unterbringung gefördert. Es gibt regelmäßige Abstimmungsgespräche.

17) Haftungsfragen/staatliche Garantien und Nebenlasten

Die Haftung für die Erfüllung der Leistungsverträge liegt beim beauftragten privaten Dritten. Aufgrund des Einredeverzichts bei den Kreditverträgen besteht gegenüber den kreditierenden Banken auch bei Störungen hinsichtlich der Erfüllung der Leistungsverträge eine unmittelbare Zahlungsverpflichtung. Informationen zur Absicherung für technische Störfälle wurden nicht erfragt. Ob für den Insolvenzfall des Betreibers die Verträge spezielle Sicherungen enthalten, ist nicht bekannt.

Da die Aufgaben im Abwasserbereich unverändert kommunal sind, müsste für diesen Fall der Verband operativ tätig werden oder einen anderen Dritten beauftragen und hierzu jeweils für die Übertragung/Nutzung des Anlagevermögens sorgen. An einer Regelungsmöglichkeit für diesen Eventualfall bestehen keine Zweifel.

18) Entscheidungsprozedur/Informationspflichten/Transparenz

Für das derzeitige Betreibermodell hat sich die Stadt Rostock in ihrer Bürgerschaft unter drei vorliegenden Angeboten, davon zwei vom Eurawasser-Konsortium, im November 1992 nach zweieinhalbjährigen Verhandlungen entschieden. Zur Bewertung der Angebote wurden Gutachten zu Wirtschaftlichkeit, Technik und rechtlichen Aspekten eingeholt und von Bürgerschaftsausschüssen ausgewertet. Die Entscheidungsgründe finden sich in der Begründung der Bürgerschaftsentscheidung (vgl. Anlage 2 zur Fallstudie). Die Vertretung der Umlandgemeinden hat sich der Rostocker Entscheidung angeschlossen (vgl. Anlage 3). Die Verträge in ihrer ursprünglichen Gestaltung, aber auch in der mittlerweile viermal geänderten Form, sind nicht öffentlich zugänglich. Änderungs- und Entscheidungsprozesse verlaufen in den Entscheidungsgremien des WWAV sowie im Beirat. Der WWAV hat die Funktion einer Abstimmungsinstanz zwischen den kommunalen Interessen und den aufgabenbezogenen Erfordernissen. Die Selbstwahrnehmung der Akteure ist durch sachorientierte Arbeit bei relativer Ferne zur Tagespolitik geprägt. Es werden danach Problemlösungen im Einvernehmen angestrebt, die bisher gelingen, weil es eine Akzeptanz von Belastungsgrenzen der Bürger gibt.

„Mein Anspruch ist immer, dass wir jede Zahl, die Eurawasser übergibt, bewerten können und kontrollieren können. Was nicht heißt, dass ich die spezifischen Stromkosten der Kläranlage sowieso ständig im Kopf habe oder weiß. Das bedeutet es nicht. Wir haben den Anspruch, alle Bereiche, die wichtig sind in unserer Branche, zu besetzen und Eurawasser ein ebenbürtiger Partner zu sein. Das war u. a. mitentscheidend, dass wir erfolgreich mit Eurawasser sind. Was nicht heißt, dass es nicht mal Meinungsverschiedenheiten gibt. Das zeigt ja schon, dass wir die 4. Ergänzungsvereinbarung zum Betreibervertrag haben. Da muss man in der Lage sein, als kommunale Seite zu sagen, wir müssen jetzt verhandeln. Der Betreibervertrag ist eigentlich über 25 Jahre unbefristet geschlossen. Da gibt es keinen Verhandlungsbedarf. Aber die Rahmenbedingungen ändern sich. Man muss verhandeln und die Verhandlungen gehen in der Regel von der kommunalen Seite aus. Dann muss man einfach in der Lage sein zu sagen: Welche Verhandlungsziele formulieren wir als Interessenvertreter der Kommunen? Was fordern wir von Eurawasser? Welche Stellschrauben haben wir? Z.B. die Entgeltforfaitierungsgeschichte war eine schwierige Sache."

19) Staatliche Überprüfung

Die Überprüfung der Vergabeentscheidung aus dem Jahre 1992 kann nicht bewertet werden. Die Wirtschaftspläne des WWAV werden – wie üblich regelmäßig – durch Wirtschaftsprüfer testiert. Ihnen liegen jeweils ein Jahresbericht der Eurawasser und abgestimmte Plandaten zugrunde. Diese Berichte konnten für das Jahr 2007 für diese Fallstudie ausgewertet werden. Auch durch den Landesrechnungshof finden regelmäßig Prüfungen statt, wie sich u. a. aus den Leitlinien des WWAV zu seiner wirtschaftlichen Tätigkeit ergibt, die sich auf Rechnungshofempfehlungen beziehen. Eine zentrale Frage in dieser Hinsicht ist die Empfehlung einer hinreichenden Eigenkapitalbildung, um angesichts des Restwertvergütungsanspruches mit Vertragsablauf die kommunalpolitische Entscheidung über die Fortsetzung oder Beendigung des Vertrages nicht durch Finanzierungsprobleme zu erschweren.

20) MÖGLICHKEITEN DER REKOMMUNALISIERUNG

Wie die Aussagen zur Finanzierung und zur Überprüfung des PPP-Modells zeigen, legen die Stadt Rostock und der WWAV Wert auf die Option einer wieder eigenständigen Aufgabenwahrnehmung nach Ablauf der Vertragslaufzeit.

Eine zusammenfassende Bewertung der Ergebnisse des Rostocker PPP-Modells muss deutlich zwischen der rückblickenden Bewertung der Vergabeentscheidung und der Entwicklung im Vertragsablauf unterscheiden.

Die Entscheidung von 1992 für das Betreibermodell ist vor allem aus einer Kombination von politischen Rahmenbedingungen, fiskalischen Befürchtungen und Mitarbeiterinteressen zu erklären. Die politischen Rahmenbedingungen des Wiedervereinigungsprozesses waren stark durch Privatisierungsmoden gekennzeichnet. Eine Orientierung am westdeutschen Modell kommunaler Wirtschaftstätigkeit bei Dienstleistungen von besonderem Gemeinschaftsinteresse schien antiquiert. Die fiskalischen Befürchtungen der Stadt Rostock und der beteiligten Umlandgemeinden sind angesichts des hohen Sanierungs- und Ausbaubedarfs rückblickend verständlich. Vergleicht man die Entwicklung Rostocks mit Kommunen, die durch Berater zu Fehlinvestitionen mit Überkapazitäten verleitet wurden (s. Fallstudie Bodeniederung), so kann diese Vorsicht auch als berechtigt eingestuft werden. Nicht ausreichend beachtet wurde bei dieser Prioritätensetzung offensichtlich, dass für beide Organisationsalternativen die Refinanzierung der Investitionen in die Wasser- und Abwasserwirtschaft durch Umsatzerlöse, sprich: Wassertarife und Abwassergebühren der Bürger erfolgen muss. Diese können bei angemessener Bedarfsplanung kostendeckend kalkuliert werden. Eine Haushaltsbelastung ist daher nicht der Regelfall. Die Ursprungsidee einer Refinanzierung der Investitionen durch den Investor im Vertragszeitraum erwies sich rasch als unrealistisch. Die Mitarbeiterinteressen an einer autonomen wasserwirtschaftlichen Lösung und gegen den befürchteten Personalabbau bei der Stadtwerkelösung hatten tragende Bedeutung für die Entscheidung.

„Die Kommune wollte 1992 zum Ende des Vertrags 2018 im Prinzip möglichst wenig zahlen. Man hatte Angst. Wo sollte man das Geld herbekommen usw.? Dass die Anlagen werthaltig sind, die im Boden liegen, das war damals große Prämisse. So hat man gesagt: ‚Eurawasser muss seine Aufwendungen aus Abschreibungen bis 2018 (nach 25 Jahren) refinanziert haben'. Die Kalkulation hat man über 25 Jahre gemacht. Damals haben wir schon gesagt: ‚Auch gebührenrechtlich eigentlich bedenklich'. Man muss ja auf 50 Jahre abschreiben. Das haben wir nachher umgestellt."

Die Erfahrungen im Modellverlauf waren dann durch erfolgreiche Umsetzung der umweltpolitischen Ziele und Flexibilität in der Vertragsanpassung gekennzeichnet. Ob man die umweltpolitischen Ziele im Rahmen alternativer Organisationslösungen nicht gleichwertig hätte realisieren können, lässt sich im Nachhinein nicht bewerten. Flexibilität der vertraglichen Regelungen wurde durch Einwohnerverluste und den drastischen Verbrauchsrückgang erzwungen. Der Betreiber hatte und hat wohl ein Interesse an langfristig sicheren Erträgen. Dieses bewirkte eine Bereitschaft zur Vertragsanpassung auch hinsichtlich der Entgeltregelungen.

„Dieser Innenpreis wurde mal bewertet zum Anfang des Vertrages. Danach waren alle Entwicklungen dieses Preises, alle Veränderungen, für uns nachvollziehbar. Die Menge ist natürlich ein Preisanpassungstatbestand, weil es existentiell ist. Wir hatten eine Halbierung der Mengen. 1995 hatte man schon das erste Mal darauf reagieren müssen, durch eine erste Ergänzungsvereinbarung. Hätten wir damals die Preisanpassungsmethode konkret angewandt, hätten wir Steigerungsraten gehabt, die wir nicht hätten politisch umsetzen können. Eurawasser musste mit dem Innenpreis runtergehen in der ersten Ergänzungsvereinbarung. Wir mussten die Reißleine ziehen, weil der Mengenabsturz so groß war, wir mussten andere Methodiken finden bei der Preisgestaltung. Wir haben zu Eurawasser gesagt, wir verlängern die Abschreibungszeiträume, weil der Ursprungsvertrag vorsah, auf Vertragslaufzeit abzuschreiben. Heute ist das völliger Unsinn."

„Eurawasser sieht dieses Geschäft als langfristiges Geschäft – wie jeder Betreiber. ... Es gibt diese Öffentlichkeitspflicht. Da kann man sehen, welche Renditen die Eurawasser macht. Da sieht man, dass diese nicht zweistellig sind und nicht zweistellig werden. Die liegen im Bereich, wenn ich die Zinssätze einiger

kommunaler Abwasserentsorger im tiefen Westen sehe, dann liegt die Eurawasser deutlich drunter. Aber Eurawasser sieht das als Langfristgeschäft. ... Durch die Anpassungstatbestände ist das Risiko überschaubar und so argumentiert auch Eurawasser immer, dass sie daran interessiert ist, dass ein langfristiges Geschäft abgeschlossen wird, nicht mit horrenden Renditen, sondern Eurawasser erwartet daraus kontinuierlich sichere Erträge. ... Es muss nach außen verkaufbar bleiben. Dafür steht hier der private Betreiber viel zu sehr im Fokus. Eurawasser in Rostock um so mehr als es das Flaggschiff für ihre Akquisition ist. Eurawasser hat Rostock und den benachbarten Zweckverband. ... Insofern hat Eurawasser hier die einzigen Betreibermodelle in Deutschland. Die anderen Engagements sind alles Kooperationsmodelle oder Beteiligungsmodelle wie in Schwerin, Cottbus, Goslar etc."

Ein wichtiges Merkmal des Rostocker Modells für die Bewertung der Erfahrungen ist der Verzicht auf ein PPP-Modell, bei dem durch Eigenkapitalentnahme und vorfristige Liquiditätsausschüttungen akute Haushaltslücken gestopft werden. Vielmehr hat die Rücklagenbildung für die Restwertablösung zum Vertragsende zu einem Kräftegleichgewicht der Vertragspartner und der zu beobachtenden Flexibilität in der Anpassung vertraglicher Regelungen beigetragen. Die kommunalen Partner wahren sich ihre organisatorische Entscheidungsautonomie. Der Preis dieser Modellvorteile ist die recht hohe Gebührenbelastung.

3.7.3 ANWENDUNG DES KRITERIENKATALOGES

Bewertung PPP-Modell Stadt Rostock auf Nachhaltigkeit der Entsorgung im Bereich Abwasser

Bewertungskriterium	voll erfüllt	teilweise erfüllt	deutliche Mängel	nicht zu bewerten
Erfüllung kommunaler Umweltziele	⊗			
Know-how-Transfer	⊗			
Steuerung/Kontrolle der Aufgabenerfüllung	⊗			
Technisch-organisatorische Flexibilität		⊗		
Wirkung auf Entsorgungssicherheit	⊗			
Ökonomische Effizienz		⊗		
Regionale und soziale Folgen	⊗			
Bedeutung der Besteuerung für Organisation	⊗			
Finanzwirtschaftliche Nachhaltigkeit	⊗	⊗		
Auswirkungen auf die Gebühren			⊗	
Auswirkungen auf den kommunalen Haushalt		⊗		
Mitbestimmung, Bezahlung, Betriebsklima	⊗			
Anpassungsfähigkeit und Reversibilität des Modells	⊗			
Haftung, öffentliche Garantien und Nebenlasten	⊗			
Transparenz von Entscheidungen und vertraglichen Regelungen		⊗		
Überprüfung/Überprüfbarkeit durch unabhängige Instanzen		⊗		
Vorsorge für wieder eigenständige Aufgabenwahrnehmung	⊗			

3.8 FALLSTUDIE SCHÖNEBECK BEWERTUNG DES PPP-MODELLS SCHÖNEBECK

3.8.1 ENTWICKLUNG DES SCHÖNEBECKER PPP-MODELLS

AUSGANGSSITUATION

Die Stadt Schönebeck hat ca. 35.000 Einwohner und liegt am südlichen Rand der Landeshauptstadt Magdeburg.

Schönebeck ist Standort einer zentralen Kläranlage, die in den 1990er Jahren konzipiert und gebaut wurde. In diese moderne Kläranlage leiten nicht nur die Schönebecker ihre Abwässer, sondern auch die Stadt Schönebeck (Ortsteile Plötzky und Pretzien), dTAV Börde (Teilgemeinde Sülzetal), die Gemeinde Bördeland und die Gemeinde Gommern.

Die politischen Strukturen im Abwasserbereich Schönebeck und Umland lassen sich wie folgt darstellen:

Die Kläranlage in Schönebeck ist für 90.000 EGW ausgelegt und entsorgt die Stadt und das Umland. Im September 1998, nach langen Diskussionen über das PPP-Modell und nach Einigung mit den Nachbargemeinden, wurde mit dem Bau der Kläranlage begonnen. Im Sommer 2000 wurde das zentrale Klärwerk, eine vollbiologische Anlage, in Betrieb genommen. Die geplanten Kosten konnten von über 60 Mio. € auf unter 40 Mio. € gesenkt werden.

ENTSCHEIDUNGSPROZESS

Die Stadt Schönebeck ist im Jahr 1996 für 30 Jahre eine Partnerschaft mit der OEWA eingegangen. Dem Vertragsabschluss ging eine ca. fünfjährige Diskussions- und Genehmigungsphase voraus. Bereits 1991 fiel im Zusammenhang mit der Abwicklung der DDR-Strukturen und dem Aufbau neuer Entsorgungseinheiten die Entscheidung für ein PPP-Projekt. Schon zu diesem Zeitpunkt legten sich die Schönebecker auf eine Kooperation mit der OEWA fest.

„Zu dem Zeitpunkt war Schönebeck immer noch ein sehr ausgeprägter Industriestandort. Und das Problem war die Kläranlag. Der Begriff Kläranlage in dem alten Zustand war etwas sehr hochstaplerisch, ich habe immer damals gesagt, es war an sich eine Anlage die das „Dicke vom Dünnen" oder umgekehrt getrennt hat. Und wir haben dann auch, 1991 beginnend, einige Gespräche geführt und

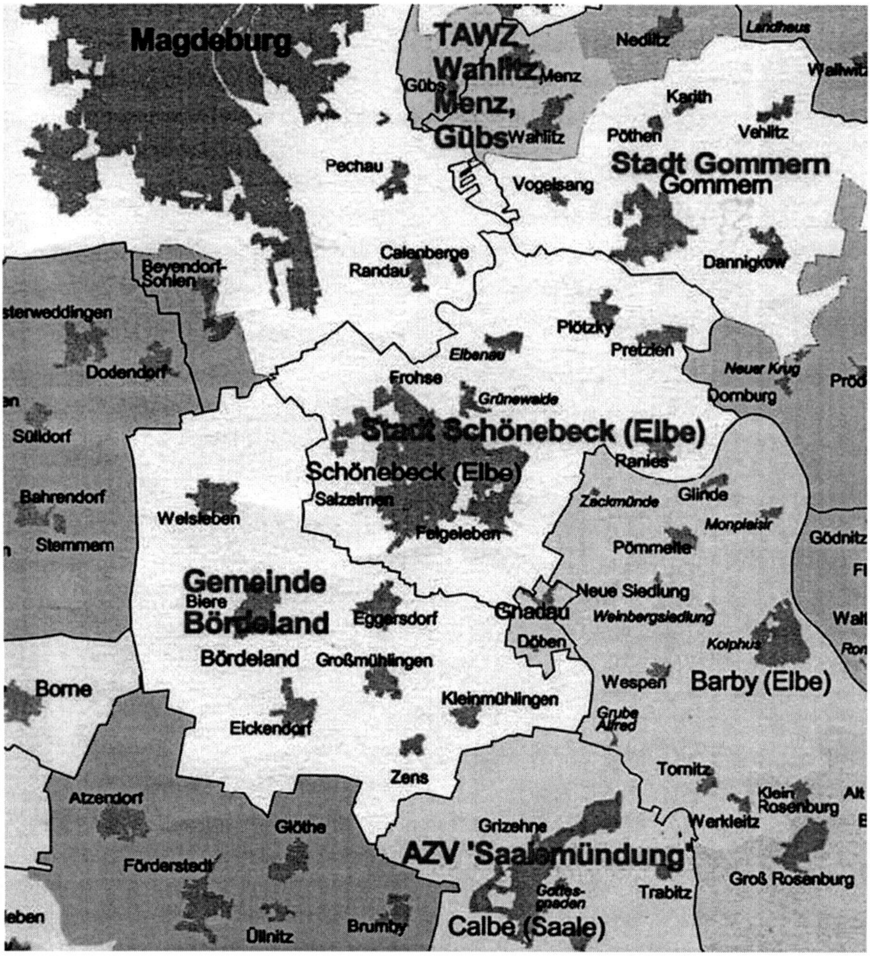

Abb. 31: Skizze Strukturen im Abwasserbereich Schönebeck und Umland

sind dann letztendlich nach allem Abwägen der Vor- und Nachteile bei der OEWA gelandet."

Den Beteiligten war wichtig, dass die Investitionstätigkeit schnell aufgenommen werden konnte:

„Wir haben gesagt, die Stadt kann es finanziell überhaupt nicht, also müssen wir uns überlegen, dass wir eine Konstruktion finden, und das Kooperationsmodell

bietet gerade im Bereich der Investitionen den ausschlaggebenden Punkt, um zu sagen, wir machen es."

Im März 1993 schlossen die Stadt und die OEWA einen Konsortialvertrag, der die Grundsätze der Zusammenarbeit regelt. In der Zeitschrift WLB wird diese Phase wie folgt beschrieben:

„Vertragsgegenstand war die Neuordnung der Abwasserbeseitigung für die Stadt und die Umlandgemeinden in Form des Kooperationsmodells. Der Stadtrat folgte den Arbeitsergebnissen des eigens für diese Problematik eingerichteten Sonderausschusses und fasste schließlich den Beschluss, das erarbeitete Kooperationsmodell umzusetzen. Zeitgleich wurde die Abwasserentsorgung Schönebeck (ABS) gegründet. Die ABS ist ein gemischtwirtschaftliches Unternehmen der Stadt Schönebeck und der OEWA."

Die ABS ist die Basis der neu organisierten Abwasserentsorgung. Die Stadt besitzt 51 % der Anteile, die OEWA 49 %. Die ABS wurde umfassend mit der Aufgabe der Erfüllung der Abwasserentsorgung beauftragt. Mit dem Betrieb aller Anlagen sollte – dies war Bedingung für die Gründung der Kooperationsgesellschaft ABS – die OEWA beauftragt werden.

Mit diesem Konzept und fertig ausgearbeiteten Verträgen beantragte die Stadt Schönebeck die Genehmigung bei den zuständigen Aufsichtsbehörden, dem Landkreis Schönebeck und dem Regierungspräsidium Magdeburg. Die Aufsichtsbehörden hatten Zweifel an der Angemessenheit der vereinbarten Entgelte und forderten unabhängige betriebswirtschaftliche Gutachten und Vergleichsberechnungen zu den Kosten eines Regiebetriebes.

Nach Vorlage dieser Prüfungen und im Anschluss an Nachverhandlungen mit der OEWA konnte die Genehmigung des Vertragswerkes am 14.02.1996 erteilt werden.

BESCHREIBUNG DES MODELLS

Das Modell orientiert sich an den vielfach beschriebenen Kooperationsmodellen. Entsprechende Entsorgungsverträge wurden zwischen der Stadt Schönebeck und der ABS sowie den Umlandgemeinden / dem Zweckverband und der ABS abgeschlossen. Die Betriebsführung der Anlagen erfolgt durch die OEWA auf Grundlage eines Betriebsführungsvertrages. Insgesamt gibt es folgende Vertragsstruktur:

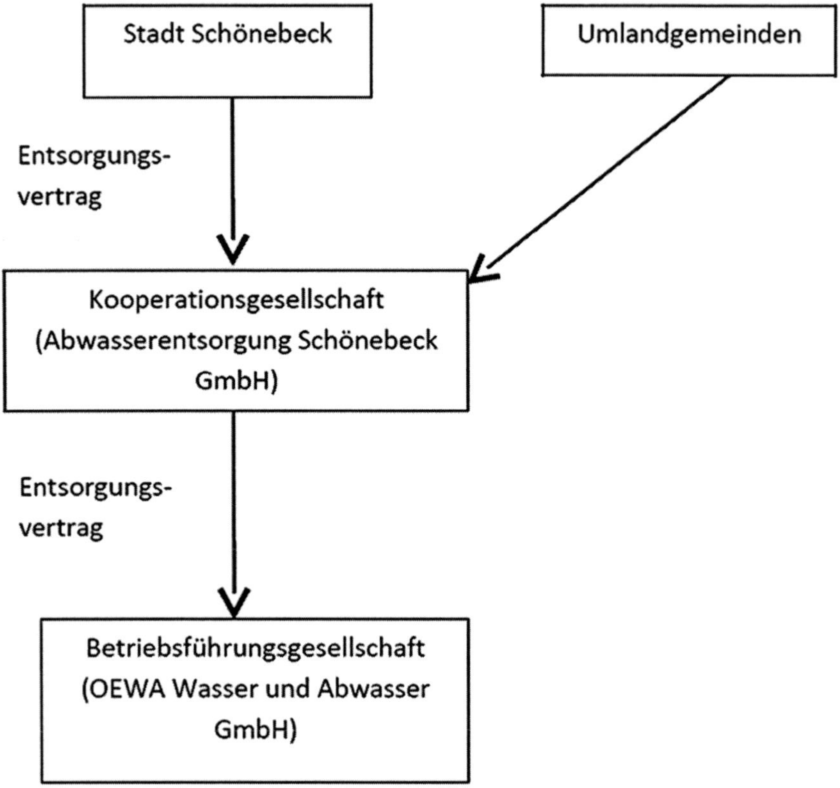

Abb. 32: Das PPP-Modell in Schönebeck
Quelle: eigene Darstellung

Die oben genannten Verträge wurden als Ganzes abgeschlossen und beurkundet.

Die ABS übernimmt als Erfüllungsgehilfin sämtliche im Vertragsgebiet mit der Abwasserentsorgung verbundenen Aufgaben, insbesondere
- den Betrieb der Alt – und Neuanlagen,
- die Beseitigung des in den dezentralen Anlagen anfallenden Abwassers,

– die Bewirtschaftung der Anlagen,
– die Planung, den Bau- und die Finanzierung von Neuanlagen,
– die Herstellung von Neuanschlüssen.

Ursprünglich sahen die Verträge vor, dass die OEWA nur den Betrieb der Anlagen übernimmt und bei der ABS Managementaufgaben verbleiben. In diesem Sinne regelt der Betriebsführungsvertrag lediglich die Bewirtschaftung der Kläranlage und des Kanalnetzes.

In einem weiteren Vertrag verpflichtete sich die OEWA jedoch, Dienstleistungen für die ABS zu erbringen. Das Leistungsspektrum dieses Dienstleistungsvertrages wurde später sukzessive ausgeweitet, so dass heute sämtliche Leistungen von der OEWA erbracht werden. Die ABS ist eine Besitzgesellschaft.

TYPISIERENDE EINORDNUNG

Legt man als Raster für PPP-Typen die Klassifikation des BMWA zugrunde, so wurde im Modell Schönebeck das Kooperationsmodell gewählt.

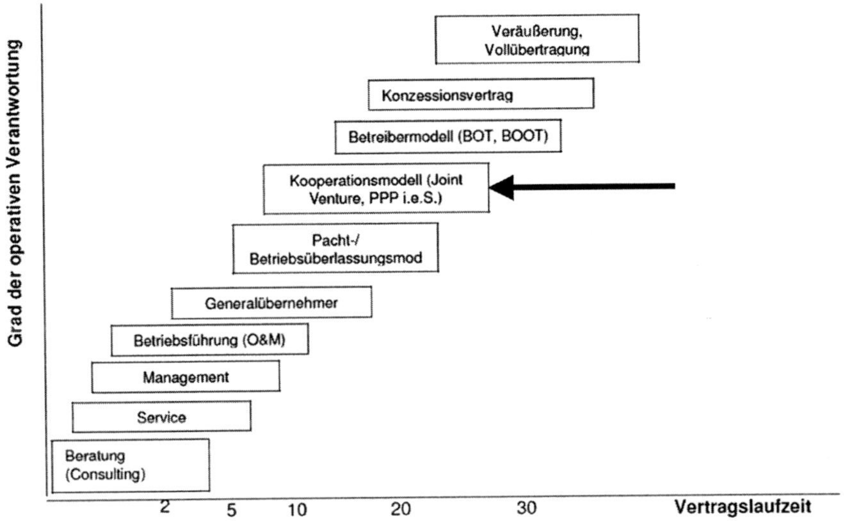

Abb. 33: PPP-Modell Schönebeck
Quelle: Eigene Nachstellung

Der Grad der operativen Verantwortung wurde damit in hohem Maße auf den privaten Kooperationspartner übertragen. Dies gilt insbesondere auch deshalb, weil die ABS nur noch eine Besitzgesellschaft darstellt und kein eigenes Personal mehr beschäftigt. Sämtliche operativen Aufgaben werden von der OEWA als privaten Kooperationspartner erledigt.

ENTWICKLUNG DES MODELLS UND KONFLIKTE

Das Modell wird von den Beteiligten als gelungenes Beispiel für ein PPP-Modell bewertet. In einem vom Bundesamt für Bauwesen herausgegebenen Praxisheft „Gute Beispiele zur Stabilisierung der Wohnnebenkosten in der kommunalen Praxis- Trinkwasser, Abwasser und Abfall" wird auch das Projekt Schönebeck untersucht.

Erfolge sehen die Verfasser vorwiegend in den Bereichen der Senkung der Investitionskosten, der Kooperation mit den Nachbargemeinden und in der Motivation der Mitarbeiter:

„Motivationsfördernde Personalpolitik: Die Mitarbeiter der ABS wurden von der OEWA übernommen und die Leistungserbringung aus dem Dienstleistungsvertrag auf die OEWA übertragen."

Konflikte sehen die Gesprächsteilnehmer nicht.

3.8.2 ERFAHRUNGEN

1) UMWELTZIELE

Der Stadt Schönebeck ging es bei der Initiierung des Kooperationsmodells darum, den gesetzlich notwendigen Standard der Abwasserreinigung zu erreichen, damit die Infrastruktur sich entwickeln kann. Das Gleiche gilt für die Einleiter aus den umliegenden Gemeinden. Anreize für weitergehende Investitionen zur Erreichung über das Mindestmaß hinausgehender Umweltziele werden von der Stadt Schönebeck nicht gesehen:

„Aus meiner Sicht erübrigt sich die Diskussion ja auch, weil der gesetzliche Rahmen dafür schon sehr eng ist. Für sämtliche Parameter gibt es Vorschriften."

Der private Mitgesellschafter der ABS stellt den Umweltschutz dagegen in den Vordergrund der Diskussion.

„In erster Linie ist es natürlich auch eine Werbung für uns, zu sagen, wir liegen mit der Kläranlage oder an dem Standort so und soviel unter den gesetzlich vor-

geschriebenen Parametern oder wir haben noch zusätzlich erneuerbare Energien genutzt, die sonst vielleicht einfach verpufft wären, also z.B. Faulgase, die aus dem Klärschlamm gewonnen werden können."

„Es liegt ja auch ein bisschen an der Menge an Erfahrungen, die an verschiedensten Standorten und in ganz unterschiedlichen Anlagen gesammelt werden. Diese werden dann auch gezielt in Arbeitsgruppen etc. ausgetauscht und man muss nicht teure Experimente machen, die vielleicht eine Kommune für sich machen würde. Ohne vielleicht zu wissen, was da nun am Ende bei rauskommt."

„Der Private besitzt Vorteile gegenüber der Kommune. Ganz eindeutig aus einem ganz einfachen Grund. Bei uns läuft das permanent unter der Überschrift: Nachhaltigkeit der Aktivitäten des Unternehmens. Wir haben jedes Jahr aktuelle jahresbezogene Nachhaltigkeitsberichte, die vieles umfassen: Vom Umweltgedanken bis eben hin zur Förderung der Mitarbeiter, bis hin zur Familie, alles ist im Nachhaltigkeitsbericht enthalten, auch der Umgang mit Energieressourcen, mit Wasser und, und, und."

Der Begriff der Nachhaltigkeit wird insoweit als Teil des Unternehmenskonzeptes der OEWA gesehen. In den Leitlinien des Mutterkonzerns, der Veolia, eines der großen europäischen Unternehmen in der Wasser- und Abwasserbranche, wird der Umweltschutz als wichtiger Teil der Unternehmenspolitik vorgestellt. Aktiver Umweltschutz bedeutet für das Unternehmen:
- *Einhaltung höchstmöglicher Umweltstandards;*
- *Optimaler Energie- und Betriebsmitteleinsatz;*
- *Sicherung des Umweltschutzes, der Bewahrung von natürlichen Ressourcen und*
- *Verminderung der Umweltverschmutzung an allen Betriebsstätten.*

Die Gesprächspartner auf kommunaler Seite (Umlandverbände) sahen dagegen die Kommunen im Vorteil, wenn über Investitionen in den Umweltschutz entschieden wird. Sie stellen heraus, dass sich Projekte in den Umweltschutz eher langfristig rentieren und daher nur dann realisierbar sind, wenn für einen langen Zeitraum Planungssicherheit gegeben ist. Dies, so sagen sie, kollidiert mit den Interessen der Privaten, in einem überschaubaren Zeitraum Renditen zu erwirtschaften.

2) PRODUKTIVER KNOW-HOW-TRANSFER

Der Transfer von Wissen vom Privaten an die Stadt stand nicht im Mittelpunkt des Privatisierungsverfahrens. Die Stadt Schönebeck tendierte eher in die Richtung, das Personal aus dem städtischen Bereich weitestgehend auf den privaten Betreiber zu übertragen. Selbst in der gemischtwirtschaftlichen Gesellschaft ABS wird nunmehr kein Personal mehr beschäftigt, auch diese Mitarbeiter sind zur OEWA gewechselt.

Die Stadt Schönebeck möchte sich erkennbar nicht in das operative Geschäft der Abwasserreinigung einmischen.

3) STEUERUNG UND KONTROLLE

Das Vertragscontrolling und das Beteiligungscontrolling folgen keinen schematischen Vorgaben. Das von den Beteiligten gewählte Kooperationsmodell ermöglicht es offenbar, die Steuerung und Kontrolle eher informell zu regeln. Es wird auf den Aufsichtsrat und jährliche Berichtspflichten des Betreibers verwiesen. Am wichtigsten sind aus Sicht der in der ABS zusammenarbeitenden Gesellschafter aber regelmäßige Gespräche auf Arbeitsebene.

„Einmal im Monat gibt es eine Beratung, ja. Also nicht nur zwischen der Geschäftsführung, sondern da ist dann vertreten das Baudezernat, das Finanzdezernat aus der Stadt und dann mehrere Fachbereiche aus der OEWA, die sich zusammensetzen und bestimmte Themen besprechen."

Konflikte werden kaum gesehen.

„Es gibt sicherlich ab und zu Diskussionsbedarf, aber Konflikte hatten wir eigentlich nicht, nein. Also keine wirklichen Konflikte. Auch im Investitionsbereich einigt man sich. Die OEWA richtet sich auch nach den Baumaßnahmen, die wir als Stadt vorhaben. Also da gibt es entsprechende Abstimmungen zwischen dem Baudezernat und der OEWA. Also wirkliche Konflikte gibt es nicht."

Das politische Interesse am Controlling beschränkt sich auf Vorhaben der ABS und der OEWA, die finanzielle Auswirkungen nach sich ziehen.

„Ja klar, immer dann wenn es um die Gebührenerhöhung geht."

4) KOOPERATIONEN MIT KOMMUNEN UND PRIVATEN

Die Kooperation der ABS und der OEWA mit den Umlandverbänden wurde bereits dargestellt. Auch aus Sicht des Umlandes gibt es kaum Probleme und Konflikte. Die ABS übernimmt das Abwasser an einem Übergabepunkt. Die gemessene Menge wird den Einleitern in Rechnung gestellt.

„Es ist eine rein mengenmäßige Abrechnung unter Beachtung des Verschmutzungsgrades des Abwassers, in die halt dann auch das Fremdwasser und Niederschlagswasser, das eigentlich nicht in den Kanal gehört, aber trotzdem mit reinkommt, mit abgerechnet wird. Mit der Folge natürlich, dass wir als Verband nur aufgrund der eingeleiteten Schmutzwassermengen abrechnen können. Also es besteht eine Differenz zwischen dem was man bezahlen muss bei einer Kläranlage, und dem, was man gegenüber dem Bürger abrechnen kann. Das ist aber einfach nicht anders darstellbar."

Nachteile werden auch genannt. Es gibt für die Einleiter keine Möglichkeit, die laufenden Betriebskosten zu senken. Für einen langen Zeitraum sind die Einleitpreise festgeschrieben.

„Nein, Einsparmöglichkeiten können wir nur dahingehend realisieren, dass wir halt sehen, die Fremdwassermengen zu reduzieren. Um möglichst nah an die Abrechnermenge zu kommen. Was allerdings auch mit erheblichen Investitionen verbunden ist. Da muss man schon wirklich abwägen, ob sich's lohnt."

Es wird bedauert, dass die ABS und der private Betreiber keine Bereitschaft signalisieren, über die vereinbarten Preise noch einmal – jetzt, nach über 10 Jahren – zu verhandeln.

5) ENTSORGUNGSSICHERHEIT

Die Entsorgungssicherheit wurde durch die Privatisierung nicht gefährdet. Die Zusammenarbeit mit den Privaten diente gerade der Aufrechterhaltung der Entsorgungssicherheit.

6) ÖKONOMISCHE EFFIZIENZ / WIRTSCHAFTLICHKEIT

Die Preise der OEWA und der ABS sind im Vorfeld der Genehmigung des Kooperationsmodells Gegenstand umfangreicher Diskussionen gewesen. Die Stadt hat sich zu einem frühen Zeitpunkt auf die OEWA als Partner festgelegt. Das gewählte Kooperationsmodell war zum Zeitpunkt der

Entscheidung und Genehmigung Neuland für alle Beteiligten. Nach Auffassung der zuständigen Aufsichtsbehörden sollte eine umfassende Prüfung der im Abwasserentsorgungsvertrag zwischen der Stadt und der ABS und der im Betriebsführungsvertrag zwischen der ABS und der OEWA vereinbarten Entgelte erfolgen.

Im Abwasserentsorgungsvertrag regelten die Parteien vor allem die Preise für Investitionen, im Betriebsführungsvertrag die Preise für die Bewirtschaftung der Anlagen. Die Aufsichtsbehörden verlangten keine Wiederholung des Vergabeverfahrens, sondern eine unabhängige Prüfung der Entgelte, eine Regiekostenberechnung.

„Sie nannten den Begriff der Regiekostenberechnung. Ich will jetzt durchaus einen positiven Aspekt einbringen. Dr. ...... hat faktisch den Regiekostenvergleich gemacht zwischen dem Angebot der OEWA und einem fiktiven Betrieb einer derartigen künftigen Anlage."

Das Gutachten wurde erstellt und zwischen den Aufsichtsbehörden und der Stadt besprochen. Unabhängig davon, wie die Stadt zu der Bewertung des Gutachters stand, hatte sie das Problem, nicht alleine über eine Änderung der Preise entscheiden zu können. Für jede Änderung musste die Zustimmung des privaten Betreibers eingeholt werden. In den Nachverhandlungen des Vertrages definierte die Aufsichtsbehörden eine Höchstgrenze für die Belastung des Bürgers, d. h. sie setzten eine Höchstgrenze für die Abwassergebühr fest.

„Und das Zweite war der Vertragspunkt – um auch wieder das Risiko einzugrenzen –, dass man dann gesagt hat, wir machen eine Deckelung, was die Gebührenhöhe angeht. Das waren die damals ominösen 6,00 DM pro Kubikmeter Abwasser. Auch diesen Preis haben wir deutlich unterschritten. Ich mache aber auf Folgendes aufmerksam: Wir haben ja im Vertragswerk mehrere Zahlenblöcke, Investitionsblöcke. Die Gesamtsumme lag in DM bei 102 Millionen, davon war die Kläranlage mit 67 Millionen, dann kamen 25 Millionen Hauptsammlerprogramm und 10 Millionen für die Sanierung."

In mehreren Gesprächen ist es gelungen, die Entgelte für die Investitionen und den Betrieb der Anlagen so zu gestalten, dass im Ergebnis nach Auffassung aller, die an diesen Verhandlungen beteiligt waren, auch für alle akzeptable Preise vereinbart werden konnten.

7) REGIONALPOLITISCHE BEDEUTUNG / SOZIOÖKONOMISCHE FOLGEN

Der private Partner nutzt das Modell als Referenzobjekt.

„Sagen wir es mal so: Zu meiner Zeit, als das hier alles im Aufbau war und wir die Investitionen im Vertrag zu erfüllen hatten, wurde nach Schönebeck gewallfahrt, bundesweit. Alle, die heute ähnliche Projekte oder auch andere Projekte haben, sind vorher hergekommen und haben sich erkundigt, schlau gemacht, wie läuft das eigentlich. Es waren also schon einige hier, die Erfahrungen gesammelt haben. Sie müssen immer davon ausgehen, das Projekt, was hier war, war nicht ausgelegt, um unmittelbar aus einem Projekt heraus Arbeitskräfte zu schaffen, wie z. B. in Hecklingen. Bei denen ist das etwas anders. Die haben auch eine ganz andere Unternehmensphilosophie. Wir wirken aus dem Projekt Schönebeck heraus als OEWA und entwickeln dann aus OEWA-Sicht heraus weitergehende Projekte. Die ABS ist eine Hülle, und der Dienstleister, die OEWA, ist derjenige, der aus diesem Projekt heraus Eigenentwicklungen, Eigenlösungen in Form von weiteren Dienstleistungen entwickelt. Das ist ,ne Firma, damals waren es vier oder fünf Leute, die angefangen haben bei der OEWA. Als die anfing damals, da waren es nicht allzu viel. Jetzt sind es sicherlich mehrere hundert Leute, auch in Leipzig."

8) BESTEUERUNG

Besteuerungsfragen sind ebenfalls besprochen worden. Es gibt aber keine verwertbaren Erkenntnisse.

9) FINANZIELLE STRUKTUR DES MODELLS

Hierzu liegen keine verwertbaren Unterlagen vor.

10) AUSWIRKUNGEN DES PPP-MODELLS AUF DIE GEBÜHRENENTWICKLUNG

Die Gebührenentwicklung blieb unter den zu Beginn des Modells getätigten Prognosen.

11) HAUSHALTSAUSWIRKUNGEN

Die Stadt Schönebeck hat das Altanlagevermögen in die ABS eingebracht und hierfür einen Erlös erhalten. Dieser Erlös wurde nicht in den allgemeinen Haushalt überführt, sondern es wurden Verbindlichkeiten, die auf den Anlagen ruhten, abgelöst. Auch heute gibt es kein Interesse der Stadt Erlöse für den Haushalt zu verwenden.

„Wir schütten ja noch nicht mal die Eigenkapitalverzinsung aus an die Stadt, sondern die geht in den Gebührenhaushalt.“

Anders verhält es sich bei den Umlandgemeinden. Hier wurden die Anlagen der Niederschlagswasserentwässerung in einen öffentlich-rechtlich organisierten Zweckverband eingebracht. Die Gemeinden erzielten hierfür einen Erlös für den allgemeinen Haushalt.

„Ein Stückchen kann man es auch so sehen, weil wir hatten anfangs von den Gemeinden nur die Aufgabe der Schmutzwasserbeseitigung übernommen, jetzt aber zusätzlich seit dem 01.01.2008 auch die Aufgabe Niederschlagswasserbeseitigung. Das heißt, die Gemeinden haben von uns in diesem Zusammenhang Geld erhalten für die Übertragung der Kanäle. Insofern ist der Unterschied zu einer Privatisierung an private Dritte kaum erkennbar. Weil die Gemeinden haben ihr Vermögen letztlich an einen Dritten in Form des Zwecksverbandes übertragen. Und dafür entsprechend dann auch Geld bekommen. Umsatzsteuerfrei! Das ist das Schöne dabei.“

Auch über die Bewertung des Anlagevermögens gab es – wie bei einem Verkauf an einen privaten Dritten – unterschiedliche Interessen.

„Die Interessenlage war natürlich bei den Kommunen so, dass die möglichst noch einen recht hohen Restbuchwert haben wollten. Wir haben dann auch versucht, entsprechend aufzuklären. Dass das den kurzfristigen Einnahmeeffekt bringt für die Kommunen, aber langfristig natürlich auch zu höheren Kosten in der Niederschlagswasserbeseitigung / Abwasserentsorgung führt, dies hat der Bürger zu tragen. Das wollte man politisch dann auch nicht verantworten. Man hat sich dann auf ein gesundes Mittelmaß geeinigt. Wir haben uns in den Verträgen, was die Abschreibungszeiten und die Vermögensbewertung betrifft, daran orientiert, was entsprechende Richtlinien aussagen.“

12) MITBESTIMMUNG / PERSONALVERTRETUNG / TARIFRECHT

Hierzu gibt es keine verwertbaren Erkenntnisse.

13) FLEXIBILITÄT / ANPASSUNGSFÄHIGKEIT DES MODELLS

An dieser Stelle wird auf eine Vertragsregelung hingewiesen, die sich sowohl im Abwasserentsorgungsvertrag als auch im Betriebsführungsvertrag befindet. In § 17 Absatz 3 des Betriebsführungsvertrages zwischen der ABS und der OEWA wurde eine Vergleichsberechnung vereinbart, die eine Anpassung der Entgelte an die Marktsituation ermöglicht. Die entsprechende Regelung lautet in Auszügen:

„Die ABS hat das Recht nach 10, 17 und 25 Betriebsjahren der Kläranlage durch einen Sachverständigen eine Vergleichberechnung anstellen zu lassen, in die nach diesen Zeitpunkten nach diesem Vertrag sich ergebenden Betriebskosten des Netzes und der Kläranlage den Betriebskosten gegenübergestellt werden, die zu diesen Zeitpunkten anfallen würden, wenn die Kläranlage und das Netz durch einen Eigen- oder Regiebetrieb der Stadt Schönebeck betrieben würden. Ergibt sich hierbei, dass die Betriebskosten eines Eigen- oder Regiebetriebes der Stadt Schönebeck geringer wären als die fortgeschriebenen Preise dieses Vertrages, so sind ab diesem Zeitpunkt für das Entgelt der OEWA die vom Sachverständigen ermittelten Kosten des Eigen- oder Regiebetriebes maßgeblich; die Berechnung des Sachverständigen ist in diesem Falls eine Leistungsbestimmung nach den §§ 317,319 BGB."

Diese Regelung wird von den Vertragsparteien auch heute noch begrüßt.

„Ich denke auch, grundsätzlich ist das ne ganz legitime Klausel, weil wenn man sich den Zeitpunkt anguckt, wann der Vertrag geschrieben ist. Dort ist einfach von einer Kläranlage die Rede, die es gerade auf dem Papier gab oder noch nicht mal das. Gut, warum soll man nicht nach einer gewissen Zeit sagen, jetzt stellen wir mal alles auf den Prüfstand? Mal schauen, in welche Richtung das Ergebnis ausschlägt."

14) BERICHTSPFLICHTEN

Die Berichtspflichten erfolgen nach dem Vertrag.

15) HAFTUNGSFRAGEN / STAATLICHE GARANTIEN UND NEBENLASTEN

Diese Fragen wurden wie bei allen Kooperationsmodellen üblich gelöst. Es gibt keine Besonderheiten.

16) ENTSCHEIDUNGSPROZEDUR / INFORMATIONSPFLICHTEN / TRANSPARENZ

Die Entscheidungsprozedur wurde einleitend beschrieben.

17) STAATLICHE ÜBERPRÜFUNG

Auf die staatliche Überprüfung im Rahmen des Genehmigungsverfahrens wurde an mehreren Stellen hingewiesen. Gerichtliche Entscheidungen zur

Höhe der Gebühr, die sich auf das PPP-Modell beziehen, sind nicht bekannt.

18) MÖGLICHKEITEN DER REKOMMUNALISIERUNG

Ansätze für eine Rekommunalisierung sind nicht erkennbar.

3.8.3 ANWENDUNG DES KRITERIENKATALOGES

Bewertung der Rekommunalisierung in Schönebeck im Bereich Abwasser	⊗	⊗	⊗	⊗
Bewertungskriterium	voll erfüllt	teilweise erfüllt	deutliche Mängel	nicht zu bewerten
Erfüllung kommunaler Umweltziele	⊗			
Know-how-Transfer		⊗		
Steuerung/Kontrolle der Aufgabenerfüllung		⊗		
Technisch-organisatorische Flexibilität		⊗		
Wirkung auf Entsorgungssicherheit		⊗		
Ökonomische Effizienz	⊗			
Regionale und soziale Folgen		⊗		
Bedeutung der Besteuerung für Organisation				⊗
Finanzwirtschaftliche Nachhaltigkeit				⊗
Auswirkungen auf die Gebühren		⊗		
Auswirkungen auf den kommunalen Haushalt		⊗		
Mitbestimmung, Bezahlung, Betriebsklima				⊗
Flexibilität des Modells			⊗	
Berichtspflichten zu nachhaltigem Wirtschaften				⊗
Haftung, öffentliche Garantien und Nebenlasten		⊗		
Transparenz von Entscheidungen und vertraglichen Regelungen		⊗		
Überprüfung/Überprüfbarkeit durch unabhängige Instanzen		⊗		
Vorsorge für wieder eigenständige Aufgabenwahrnehmung		⊗		

Kapitel 4

Fazit und Perspektiven von PPP in der Entsorgung

Nachhaltigkeit ist für öffentliche und private Entsorger ein strategisches Leitziel. Die Ergebnisse dieses Forschungsberichtes nutzen die drei Säulen der Nachhaltigkeit, nämlich Ökologie, Ökonomie und Soziales, als differenziertes Bewertungsinstrument und vermitteln in Bezug auf die Erreichung dieser drei Einzelziele ein uneinheitliches Bild. Hinsichtlich aller drei Aspekte der Nachhaltigkeit finden sich in keiner der Fallstudien sehr gute Lösungen. Vor Verallgemeinerungen, wie sie die jahrelange Debatte um Privatisierung oder Rekommunalisierung mit harten Fronten nahelegt, sollte man sich daher hüten.

Zunächst muss es verwundern, warum die öffentliche Aufgabenerfüllung der Entsorgung über Jahre so umstritten war. Dies ist bei ‚Make or Buy-Entscheidungen' in der Privatwirtschaft nicht der Fall. Auch bei anderen zuschussbedürftigen öffentlichen Aufgaben wie z.B. der Kultur findet man den Streit um die Frage des Make or Buy nicht. Die simple Erklärung liegt vermutlich darin, dass Entsorgung gewinnbringend ist.

Ist deshalb der Streit unvermeidbar, so war unsere Zielsetzung, in breiterer Form Erfahrungen aufzubereiten, damit hieraus für künftige Entscheidungen gelernt werden kann. Ziel war nicht eine repräsentative Erhebung. Diese wäre in der gewollten Detailschärfe nicht möglich gewesen. Das Untersuchungsfeld möglicher Fallstudien ergab sich aus einfachen Abgrenzungskriterien: Es galt, Erfahrungen großer und kleiner Städte oder Kreise aufzubereiten. Dies sollte an ost- und westdeutschen Beispielen erfolgen und die unterschiedlichen Bedingungen des Entsorgungsbereichs mit den Sparten Abwasser und Abfall abbilden. Schließlich musste Zugang zu differenzierten Dokumenten gewährleistet sein bzw. die Bereitschaft sachkundiger Interviewpartner zu entsprechender Auskunft.

Unsere Fallstudien hatten das Ziel einer ungeschminkten und vorurteilsfreien Bilanz konkreter Erfahrungen. Ein solches Projekt stößt natürlich auf Schwierigkeiten, denn nur über Erfolge berichtet man gerne. Lernen kann man zwar auch anhand guter Beispiele, aber vor allem aus Fehlern, die sich woanders nicht wiederholen sollten. Auch über solche Fehler und die daraus möglicherweise zu ziehenden Lehren haben unsere Gesprächspartner Auskunft gegeben.

Unser erster Band zur nachhaltigkeitsgerechten Entsorgung, in dem Studienmaterial mit verdichteten Gestaltungsempfehlungen für Organisationsalternativen aufbereitet wurde, ist bereits erschienen.[1] Allen Beteiligten sind wir dankbar, dass wir mit diesem zweiten Band auch die Fallstudien zu den neun untersuchten Städten veröffentlichen dürfen. Fälle veranschaulichen die reale Vielfalt und schärfen den Blick fürs Detail, die jeweiligen Rahmenbedingungen und Entwicklungen.

Die in diesem Forschungsbericht vorgestellten Fälle zeigen, dass die Entscheidung über ein PPP-Modell, in dem ein vorher öffentlich strukturierter Betrieb ganz oder teilweise auf private Erwerber übertragen wird, ein hochgradig komplexer Prozess ist. Auch der Wechsel zu einer eigenständig öffentlichen Aufgabenerfüllung bietet eine Fülle von Problemen, wenn man sich vorher eines beauftragten Dritten bedient hat. Zur besseren Bewältigung der komplexen Entscheidungen wurde im Projekt ein Bewertungsraster entwickelt und in Band 1 ausführlich vorgestellt.

Die hier zusammengefassten Fallstudien waren einerseits Quelle dieses Bewertungsrasters, andererseits wurde das Raster anhand der Fälle getestet. Eine optisch bündelnde Zusammenfassung der Bewertung findet sich am Ende jedes Falles. Hierbei handelt es sich um Bewertungen der jeweiligen Projektbearbeiter, verantwortet vom Projektteam. Unsere Hoffnung ist ein sachlicher Diskurs der Beteiligten hierzu und als Folge die Arbeit an Schwächen von Modellen.

Da unser Ziel nie darin bestand, nachträglich Erfolg oder Versagen summarisch festzustellen, kann in diesem Fazit nicht versucht werden, die

[1] Gahrmann, Arno et al., a.a.O.

neun einzelnen Fälle noch einmal in wenigen Sätzen zu kommentieren. Dennoch lassen sich einige Erkenntnisse zusammenfassen.

- Die erste Welle von PPP in der Entsorgung war wesentlich geprägt von kurzfristigen, fiskalischen Motiven. Unsere Fälle zeigen, dass diese Motive nicht zu den besten Ergebnissen führten.
- Ein weiterer Grund für die Wahl von PPP-Lösungen war der vom Zeitgeist geprägte politische Wille. Diese Motivlage führte dann zu deutlichen Problemen und – wo angesichts langfristiger Verträge möglich – Nachbesserungen im konkreten Fall, wenn eine sachlich-differenzierte Entscheidungsvorbereitung gefehlt hatte.
- Eine nachhaltigkeitsgerechte Organisation der Entsorgung, die ökologisch, wirtschaftlich und sozial akzeptable Gestaltungen verbindet, ist in unterschiedlicher Form möglich.

Kein praktiziertes Modell war ohne Schwächen. Auch wurde kein universell anwendbares ideales Vertragsmodell identifiziert. Anstelle der Suche nach dem ‚best practice'-Unikat drängen sich dafür andere Einsichten auf:

(1) Flexibilität und Reversibilität: Für langfristige Organisationslösungen der Entsorgung ist ein Wandel von Rahmenbedingungen unvermeidlich. Dies kann beispielsweise rechtliche Anforderungen, technisch-organisatorische Lösungen, Abfall- oder Abwassermengen und politische Prioritäten des Aufgabenträgers betreffen. Organisationslösungen müssen solchem Wandel Rechnung tragen können und anpassungsfähig sein. Hierfür sind Entscheidungsstrukturen notwendig, die Veränderungen von Verträgen mit einem Machtgleichgewicht zwischen den Vertragspartnern ermöglichen. Gelingt dies nicht, so ist ein Modellende bei Abschluss der Vertragslaufzeit programmiert. Daher ist die gestaltende Nachbesserung, Steuerung und Kontrolle auch im Projektverlauf ein zentrales Erfordernis für den langfristigen Erfolg einer PPP-Lösung.

(2) Der Begriff Nachhaltigkeit impliziert eine Langfristperspektive: Nachhaltigkeit beinhaltet, die Konsequenzen heutiger Entscheidungen für künftige Generationen zu antizipieren. PPP-Modelle der Entsorgung haben Laufzeiten von 20 bis 30 Jahren. Politische Entscheidungen sind hingegen immer noch davon geprägt, sich Zeit zu „erkaufen". Gegenwärtige Problemlösungen für den kommunalen Haushalt findet man mit Hilfe von PPP in den sogenannten Schattenhaushalten. Aktuellen Widerstand der Beschäf-

tigten vermeidet man z.B. durch Lösungen, die erst in weiterer Zukunft Beschäftigte belasten. Mehrere unserer Fälle zeigen, dass solche Lösungen mit kurzer Entscheidungsperspektive die künftig Verantwortlichen einholen und belasten.

(3) Hinsichtlich der Transparenz benötigen nachhaltigkeitsgerechte Lösungen den offen diskutierten Kompromiss. Dies erfordert differenzierte Entscheidungsvorbereitung und Sensibilisierung der Beteiligten für die Komplexität der Gestaltungsaufgabe. Oft sind nicht die primären Ziele der Entscheider, sondern die unbeabsichtigten Nebenwirkungen das Problem.

Für die Perspektiven von PPP im Entsorgungsbereich ergeben sich daraus vier Fragen:

1. Können/Wollen Beteiligte (Politiker, Verwaltungsexperten, Berater, Personalvertreter, Umweltverbände, ...) aus Fehlern lernen?
2. Ist es möglich, interessenbelastete komplexe Organisationsprobleme (Haushaltsprobleme der Städte/ Gewinninteressen privater Betreiber) offen und ohne Vorbehalte zu diskutieren?
3. Ist die Lobby privater Entsorger bereit, die Organisationsautonomie des öffentlichen Aufgabenträgers zu respektieren?
4. Lernen öffentliche Entscheider, die Freiheit der Organisationswahl für nachhaltigkeitsgerechte Lösungen zu nutzen?

Auch wenn sich diese Fragen nicht anhand unserer Projektergebnisse beantworten lassen, soll das Schlusskapitel dennoch nicht ohne eine Abschätzung bleiben, welche künftige Bedeutung PPP in der Entsorgung haben wird:

Wir beobachten derzeit nach Jahren der Ausgliederung und Veräußerung eine Revitalisierung kommunaler Stadtwerke und anderer kommunaler Betriebe. Dieser Trend kann anhalten, wenn die Politik mit klaren Zielen ein professionelles Management und eine ergebnisorientierte Steuerung zulässt.

Die Rahmenbedingungen kommunaler Entsorgung bleiben unverändert (hoheitliche Pflichtaufgabe, keine Steuern auf öffentlich-rechtliche Aufgabenerfüllung u.a.). In Deutschland verhindern die politischen Rahmenbedingungen Entscheidungen gegen die Kommunen.

Der Marktanteil von PPP (gemischtwirtschaftliche Gesellschaften oder langfristige vertragliche Kooperationen) ist nach Entsorgungsbereichen, Größe der Gebietskörperschaft sowie Kernaufgabe / Weiterverarbeitung stark unterschiedlich: hoher Marktanteil im Abfallbereich bei kleinen Städten und Landkreisen, wechselnde Bedeutung bei Abfallverwertungsanlagen, Insellösungen im Abwasserbereich.

In der Entsorgungsbranche gibt es einen Prozess zunehmender Oligopolisierung. Sofern diese Entwicklung in einer Verminderung des Wettbewerbs mündet, ergeben sich Anreize für (wieder) eigene kommunale Aufgabenerfüllung.

Für die Umsetzung von Verwertungszielen in der Entsorgung haben Investitionen in regionale Verbundsysteme (technische Sortierung, stoffliche Verwertung, thermische Verwertung) eine hohe Bedeutung. Sowohl hierauf als auch auf die Entwicklung und Erprobung neuartiger Anlagen haben volatile Märkte für Sekundärrohstoffe Auswirkungen. Ein stabiles Gesamtsystem, welches der neuen Verwertungspriorität Rechnung trägt, darf nicht nur von kurzfristigen Ertragsaussichten getragen sein.

Schon in der Vergangenheit war die Entscheidung für PPP häufig von der kommunalen Finanzlage beeinflusst. Zentrale Bedeutung für die Entwicklung hat daher, wie sich die „Schuldenbremse“ (Änderung von Art. 115 GG) auf kommunale Investitionen in Gebührenhaushalten auswirkt. Für viele Bundesländer ist noch unklar, wie die Auswirkungen auf die Landesverfassungen und auf den kommunalen Finanzausgleich aussehen werden. In einem zentralen Punkt kann allerdings bereits Entwarnung gegeben werden: Für Haushaltsnotlageländer gilt das Verschuldungsverbot künftig auch unmittelbar für die kommunale Ebene. Hiervon ausgenommen sind Kredite für Investitionen in Einrichtungen, die sich überwiegend aus eigenen Einnahmen finanzieren, also die Gebührenhaushalte. PPP als Schattenhaushalt wird somit nicht die notwendige Lösung sein.

Schließlich ist auf das Verhalten der Bürger zu Abgaben im Rahmen der Daseinsvorsorge hinzuweisen. Die Privatisierung von Versorgungsleistungen hat zu massenhaften Protesten und Klagen gegen die Tarife (z.B. der Gasversorgung) geführt. Überhöhte Gewinnmargen, die nicht in einem angemessenen Verhältnis zum Risiko stehen, werden für PPP-Modelle die gleiche Wirkung nach sich ziehen. Wenn Städte kostendeckende Gebühren der Entsorgung auf Basis von Wiederbeschaffungszeitwerten nicht zur Eigenkapitalstärkung nutzen, sondern für allgemeine Zwecke, wird dies ebenfalls zur Erosion der noch gegebenen Akzeptanz von Gebühren führen.

Eine Antwort auf die Frage, ob es zukünftig eher weitere PPP-Modelle oder aber Rekommunalisierungen geben wird, soll mit den folgenden Hypothesen zu skizzieren versucht werden:

(1) Die Kombination öffentlich-rechtlicher Aufgabenerfüllung der Entsorgung ohne Besteuerung mit dezentral-betrieblichem Management macht i.d.R. Rekommunalisierung und Festhalten an eigenständiger Aufgabenerfüllung vorteilhaft. Gerade wenn Rationalisierungsreserven während eines PPP-Modells erschlossen wurden, lockt die wieder eigenständige Aufgabenerfüllung.

(2) Ohne eine Erosion des derzeitigen Gebührenmodells bleibt PPP in allen Formen für private Entsorger eine begehrte Option. Anschluss- und Benutzungszwang des öffentlichen Aufgabenträgers und Finanzierung steigender Anforderungen für den Umweltschutz (stoffliches Recycling, Klärschlammproblematik, ...) über kostendeckende Gebühren bieten einen sicheren Geschäftsrahmen.

(3) Die Organisationslehre bestimmt als Grundsatz der Aufgabengliederung, auf einer Gliederungsstufe nur ein Gliederungskriterium zu verwenden. Die derzeitige Rechtskonstruktion und Zuständigkeit für Hausmüll, allgemeines Recycling und Sammlung und Verwertung von Verpackungsabfällen verstößt gegen dieses Prinzip in eklatanter Weise. Durch den Streit um die Einführung einer Wertstofftonne droht das System noch komplizierter und für den Nutzer unverständlicher zu werden. Eine Lösung, die umweltpolitische Prioritäten stofflicher Verwertung mit ökonomischen Erfordernissen und Kundenfreundlichkeit in Einklang bringt, wäre ein einheitliches kommunales Entsorgungssystem mit einer Prüfungspflicht für PPP im Rahmen regionaler Abfallwirtschaftspläne.

(4) In der Sache vorteilhafte Chancen für PPP ergeben sich dort, wo Kooperation und gemeinsame Anlagennutzung ein vollständiges und vielfältiges Verwertungssystem in einem regional abgestimmten Verbund gewährleisten. Es ist ökologisch wenig überzeugend, Müll aus Neapel nach Bremerhaven zur Verbrennung zu transportieren. Es ist genauso wenig überzeugend, verwertbaren Abfall zu verbrennen, nur weil die kommunale MVA nicht ausgelastet ist. Für technische Verbundkonzepte in der Region

sollte weniger das öffentliche oder private Eigentum an einer Anlage bedeutsam sein, als vielmehr ein intelligentes Stoffstrommanagement. Umwelttechnisch gute PPPs realisieren diesen Verbund.

(5) Den Kommunen wird oft vorgeworfen, unwirtschaftliche Eigenleistungen im Interesse der vom Wettbewerb verschonten öffentlichen Betriebe vorzuhalten. Dieser Vorwurf ignoriert die kommunale Entwicklung der letzten 20 Jahre. Er ignoriert auch den seit langem hohen Marktanteil privater Entsorger im Rahmen ausgeschriebener langfristiger Kooperationen bei kleineren Städten und Landkreisen. Dieser Markt für PPP wird erhalten bleiben, wenn ein funktionstüchtiger Entsorgungswettbewerb erhalten bleibt.

(6) PPP als Allheilmittel für finanzpolitische Probleme der Kommunen wird durch die ausgewerteten Erfahrungen widerlegt. Auch vehemente Befürworter der Projekte in den 1990er Jahren nehmen heute deutlich differenziertere Positionen ein. Vernünftig eingesetzt, kann PPP aber eine zukunftsträchtige Alternative sein. Ein neuer Boom von PPP in der Entsorgung ist derzeit jedoch nicht zu erkennen, wobei die Bedeutung beim Abfall und in der Verwertungskette höher sein wird als beim Abwasser.

Die Forderung, Entsorgung nachhaltigkeitsgerecht zu organisieren, ist ein von allen unterstützter Allgemeinplatz. Im konkreten Falle, wenn z.B. gerade das Aufstellen von Papiertonnen lohnt oder sich urban mining künftig lohnen könnte, verdrängen aber kurzfristige wirtschaftliche Interessen schnell ein sinnvolles, langfristiges und abgestimmtes Handeln. Hierfür braucht die Entsorgung eine zielorientierte Regulierung.

Quellenverzeichnis

Abfallwirtschaftsplan des Regierungsbezirkes Düsseldorf 2004

Abfallwirtschaftsplan Siedlungsabfälle für den Regierungsbezirk Düsseldorf 2004

AWISTA GmbH, Geschäftsbericht 2003 und 2007

Badura, Peter, Wirtschaftsverfassung und Wirtschaftsverwaltung, 3. Aufl., Tübingen 2008

Blanke, Thomas; Trümmer, Ralf (Hrsg.), Handbuch Privatisierung, Baden-Baden 1998

Bornhalm, Wilhelm; Mönnich, Ernst; Popp, Michael, Öffentliche und private Betriebe, Lehreinheit 5, Hagen 2006

von Bosse, Arnold, Die kommunaleigene Wasser/Abwasser-GmbH – eine effektive Alternative zum privaten Betreibermodell unter besonderer Berücksichtigung des Rostocker Betreibermodells, in: Wasser – Abwasser Nr. 3, 1994, S. 149 – 155

Brede, Helmut, Grundzüge der Öffentlichen Betriebswirtschaftslehre, München, Wien 2001

Bremische Bürgerschaft, Stadtbürgerschaft, Drs. 16/212 S v. 31.8.2004

Bundesministerium für Arbeit und Soziales: Verordnung über zwingende Arbeitsbedingungen für die Abfallwirtschaft einschließlich Straßenreinigung und Winterdienst, Bundesanzeiger Nr. 198 v. 31.12.2009, S. 4573

Bundesminister für Wirtschaft und Arbeit (Hrsg.): Wasserleitfaden, Berlin 2005

Busse, Hans-Jürgen; Heise, Ulrich; Mix, Ulrich; Mönnich, Ernst; Prigge, Rolf, Neue Steuerungskonzepte und Arbeitsbeziehungen im öffentlichen Dienst, Düsseldorf 1997

Der Senator für Finanzen der Freien Hansestadt Bremen (Hrsg.) Die Finanzen
Bremens und die Zukunft des Landes, Bremen 1992

Driehaus, Hans-Joachim (Hrsg.): Kommunalabgabenrecht, Kommentar, Januar 2010, 42. Ergänzungslieferung;

EU-Kommission: Weißbuch zu Dienstleistungen von allgemeinem Interesse, Brüssel 2004

Eurawasser Nord GmbH, Bericht Geschäftsjahr 2007

Gahrmann, Arno; Mönnich, Ernst; Moewes, Malte; Overman, Silke; Reinhardt, Benno; Wüst, Thomas, Public Private Partnership. Organisationsvarianten für eine nachhaltigkeitsgerechte Entsorgung Band 1 Evaluierung von Fallbeispielen für die Praxis. Münster: LIT 2011

Goedke, Katja: Das Rostocker Betreibermodell, unveröffentlichtes Typoskript

Hoppe, Werner; Uechtritz, Michael (Hrsg.) Handbuch Kommunale Unternehmen, 2. Auflage, Köln 2007

Institut der deutschen Wirtschaft Köln Consult: INSM Abwassermonitor 2008

Institut der deutschen Wirtschaft Köln Consult: INSM Abfallmonitor 2009

Kelling: Kompetenz für kommunale Entsorgungsbetriebe im Markt, in: VOP, 7-8, 1999, S. 17-21

Kelling: Public Private Partnership im Entsorgungsbereich, in: VOP, 9, 1999, S. 20-22

Klümper, Möllers, Zimmermann: Kommunale Kosten- und Wirtschaftlichkeitsrechnung, 16. Auflage, Witten 2008

Ministeriums für Umwelt und Naturschutz, Landwirtschaft und Verbraucherschutz des Landes NRW, Die Abfallwirtschaft in NRW, Düsseldorf 2008

Mönnich, Ernst, PPP – Segen oder Fluch?, in: Der Gemeindehaushalt, Heft 5, 2007, S. 97-101

Mönnich, Ernst; Reinhardt, Benno; Swillims, Wolfgang, Finanzwirtschaftliche Analyse und Bewertung der Privatisierung der Abwasserbeseitigung in Braunschweig unter besonderer Berücksichtigung der Beitrags- und Gebührenfinanzierung veräußerter Vermögensbestandteile, Bremen 2008

Mönnich, Ernst; Reinhardt, Benno; Welke, Heinrich, Verbesserung der Organisation der Bremer Entsorgungswirtschaft: Sollten die Bremer Entsorgungsbetriebe als Eigenbetrieb aufgelöst werden? Prüfung von Organisationsalternativen für den Personalrat der Bremer Entsorgungsbetriebe, Bremen 2005

Ronellenfitsch, Michael: Neuere Privatisierungsdiskussion in: Hoppe; Uechtritz (Hrsg.) Handbuch öffentlicher Betriebe, 2. Aufl., Köln, 2007, S. 14-27

Schäfer, Roland, Kommunalisierung von Aufgaben der Daseinsvorsorge, Vortragsdokument vom 24. April 2008, S. 5

Schäfer, Roland, Kommunalisierung und Daseinsvorsorge, in DEMO, Monatszeitschrift für Kommunalpolitik, 10/2008, S. 3

Schink, Alexander: Auswirkungen des Kreislaufwirtschafts- und Abfallgesetzes auf die Entsorgungsstrukturen, DÖV 1995, S. 881 ff

Schmieder, Felicitas, Die mittelalterliche Stadt. Darmstadt: Wissenschaftliche Buchgesellschaft 2005

Schuh, Hans: Seveso war überall, in: Die Zeit vom 6. 7. 2006, S. 27

Siebenhüner, Bernd: Homo sustinens. Auf dem Weg zu einem Menschenbild der Nachhaltigkeit, Marburg 2001

Stober, Rolf, Allgemeines Wirtschaftsverwaltungsrecht, 16. Aufl., Stuttgart 2008

Tomerius, Stephan, Zwischen Pflichtaufgaben und wirtschaftlicher Betätigung, Berlin 1999
Unternehmerinstitut der ASU e.V.: Der Weg aus der staatlichen Schuldenfalle, Konzepte und Beispiele für eine umfassende Privatisierung,; Berlin 2003
von Weizsäcker, E. U.; Young, O.R.; Finger, M. (Hrsg.), Grenzen der Privatisierung, Stuttgart 2006

INTERNETQUELLEN

Eckpunkte des Referentenentwurfes, www.bmu.de/abfallwirtschaft
Novelle des Kreislaufwirtschafts- und Abfallgesetzes in der Fassung vom 20.08.2010, www.bmu.de/abfallwirtschaft
www.learn-line.nrw.de/angebote/agenda21/info/nachhalt.htm
http://www.awista-duesseldorf.de/de/standard/98/Wirueberuns.htm
http://www.demo-online.de/kommunalisierung-der-daseinsvorsorge, S. 2
http:/sachsen-anhalt.dev.steuerzahler.de/webcom/show-article.php?wc
http://rostock.eurawasser.de
Schrage, H.: Novelle Kreislaufwirtschaftsgesetz: Zielkonflikte beim Müll, www.hannover.ihk.de

URTEILE, ERLASSE, VERORDNUNGEN, RICHTLINIEN

Richtlinie 2008/98/EG vom 19. November 2008;
Urteil EuGH vom 11.01.2005 (C-26/03);
EuGH vom 09.06.2010 (RS.C-480/06);